TECNOLOGIAS EDUCACIONAIS PARA O ENSINO DE BIOCIÊNCIAS E SAÚDE

FUNDAMENTOS E EXPERIÊNCIAS

Editora Appris Ltda.
1.ª Edição - Copyright© 2023 dos autores
Direitos de Edição Reservados à Editora Appris Ltda.

Nenhuma parte desta obra poderá ser utilizada indevidamente, sem estar de acordo com a Lei nº 9.610/98. Se incorreções forem encontradas, serão de exclusiva responsabilidade de seus organizadores. Foi realizado o Depósito Legal na Fundação Biblioteca Nacional, de acordo com as Leis nos 10.994, de 14/12/2004, e 12.192, de 14/01/2010.

Catalogação na Fonte
Elaborado por: Josefina A. S. Guedes
Bibliotecária CRB 9/870

T255t 2023	Tecnologias educacionais para o ensino de biociências e saúde : fundamentos e experiências / Daniel Fábio Salvador, Marcelo Camacho, Jessica Norberto Rocha (orgs.). – 1. ed. – Curitiba : Appris, 2023. 260 p. ; 23 cm. – (Educação tecnologias e transdisciplinaridade). Inclui referências. ISBN 978-65-250-4767-6 1. Tecnologia educacional. 2. Ciências – Estudo. 3. Professores – Formação. I. Salvador, Daniel Fábio. II. Camacho, Marcelo. III. Rocha, Jessica Norberto. IV. Título. V. Série. CDD – 371.334

Livro de acordo com a normalização técnica da ABNT

Appris editora

Editora e Livraria Appris Ltda.
Av. Manoel Ribas, 2265 – Mercês
Curitiba/PR – CEP: 80810-002
Tel. (41) 3156 - 4731
www.editoraappris.com.br

Printed in Brazil
Impresso no Brasil

Daniel Fábio Salvador
Marcelo Camacho
Jessica Norberto Rocha
(org.)

TECNOLOGIAS EDUCACIONAIS PARA O ENSINO DE BIOCIÊNCIAS E SAÚDE

FUNDAMENTOS E EXPERIÊNCIAS

FICHA TÉCNICA

EDITORIAL	Augusto V. de A. Coelho
	Sara C. de Andrade Coelho
COMITÊ EDITORIAL	Marli Caetano
	Andréa Barbosa Gouveia - UFPR
	Edmeire C. Pereira - UFPR
	Iraneide da Silva - UFC
	Jacques de Lima Ferreira - UP
SUPERVISOR DA PRODUÇÃO	Renata Cristina Lopes Miccelli
ASSESSORIA EDITORIAL	Tarik de Almeida
REVISÃO	Cristiana Leal
	Stephanie Ferreira Lima
PRODUÇÃO EDITORIAL	Jibril Kedeh
DIAGRAMAÇÃO	Andrezza Libel
CAPA	Lívia Costa

COMITÊ CIENTÍFICO DA COLEÇÃO EDUCAÇÃO, TECNOLOGIAS E TRANSDISCIPLINARIDADE

DIREÇÃO CIENTÍFICA
Dr.ª Marilda A. Behrens (PUCPR)
Dr.ª Patrícia L. Torres (PUCPR)

CONSULTORES
- Dr.ª Ademilde Silveira Sartori (Udesc)
- Dr. Ángel H. Facundo (Univ. Externado de Colômbia)
- Dr.ª Ariana Maria de Almeida Matos Cosme (Universidade do Porto/Portugal)
- Dr. Artieres Estevão Romeiro (Universidade Técnica Particular de Loja-Equador)
- Dr. Bento Duarte da Silva (Universidade do Minho/Portugal)
- Dr. Claudio Rama (Univ. de la Empresa-Uruguai)
- Dr.ª Cristiane de Oliveira Busato Smith (Arizona State University /EUA)
- Dr.ª Dulce Márcia Cruz (Ufsc)
- Dr.ª Edméa Santos (Uerj)
- Dr.ª Eliane Schlemmer (Unisinos)
- Dr.ª Ercilia Maria Angeli Teixeira de Paula (UEM)
- Dr.ª Evelise Maria Labatut Portilho (PUCPR)
- Dr.ª Evelyn de Almeida Orlando (PUCPR)
- Dr. Francisco Antonio Pereira Fialho (Ufsc)
- Dr.ª Fabiane Oliveira (PUCPR)
- Dr.ª Iara Cordeiro de Melo Franco (PUC Minas)
- Dr. João Augusto Mattar Neto (PUC-SP)
- Dr. José Manuel Moran Costas (Universidade Anhembi Morumbi)
- Dr.ª Lúcia Amante (Univ. Aberta-Portugal)
- Dr.ª Lucia Maria Martins Giraffa (PUCRS)
- Dr. Marco Antonio da Silva (Uerj)
- Dr.ª Maria Altina da Silva Ramos (Universidade do Minho-Portugal)
- Dr.ª Maria Joana Mader Joaquim (HC-UFPR)
- Dr. Reginaldo Rodrigues da Costa (PUCPR)
- Dr. Ricardo Antunes de Sá (UFPR)
- Dr.ª Romilda Teodora Ens (PUCPR)
- Dr. Rui Trindade (Univ. do Porto-Portugal)
- Dr.ª Sonia Ana Charchut Leszczynski (UTFPR)
- Dr.ª Vani Moreira Kenski (USP)

AGRADECIMENTOS

Este livro é resultado do esforço coletivo de docentes e estudantes comprometidos com a educação brasileira, em especial com o ensino de biociências. A todos esses docentes e estudantes, autores dos capítulos deste livro, nós estendemos nossos mais profundos agradecimentos. Cada contribuição representa um ato singelo de empatia e compromisso com a educação democrática, pública e de qualidade.

Agradecemos também ao Programa de Pós-graduação em Ensino de Biociências e Saúde do Instituto Oswaldo Cruz, em especial às suas coordenadoras, por incentivar esta produção e proporcionar as condições concretas para sua realização.

SUMÁRIO

INTRODUÇÃO 11

PARTE 1
FUNDAMENTOS DE TECNOLOGIAS EDUCACIONAIS PARA O ENSINO DE BIOCIÊNCIAS E SAÚDE

1
SOCIEDADE DO CONHECIMENTO, TICS, WEB 2.0 E AS TECNOLOGIAS EDUCACIONAIS 15
Luiz Gustavo Ribeiro Rolando
Daniel Fábio Salvador

2
DAS REDES SOCIAIS ÀS COMUNIDADES VIRTUAIS DE APRENDIZAGEM 29
Daniel Fabio Salvador

3
COMO INTEGRAR TECNOLOGIA, PEDAGOGIA E CONTEÚDO? FORMANDO PROFESSORES DE BIOCIÊNCIAS PARA EDUCAR NO SÉCULO XXI 43
Daniel Fábio Salvador
André Henrique Souza Silva

4
A NETNOGRAFIA COMO METODOLOGIA DE PESQUISA E SEU USO NA PESQUISA EM BIOCIÊNCIAS 59
Fernanda Campello Nogueira Ramos
Neusa Helena da Silva Pires Martins
Mariana Conceição Souza
Clélia Christina Mello Silva

5
MUSEUS E EXPOSIÇÕES ON-LINE: REFLEXÕES SOBRE EVOLUÇÕES E DESAFIOS 77
Jessica Norberto Rocha
Letícia Marinho

PARTE 2
EXPERIÊNCIAS E ESTUDOS DE CASO EM TECNOLOGIAS EDUCACIONAIS PARA O ENSINO DE BIOCIÊNCIAS E SAÚDE

6
PERCEPÇÕES DOCENTES SOBRE A TECNOLOGIA DIGITAL NO CONTEXTO ESCOLAR..99
Luciana do Amaral Teixeira
Grazielle Rodrigues Pereira
Maria de Fátima Alves de Oliveira

7
UMA ANÁLISE SOBRE A UTILIZAÇÃO DE WEBCONFERÊNCIA NA EDUCAÇÃO A DISTÂNCIA NO BRASIL 113
Cássio Gomes Rosse
Glauca Torres Aragon
Cleide Ferreira da Silva Albuquerque
Maria de Fátima Alves de Oliveira

8
GAMIFICAÇÃO PARA PROMOÇÃO DE APRENDIZAGEM ATIVA – UMA PROPOSTA NO ENSINO DE CITOPATOLOGIA 129
Thiago de Souza Cruz
Daniel Fábio Salvador

9
MERGULHO NA NUVEM: OFICINAS DIGITAIS DE CONSTRUÇÃO DE COMPETÊNCIAS E HABILIDADES PARA ADAPTAÇÃO AO ENSINO REMOTO EMERGENCIAL..139
Fernanda Campello Nogueira Ramos
Mariana Conceição Souza
Clélia Christina Mello-Silva

10
A COMUNIDADE VIRTUAL DE APRENDIZAGEM PARA PROFESSORES COLABORABIO – UM LONGO PERCURSO DE PESQUISA, DESENVOLVIMENTO E AVALIAÇÃO..165
Maurício R. M. P. Luz
Daniel Fábio Salvador
Neusa Helena da Silva Pires Martins

11
STATUS ATUAL DO USO DO YOUTUBE PARA A COMUNICAÇÃO DA BIOTECNOLOGIA: UMA REVISÃO SISTEMÁTICA...................... 187
Greysa Saraí Barrios León
Gustavo Henrique Varela Saturnino Alves
Laura Alves Guimarães
Lucianne Fragel Madeira
Helena Carla Castro

12
UM CURSO PARA CHAMAR DE NOSSO – INTRODUÇÃO À DIVULGAÇÃO CIENTÍFICA.. 211
Catarina Chagas
Luisa Massarani

13
O MUSEU DA VIDA FIOCRUZ E SAÚDE PÚBLICA: DUAS EXPERIÊNCIAS DE DIVULGAÇÃO CIENTÍFICA EM EXPOSIÇÕES ON-LINE..... 221
Letícia Marinho
Jessica Norberto Rocha

14
ROBÓTICA EM MUSEU DE CIÊNCIAS: ESTUDO DE CASO DO MUSEU CIÊNCIA E VIDA 241
Mônica Santos Dahmouche
Simone Pinheiro Pinto

SOBRE OS AUTORES 253

INTRODUÇÃO

O livro *Tecnologias educacionais para o ensino de Biociências e Saúde - fundamentos e experiências* reúne relatos de diversos autores sobre um dos temas mais importantes da atualidade: o modo como as novas tecnologias educacionais estão transformando e mudando a educação e divulgação em ciências do século 21.

O livro está dividido em duas partes. Na primeira, são apresentadas reflexões teóricas sobre tecnologias educacionais, com ênfase no ensino de biociências. O primeiro capítulo apresenta os fundamentos da aprendizagem colaborativa e a construção coletiva do conhecimento por meio de ferramentas colaborativas da internet, enfatizando o conceito de Web 2.0. O segundo capítulo aborda o uso da colaboração entre os usuários da internet na construção de redes virtuais de inteligência coletiva, as "Redes sociais" e a utilização das "comunidades virtuais de aprendizagem" como estratégias de ensino. O terceiro capítulo introduz o conceito de Conhecimento Tecnológico Pedagógico do Conteúdo (TPACK, em inglês) e contextualiza sua aplicação no ensino, apresentando uma lista de tipos de atividades de aprendizagem (do inglês *Learning Activity Types* – LATs), especificamente para a área de ciências. No quarto capítulo, os leitores são apresentados ao método de pesquisa denominado Netnografia, uma derivação da etnografia com aplicação nas redes virtuais, e à sua aplicação nas pesquisas de ensino em biociências. Por fim, a primeira parte do livro é encerrada com o quinto capítulo, que aborda os fundamentos dos museus virtuais e suas aplicações para o ensino e divulgação científica no campo das biociências.

A segunda parte do livro traz relatos de experiências e da aplicação de tecnologias de ensino no campo específico das biociências e saúde. São ao todo nove capítulos. O Capítulo 6 apresenta um estudo sobre as percepções de professores participantes de um curso de Formação Continuada em Metodologias Ativas e tecnologias de informação e comunicação (TDIC). O Capítulo 7 traz uma importante discussão sobre o uso de webconferências nas estratégias de Educação a Distância (EaD) no Brasil, por meio de um levantamento bibliográfico sobre a utilização desse recurso como estratégia de atividade síncrona no Brasil, entre os anos de 2009 e 2020. A seguir, no Capítulo 8, são apresentados exemplos de gamificação como metodologia de apoio ao ensino de Citopatologia. O Capítulo 9 apresenta resultados de uma pesquisa com profissionais de educação, o qual adotou a Netnografia como método, realizada em duas plataformas: uma rede social de amplo espectro e uma plataforma social específica para educadores. O estudo baseou-se na realização de oficinas denominadas "Mergulho na nuvem", que tinham por objetivo promover a alfabetização tecnológica de forma democrática, dialógica, autoformativa e baseada na construção coletiva de saberes e competências em ferramentas digitais. A seguir, no Capítulo 10, é apresentada a experiência de mais de uma década de pesquisas, desenvolvimento e avaliação do ColaboraBio, uma comunidade virtual de aprendizagem para professores de Biologia e Ciências. No Capítulo 11, é apresentado o resultado de uma pesquisa de revisão integrativa sobre o uso da plataforma YouTube como ferramenta na comunicação da biotecnologia. A experiência de construção da disciplina "Introdução à Divulgação Científica", de maneira remota, por meio do Campus Virtual Fiocruz, é apresentada no Capítulo 12. Continuando, no Capítulo 13, o leitor é apresentado a duas experiências de divulgação científica em exposições on-line no Museu da Vida, da Fiocruz. Por fim, o Capítulo 14 encerra essa segunda parte do livro apresentando as experiências de oficinas de robótica no Museu Ciência e Vida.

Temos certeza de que as experiências relatadas e os conteúdos teóricos apresentados serão de grande importância para os educadores que atuam no ensino de biociências no Brasil. Este livro representa o esforço coletivo de docentes e estudantes empenhados com o contínuo aperfeiçoamento das ações educacionais brasileiras, com perspectiva cidadã e democrática, que alcance a todos indistintamente. Desejamos que aproveitem as leituras e que repliquem as experiências infinitamente! Os alunos das escolas brasileiras merecem.

Os organizadores.

PARTE 1

FUNDAMENTOS DE TECNOLOGIAS EDUCACIONAIS PARA O ENSINO DE BIOCIÊNCIAS E SAÚDE

1

SOCIEDADE DO CONHECIMENTO, TICS, WEB 2.0 E AS TECNOLOGIAS EDUCACIONAIS

Luiz Gustavo Ribeiro Rolando
Daniel Fábio Salvador

Vamos fazer algumas descobertas pelas terras da sociedade do conhecimento e ver como este tema se relaciona com as tecnologias educacionais? Vamos discutir os fundamentos da aprendizagem colaborativa e a construção coletiva do conhecimento, com especial atenção às ferramentas colaborativas da internet, em especial o conceito de Web 2.0 e de Tecnologias da Informação e da Comunicação (TICs).

UMA INTRODUÇÃO À SOCIEDADE DO CONHECIMENTO – DA MODERNIDADE A PÓS-MODERNIDADE, UM POUCO DE HISTÓRIA!

Sociedade do conhecimento, sociedade da informação, revolução da informação, sociedade pós-industrial, sociedade pós-moderna, sociedade telemática e sociedade em rede são alguns dos principais nomes dados ao momento atual da história da humanidade. Essa nova fase tem quebrado padrões de tempo e espaço, criando novos modelos de vida em sociedade, definidos como cibercultura.

Na realidade, estamos em uma transição, uma verdadeira revolução segundo o economista Fritz Machlup, que foi a primeira pessoa a desenvolver o conceito de Sociedade da Informação. Em 1933, Machlup começou a estudar os efeitos das patentes sobre a pesquisa, e seu trabalho culminou com um estudo inovador sobre a produção e distribuição de conhecimento nos Estados Unidos nos anos 1960.

Ele introduziu o conceito de indústria do conhecimento distinguindo cinco áreas: educação, pesquisa e desenvolvimento, mídia de massa, tecnologias da informação e serviços de informação. Em 1959, 29% do Produto Interno Bruto (PIB) americano havia sido produzido pela indústria do conhecimento.

O período anterior ao atual foi o da Revolução Industrial, que teve seu início no século XVIII, com o uso de máquinas para a produção. Essa revolução impactou profundamente a sociedade, abrindo as portas para o capitalismo e o liberalismo econômico. Desde aqueles dias até hoje, tem ocorrido uma permanente busca por eficiência dos meios de produção, sempre mais em menor tempo.

A sociedade industrial (1750-1950), que valoriza os bens de consumo, a produção e o capital financeiro, começa então a identificar a informação e o conhecimento como um produto. Surge o capital intelectual, o que caracteriza a sociedade do conhecimento. Nessa nova sociedade, o homem não pode ser substituído pelas máquinas, pois ele é o único capaz de ser criativo, de ter novas ideias, de inteligir. O conjunto de conhecimentos começa a se agrupar em torno das relações humanas, seja para fins econômicos no âmbito das empresas, seja nas demais organizações e instituições políticas, sociais e culturais.

Dessa forma, a sociedade da informação passa a se sobrepor à sociedade industrial; a criação, a distribuição, a difusão, o uso, a integração e a manipulação da informação tornam-se importantes atividades econômicas, políticas e culturais. Essa maneira de a sociedade se organizar estabelece um modelo de desenvolvimento social e econômico em que a criação de conhecimento desempenha um papel fundamental na produção de riquezas para uma nação.

Aqui, cabe uma reflexão: a sociedade pós-moderna é mais justa que a sociedade industrial? A pobreza material é diferente da pobreza política e intelectual? A *United Nations Educational, Scientific and Cultural Organization* (Unesco), a partir dos debates ocorridos nas reuniões do G8 (grupos dos oito países poderosos do mundo) e em conferências da comunidade europeia, nos anos 1990, começou a debater a temática da sociedade do conhecimento, no intuito de ampliar a dimensão desse novo momento histórico da sociedade para além do âmbito econômico, entendendo que o conceito de "sociedades do conhecimento" incluía as dimensões social, cultural, política e institucional (UNESCO, 2005). O termo "sociedade da informação" ganha força nesse momento, com o acelerado desenvolvimento da internet e suas tecnologias.

Com a obra *A era da informação*, de Manuel Castells, o entendimento da sociedade do conhecimento como uma sociedade em rede ganhou importância. Para esse autor, que elaborou um profundo estudo sobre essa era, as redes se constituem em uma nova morfologia social, cuja difusão da lógica modificou os processos de produção, experiência e cultura. A sociedade em rede é resultado da informatização e do novo paradigma tecnológico, que, por sua vez, é caracterizado pela geração de informação, por seu processamento e sua transmissão (CASTELLS; CARDOSO, 2005).

DA INFORMAÇÃO AO CONHECIMENTO, UM POUCO DE PSICOLOGIA COGNITIVA

O campo do conhecimento de que trata a psicologia cognitiva diz respeito à investigação de processos mentais, como percepção, memória, linguagem e pensamento. Cabe aqui introduzir uma diferenciação entre informação e conhecimento, e para isso apresentaremos uma breve explanação baseada no trabalho de Juan Ignacio Pozo, pesquisador e autor de diversos trabalhos científicos na área.

Aquisição de comportamento? De informação? De representação ou aquisição de conhecimento? Nesta sociedade, que se diz da informação e/ou do conhecimento, parece haver uma importante diferenciação a ser feita entre esses termos.

Nas palavras de Pozo (2005), vivemos numa sociedade do conhecimento, mas para muitos é, sobretudo, da informação, uma vez que quem não pode ter acesso às múltiplas formas culturais da representação simbólica (numéricas, artísticas, científicas, gráficas etc.) está, social, econômica e culturalmente, empobrecido, vivendo diante de uma avalanche de informação que não se pode traduzir em conhecimento, ou seja, para a qual não se pode dar sentido.

Uma representação simbólica, como um número, é uma informação, mas somente se torna um conhecimento quanto tem um sentido, um significado. Assim, as informações, que são representações implícitas presentes na mente humana, em algum momento da nossa evolução como espécie cognitiva, tornaram-se explícitas; desenvolvemos a capacidade de explicitar nossas próprias representações, de conhecer nossas próprias representações, de pensar sobre o pensamento que estamos pensando.

O que diferencia os ambientes humanos dos das demais espécies é a extraordinária variabilidade e complexidade proporcionada pela cultura, duas indissociáveis conquistas da mente humana que nos definem como espécie cognitiva. Nossa capacidade de conhecer é produto das formas específicas, a partir das quais aprendemos, as quais, por sua vez, são resultado de nossa capacidade de conhecer a nós mesmos e, assim, conhecer o mundo.

A aquisição de conhecimento é o que nos diferencia de outros organismos que aprendem e dos sistemas cognitivos artificiais. Embora a fronteira que nos separa psicologicamente de outras espécies costuma situar-se na linguagem ou no próprio pensamento consciente, ambas parecem estar relacionadas à capacidade de conhecer e de acumular conhecimento pelo homem. Outras espécies podem criar soluções adaptativas e até compartilhá-las socialmente, mas só o ser humano consegue acumular essas soluções culturalmente em forma de conhecimento e transmiti-las de geração em geração.

SOCIEDADE DA APRENDIZAGEM, CONHECIMENTO E EDUCAÇÃO

Pesquisas têm apontado a necessidade de um aperfeiçoamento profissional que capacite o professor a lidar com o ensino em consonância à nova sociedade inserida na era da informação. O professor, em sua formação inicial, e mesmo a escola, enquanto instituição que lida com o conhecimento historicamente construído pela humanidade, têm tido dificuldades em lidar com as crescentes exigências impostas por esta era, em que a velocidade de geração de novas informações torna quase impossível a tarefa de se manter atualizado.

A própria natureza do trabalho tem passado por transformação, de uma dinâmica industrial de produção em série, em que os profissionais recebiam formação em massa para incorporação de saberes estáveis e reconhecidos, para a formação de profissionais que agora precisam saber como atualizar seus conhecimentos continuamente para manter a qualidade profissional. Como bem afirma Pierre Lévy (1998, s/p), "Trabalhar quer dizer, cada vez mais aprender, transmitir saberes e produzir conhecimento". Manter-se atualizado, ao longo da carreira profissional, é, ao mesmo tempo, necessário e desafiador.

Visto que a área do conhecimento de que trata a ciência é extremamente dinâmica e mutável, faz-se necessária uma articulação entre a ciência desenvolvida no campo da pesquisa e a que está presente nas salas de aula. Ao analisarmos os parâmetros e as orientações que balizam a educação básica no Brasil, identificamos a importância dada ao trabalho de atualização de professores de Ciências e Biologia. A capacitação do professor, por meio de uma educação contínua, de simpósios, encontros, cursos de aperfeiçoamento, deve possibilitar a construção e apropriação coletiva da cultura científica e formas múltiplas do conhecimento, para que o ele possa enfrentar o desafio de educar crianças, jovens e adultos em uma sociedade na qual o conhecimento está em constante evolução.

Cada vez mais, o papel do professor tem mudado de único detentor e reprodutor do conhecimento para formador, um mediador e/ou coordenador de atividades, responsável por criar motivações para que os estudantes façam suas próprias descobertas no processo coletivo de construção do conhecimento. Assim, faz-se necessária a superação dos modelos tradicionais, que priorizam a transmissão de conteúdos aos alunos de maneira acrítica, sem evidenciar as dúvidas ou contradições que contribuem para o avanço do conhecimento científico (DELIZOICOV; ANGOTTI; PERNAMBUCO, 2005; FREIRE, 2002).

A sociedade do conhecimento exige da escola pessoas com uma formação ampla e, ao mesmo tempo, especializada, com um espírito empreendedor e criativo, com o domínio de uma ou várias línguas estrangeiras, com grandes capacidades para resolução de problemas (DARLING-HAMMOND, 1997).

INTELIGÊNCIA COLETIVA – DESCOBERTAS RECENTES SOBRE APRENDIZAGEM

Extensa revisão da literatura especializada em ciências da aprendizagem, realizada pelo Comitê de Pesquisa da Aprendizagem e da Prática Educacional, órgão americano, indica que a aplicação de simples princípios no processo de ensino aprendizagem melhora significativamente os resultados de aprendizagem dos alunos (BRANSFORD; BROWN; COCKING, 2007). A seguir, apresentamos alguns desses princípios.

Para os sistemas educacionais nos primeiros anos do século XX, a educação focalizava a aquisição das habilidades de letramento: leitura, escrita e cálculos básicos. Hoje em dia, a regra geral é ensinar as pessoas a pensar e ler criticamente, para se expressarem com clareza e de modo convincente, bem como para solucionarem problemas complexos de ciências e matemática. Esses aspectos do letramento avançado são exigidos de quase todos, para lidarem, com sucesso, com as complexidades da vida contemporânea.

Como vimos anteriormente, mais do que nunca, a magnitude do conhecimento humano impede que ele seja totalmente coberto pela educação. Uma concepção melhor para se ter como objetivo da educação seria ajudar os estudantes a desenvolver as ferramentas intelectuais e as estratégias necessárias para a aquisição de conhecimento.

O entendimento básico dos temas, inclusive como estruturar e formular questões significativas acerca dos diversos tópicos, contribui para que o indivíduo tenha uma compreensão mais fundamental a respeito dos princípios da aprendizagem, que podem ajudá-lo a se tornar um aprendiz vitalício e independente.

Um dos marcos da nova ciência da aprendizagem é a ênfase na aprendizagem com entendimento. Os seres humanos são vistos como agentes guiados por objetivos, que procuram informações de modo ativo. Chegam à educação formal com uma série de conhecimentos, habilidades, crenças e conceitos prévios, que influenciam o que percebem sobre o ambiente e o modo como organizam e interpretam essa percepção. Isso, por sua vez, influencia suas capacidades de recordação, raciocínio, solução de problemas e aquisição de novo conhecimento. No sentido mais geral, a visão contemporânea a respeito da aprendizagem é que as pessoas elaboram novo conhecimento e seu entendimento com base no que já sabem e naquilo em que acreditam.

Os professores precisam prestar atenção aos entendimentos incompletos, às crenças falsas e às interpretações ingênuas dos conceitos que os aprendizes trazem consigo sobre determinado assunto. Os docentes devem partir dessas ideias para ajudar os alunos a alcançar um entendimento mais maduro. Na realidade, os conceitos prévios construídos a partir do senso comum não são substituídos por conceitos científicos sistematizados, o que ocorre é uma ampliação do perfil conceitual que o indivíduo passa a possuir para poder explicar determinado fenômeno.

Os novos desenvolvimentos na ciência da aprendizagem também destacam a importância de ajudar as pessoas a assumir o controle da sua própria aprendizagem. Considerado importante o entendimento, as pessoas devem aprender a identificar quando entendem e quando precisam de mais informações. A metacognição refere-se à capacidade de uma pessoa de prever o próprio desempenho em diversas tarefas e de monitorar seus níveis atuais de domínio e compreensão.

Um aspecto decisivo do ensino efetivo é trazer à tona a compreensão que os alunos têm sobre o assunto a ser ensinado e proporcionar oportunidades para que elaborem ou contestem a compreensão inicial.

Para o desenvolvimento da competência numa área de investigação, os estudantes devem possuir uma base sólida de conhecimento factual, entender os fatos e as ideias no contexto do arcabouço conceitual e organizar o conhecimento, a fim de facilitar a recuperação e a aplicação.

O conhecimento de um grande conjunto de fatos desconexos não é suficiente. Para desenvolver determinada competência numa área de investigação, os estudantes precisam ter oportunidade de aprender e compreender. A compreensão profunda do assunto transforma a informação factual em conhecimento utilizável. É mais eficaz eleger um número menor de conceitos a serem trabalhados e aprofundar os estudos sobre cada um deles, utilizando várias metodologias de ensino, do que passar superficialmente por um número grande de conceitos e tópicos de uma determinada área do conhecimento.

Uma descoberta fundamental, na literatura do aprendizado e da transferência, é que a organização da informação, num arcabouço conceitual, permite maior transferência; isto é, possibilita que o estudante aplique o que foi aprendido em novas situações e que aprenda informações afins mais rapidamente.

O SOCIOINTERACIONISMO E A INTELIGÊNCIA COLETIVA

O princípio fundamental do construtivismo é de que o aprendiz é sujeito de sua aprendizagem; é ele quem realiza a ação, e não quem sofre ou recebe uma ação. Não há como ensinar quem não quer aprender, uma vez que a aprendizagem é um processo interno, que ocorre como resultado da ação de um sujeito. Só é possível ao professor mediar, criar condições e facilitar a ação do sujeito, de aprender, ao veicular um conhecimento como seu porta voz (DELIZOICOV; ANGOTTI; PERNAMBUCO, 2005; FREIRE, 2008).

A aprendizagem se constrói em uma interação entre o sujeito e o meio circundante, natural e social. As pessoas aprendem o tempo todo, o conhecimento prévio e o conhecimento sistematizado convivem e se alimentam mutuamente, assim relações humanas são trocas reais entre os sujeitos da aprendizagem. Isso ocorre entre os aprendizes em um grupo qualquer e entre eles e alguém mais experiente naquele campo do conhecimento, que pode ser um mestre, ou professor, ou simplesmente uma pessoa mais madura na articulação e compreensão de determinado assunto.

Um diálogo é construído entre conhecimentos sobre o mundo onde se vive, que, ao ser um projeto coletivo, estabelecem a mediação entre as demandas afetivas e cognitivas de cada um dos participantes. O aprendiz, como sujeito cognoscitivo, estabelece relações com seu meio físico e social; sua localização em relação aos domínios espacial, temporal e cultural implica o fato de ele estar interagindo com um meio que é universal e bem mais amplo do que o espaço escolar, por exemplo.

A perspectiva sociointeracionista tem em Vygotsky e seus colaboradores um fundamento sólido que define as interações entre as pessoas como desencadeador do desenvolvimento sociocognitivo. O desenvolvimento é impulsionado pela linguagem, o processo de aprendizagem gera e promove o desenvolvimento das estruturas mentais superiores.

Um dos pontos centrais dessa perspectiva é o conceito de Zona de Desenvolvimento Proximal (ZDP). Ela é definida como a distância entre o nível de desenvolvimento real, que se costuma determinar por meio da solução independente de problemas, e o nível de desenvolvimento potencial, determinado por meio da solução de problemas sob a orientação ou em colaboração com companheiros mais capazes (VYGOTSKY, 1991).

Nessa concepção, as interações têm um papel crucial e determinante. O nível de riqueza e diversidade das interações permitirá um maior nível de desenvolvimento. O ser humano constitui-se enquanto tal, na sua relação com o outro, em contínuo processo de aprendizagem, sendo essa a principal causa para seu desenvolvimento por toda a vida.

Mais recentemente, com o surgimento da sociedade do conhecimento, Pierre Lévy, um importante filósofo contemporâneo, tem definido uma nova gama de conceitos a fim de entender o atual momento em que vivemos como sociedade e propor caminhos para as relações humanas.

Segundo Lévy, o ciberespaço, universo oceânico de informações, assim como os seres humanos que navegam e alimentam esse universo, está desenvolvendo uma nova cultura, a cibercultura, que especifica o conjunto de técnicas, práticas, atitudes, modos de pensamento e de valores que se desenvolve com o crescimento do ciberespaço.

Desse universo de relações humanas e interações sociais, surge uma inteligência coletiva, que é uma inteligência distribuída por toda a parte, incessantemente valorizada, coordenada em tempo real, que resulta em uma mobilização efetiva das competências. A base da inteligência coletiva é o reconhecimento e o enriquecimento mútuo das pessoas (LÉVY, 1998, 1999).

APRENDIZAGEM COLABORATIVA APOIADA POR COMPUTADOR (CSCL)

A Aprendizagem Colaborativa com Suporte Computacional (do inglês *Computer-Supported Collaborative Learning* – CSCL) é um ramo emergente das ciências da aprendizagem que estuda como as pessoas podem aprender umas com as outras com o auxílio do computador.

A definição mais ampla, porém, insuficiente, de "aprendizagem colaborativa" é a de uma situação em que duas ou mais pessoas aprendem ou tentam aprender algo juntas (DILLENBOURG, 1999). A inclusão da colaboração, da mediação pelo computador e da EaD problematiza a noção de aprendizagem e levanta questões referentes a premissas anteriores sobre como estudar um tema.

A visão na qual a CSCL está baseada propõe o desenvolvimento de novos softwares e aplicações que propiciem a aprendizagem em grupo e que ofereçam atividades criativas de exploração intelectual e interação social.

Nessa perspectiva, a publicação de conteúdo, tal como slides, textos ou vídeos, não implica instrução efetiva. Eles só podem ser efetivos dentro de um contexto mais interativo, com motivação e participação de professores ou pessoas com experiência dentro do campo de conhecimento específico. O foco está na colaboração entre os alunos; a aprendizagem acontece a partir das interações entre eles e deles com seus professores. Eles aprendem por meio das suas perguntas, perseguindo conjuntamente linhas de raciocínio, ensinando um ao outro e vendo como os outros aprendem.

Dillenbourg (1999) distingue a aprendizagem cooperativa da colaborativa. Na cooperação, os parceiros repartem o trabalho, resolvem as subtarefas individualmente e, então, juntam os resultados parciais em um resultado final.

Na colaboração, os parceiros fazem o trabalho "conjuntamente". Roschelle e Teasley (1995) corroboram essa definição quando afirmam que a colaboração é um processo no qual indivíduos negociam e compartilham entendimentos relevantes à resolução do problema em questão. A colaboração é uma atividade coordenada, resultado de uma tentativa contínua de construir e manter um entendimento compartilhado de um problema.

Dessa forma, os indivíduos estão envolvidos como membros do grupo, mas as atividades nas quais eles estão engajados não são atividades de aprendizagem individual, e sim interações do grupo, como negociação e compartilhamento. A aprendizagem é analisada como um processo do grupo, sem desconsiderar a análise da aprendizagem individual.

O foco é aprender a partir da colaboração com outros aprendizes. O provimento de meios de comunicação é a maneira básica de suporte à colaboração que o computador oferece (exemplo: a rede de computadores conectada à internet). Exemplos de ferramentas são: e-mail, chat, fóruns de discussão, videoconferência, mensagem instantânea etc.

A colaboração é primordialmente entendida como um processo de construção de significado compartilhado. A construção de significado não é assumida como uma expressão de representações mentais dos participantes individuais, mas sim como uma realização da interação. A construção de significado pode ser analisada como se ocorresse durante as sequências de declarações ou mensagens dos múltiplos participantes. Desse modo, a aprendizagem colaborativa representa o esforço intelectual desenvolvido conjuntamente pelos alunos ou por alunos e professores, tornando-se um dos processos mais eficazes de desenvolvimento da inteligência coletiva.

WEB 2.0 – A REVOLUÇÃO DA COLABORAÇÃO

A utilização do termo Web 2.0 teve início, em 2004, quando representantes das empresas O'Reilly e *Media Live International* realizaram um encontro com o objetivo de conceber um congresso sobre internet.

Esse conceito foi criado para denominar uma 2ª geração de comunidades e serviços na internet, baseada no uso de ferramentas com maior potencial de interatividade, tendo como características principais o compartilhamento de informações e a construção coletiva do conhecimento. Trata-se de uma série de princípios que define um novo tipo de experiência on-line.

Segundo Tim O'Reilly (2007), a regra mais importante é desenvolver aplicativos que aproveitem os efeitos de rede para se tornarem melhores quanto mais forem usados pelas pessoas, aproveitando a inteligência coletiva.

A inovação vem da nova maneira de utilizar a internet, com maior interatividade e participação ativa dos usuários. A produção do conteúdo é descentralizada; pode-se criar, customizar e classificar pela inserção de rótulos, a fim de recuperar dados mais rapidamente e publicar em diferentes mídias. As ferramentas disponíveis — programas on-line de edição de texto, planilha, imagem, áudio e vídeo — podem ser utilizadas facilmente pelas pessoas, o que faz mudar o conceito de software. Uma tecnologia que possibilita infinitamente a colaboração entre os usuários.

Essas mudanças podem impactar a educação e possibilitar novas metodologias de ensino-aprendizagem, nas quais o aluno deixa de ser um mero receptor de informações e, por meio das ferramentas disponíveis, como fóruns, chats, blogs, *wikis*, redes sociais etc., tem a possibilidade real de construir e trocar conhecimentos. A Web 2.0, em um contexto educacional, pode oferecer ao aluno maior autonomia, liberdade e domínio da informação. Dessa forma, o processo de aprendizagem proporciona uma rica experiência ao estudante, podendo ser ele mesmo o criador da informação.

Toda informação se torna matéria-prima, que pode ser usada e reutilizada; vários conteúdos podem ser criados a partir do que já existe, gerando uma dinâmica de colaboração entre usuários e comunidades. Tudo pode ser aproveitado e reconstruído de modo a atender os interesses específicos de cada pessoa. Essa possibilidade permite o surgimento de uma "sociedade de autores", o usuário passa de leitor a autor e produtor de conteúdo e recursos digitais.

A vantagem de se utilizar a Web 2.0, nos processos de ensino e aprendizagem, é que a maioria dos jovens tem um grande interesse pela internet e por suas ferramentas (ALVES, 2007). Por meio dela, é possível redimensionar o foco de interesse dos alunos, que são os jogos, as ferramentas interativas e alguns sites de relacionamentos, para conteúdos educacionais, fazendo com que absorvam e construam conhecimentos de maneira colaborativa, enriquecendo seu intelecto e, com isso, aumentando sua capacidade de reflexão e formulação de ideias próprias.

TICS E TECNOLOGIAS EDUCACIONAIS: O QUE SÃO E PARA QUE SERVEM?

As Tecnologias de Informação e Comunicação (TICs) são tecnologias e métodos de comunicação surgidos no contexto da sociedade da informação. Elas integram serviços de comunicações, telecomunicações (linhas telefônicas e sinais sem fio), computadores, mídias, softwares, armazenamento de informação e sistemas de audiovisual, que permitem aos usuários criar, acessar, armazenar, transmitir e manipular a informação. Entretanto elas não param por aí, pois funcionam como um instrumento de transformação e criação de novas informações. Constituem um meio de comunicação e de colaboração entre indivíduos e grupos de formas e velocidades ainda não experimentadas antes. Em vez de dissiparem a interação social entre pessoas, essas tecnologias têm o potencial de possibilitar o desenvolvimento de novas formas de interação, potencializando, desse modo, a construção de novas ideias (PONTE, 2002).

Quando as TICs são usadas para fins educativos, para apoiar e melhorar a aprendizagem dos alunos e desenvolver ambientes de aprendizagem, podemos considerá-las um subdomínio da Tecnologia Educativa (MIRANDA, 2007).

Por que usarmos essas tecnologias? Tecnologias educacionais vão muito além do simples uso das diferentes mídias e recursos para fins educacionais. Mídias e recursos materiais são apenas instrumentos para a busca de "soluções" para o processo de ensino-aprendizagem, o que realmente pode ser definido como tecnologia educacional. O uso adequado dessas ferramentas pode criar verdadeiras soluções pedagógicas, em que as funções cognitivas podem ser desenvolvidas, ampliadas, modificadas e exteriorizadas de diferentes maneiras em função dessas tecnologias, sobretudo as que envolvem a internet. As novas tecnologias digitais favorecem novas formas de acesso à informação, novos estilos de pensar, raciocinar e novas dinâmicas no processo de construção de conhecimento.

Como vimos anteriormente, o uso dessas tecnologias pode ser potencializado quando baseado em uma visão sociointeracionista da educação, com aspectos reflexivos e criativos. Entretanto, muitas vezes o uso de tais recursos está aliado a uma concepção comportamentalista, prestigiando a função informativa do computador e instrucionista da educação. Isso faz com que o educador não extraia dessas tecnologias seus melhores resultados.

As novas tecnologias digitais podem favorecer o desenvolvimento do pensamento reflexivo, da consciência crítica, e o encontro de soluções criativas. Contudo, esse lado construtivo, criativo, crítico e inovador do uso dessas ferramentas tem faltado em alguns dos projetos de informática educativa desenvolvidos nas escolas. Aplicações inadequadas de tais recursos vêm promovendo uma volta ao passado e um reforço do paradigma tradicional behaviorista.

Essas aplicações sinalizam a prática de uma "educação bancária", nas palavras de Paulo Freire, produtora de seres incompetentes, incapazes de pensar, de construir e reconstruir conhecimentos, geradora de indivíduos incapazes de afrontar seu próprio destino e de se posicionar de maneira autônoma, responsável, crítica e criativa diante do mundo e da vida (FREIRE, 2008).

Como educadores, podemos estar falhando por falta de metodologias mais adequadas e atualizadas. A despeito da infinidade de recursos e informações disponíveis na atual sociedade, sua utilização ou falta dela pode apenas reforçar um modelo educacional baseado no consumo passivo de informações prontas.

Por isso, ao optarmos por ferramentas colaborativas, devemos ir muito além da utilização de uma simples ferramenta pedagógica que facilita a busca de informações e dados no universo informacional, que é a internet. Além de atuar como fonte de informações e meio comunicacional, essas tecnologias podem ser ferramentas que facilitam o desenvolvimento da autonomia, criatividade e cooperação, possibilitando e estimulando a construção coletiva do conhecimento.

Somente o conhecimento tecnológico não é suficiente para impulsinar práticas didáticas inovadoras, que vão além da simples reprodução de informação. A questão não é utilizar a tecnologia na educação, mas qual a tecnologia é a mais adequada à necessidade de ensinar determinado conteúdo e como utilizá-la. Faz-se necessária a articulação da tecnologia com os processos pedagógicos e com o conteúdo, para que alcancemos os benefícios propostos com o uso da internet e das TICs nas aulas de Ciências.

REFERÊNCIAS

ALVES, L. R. G. Nativos Digitais: Games, Comunidades e Aprendizagens. *In*: MORAES, U. C. (org.). *Tecnologia Educacional e Aprendizagem*: o uso dos recursos digitais. São Paulo: Livro Pronto, 2007.

BRANSFORD, J. D.; BROWN, A. L.; COCKING, R. R. *Como as pessoas aprendem*: cérebro, mente, experiência e escola. São Paulo: Editora Senac, 2007.

CASTELLS, M.; CARDOSO, G. (org.). *A sociedade em rede, do conhecimento à ação política*. Lisboa: Impresa Nacional - Casa da moeda, 2005.

DARLING-HAMMOND, L. School Reform at the Crossroads: Confronting the Central Issues of Teaching. *Educational Policy*, [s. l.], v. 11, n. 2, p. 154, 1997.

DELIZOICOV, D.; ANGOTTI, J. A.; PERNAMBUCO, M. M. *Ensino de Ciências*: fundamentos e métodos. São Paulo: Cortez, 2002. (Coleção Docência em Formação – Ensino Fundamental).

DEMO, P. Conhecimento e aprendizagem: atualidade de Paulo Freire. *In*: TORRES, C. A. *Paulo Freire y la agenda de la educación latinoamericana en el siglo XXI*. Buenos Aires: CLACSO, 2001.

DILLENBOURG, P. What do you mean by "collaborative learning"? *In*: DILLENBOURG, P. (ed.). *Collaborative learning*: cognitive and computational approaches. Amsterdam: Pergamon: Elsevier Science, 1999. p. 1-16.

FREIRE, P. *Pedagogia da Autonomia*: saberes necessários à prática educativa. 37. ed. Rio de Janeiro: Paz e Terra, 2008.

LÉVY, P. A *Inteligência Coletiva*. Por uma antropologia do ciberespaço. São Paulo: Edições Loyola, 1998.

LÉVY, P. *Cibercultura*. São Paulo: Editora 34, 1999.

MIRANDA, G. L. Limites e possibilidades das TIC na educação. Sísifo. *Revista de Ciências da Educação*, [s. l.], n. 3, p. 41-50, 2007. Disponível em: http://sisifo.fpce.ul.pt. Acesso em: 11 set. 2010.

O'REILLY, T. What is Web 2.0: Design Patterns and Business Models for the Next Generation of Software. *Communications & Strategies*, First Quarter, [s. l.], n. 1, p. 17, 2007. Disponível em: http://ssrn.com/abstract=1008839. Acesso em: 10 fev. 2010.

PONTE, J. P. As TIC no início da escolaridade. *In*: PONTE, J. P. (org.). *A formação para a integração das TIC na educação pré-escolar e no 1º ciclo do ensino básico*. Porto: Porto Editora, 2002. n. 4, p. 19-26. (Cadernos da Formação de Professores).

POZO, J. I. *Aquisição de Conhecimento*. Porto Alegre: Artmed, 2005. 241 p.

ROSCHELLE, J.; TEASLEY, S. The construction of shared knowledge in collaborative problem solving. *In*: O'MALLEY, C. E. (ed.). *Computer Supported Collaborative Learning*. Heidelberg: Springer-Verlag, 1995. p. 69-97.

UNITED NATIONS EDUCATIONAL, SCIENTIFIC AND CULTURAL ORGANIZATION. *Hacia las Sociedades del Conocimiento*. [S. l.]: Publicaciones Unesco, 2005. Disponível em: http://unesdoc.unesco.org/images/0014/001419/141908s.pdf. Acesso em: 18 set. 2011.

VYGOTSKY, L. S. *A formação social da mente*: o desenvolvimento dos processos psicológicos superiores. São Paulo: Martins Fontes, 1991.

2

DAS REDES SOCIAIS ÀS COMUNIDADES VIRTUAIS DE APRENDIZAGEM

Daniel Fabio Salvador

Neste capítulo, vamos falar da colaboração entre os usuários na construção de redes virtuais de inteligência coletiva, ou seja, as "redes sociais". Também falaremos um pouco das "comunidades virtuais de aprendizagem".

Será que esses nomes representam a mesma coisa? Vamos entender um pouco mais o que significam esses termos e qual sua relação com os processos pedagógicos, que podem levá-los a se tornarem tecnologias educacionais de grande potencial para o professor do século XXI.

Segundo Pierre Lévy, a inteligência coletiva destaca-se como um dos principais elementos inovadores dos recursos que emergiram das tecnologias associadas à internet, caracterizado pelo pensamento aberto e compartilhamento sustentado por conexões sociais. Um neurônio nada vale sem a conexão eficaz a outros. Da mesma maneira, um computador que não se conecta a outros, formando uma rede, terá muito pouco valor hoje em dia. Porém, apenas estar conectado não é suficiente. É preciso ter as ferramentas eficazes para criar as conexões entre as mentes humanas por trás das máquinas, permitindo que elas compartilhem, colaborem e construam significados e produtos conjuntamente. Essa é a principal contribuição das ferramentas da internet associadas ao termo Web 2.0.

> Inteligência coletiva é uma inteligência distribuída por toda a parte, incessantemente valorizada, coordenada em tempo real, que resulta em uma mobilização efetiva das competências. A base e o objetivo da inteligência coletiva são o reconhecimento e o enriquecimento mútuo das pessoas. (LÉVY, 2003, p. 28).

Um bom exemplo de inteligência coletiva é a famosa Wikipédia. Seu criador defende que a Web 2.0 se baseia em confiar nos internautas, permitindo o aumento da interatividade e colaboração entre eles. Propiciar efetivamente um ambiente para a criação de redes sociais por meio da internet, talvez, seja uma das maiores contribuições da Web 2.0 ao desenvolvimento humano.

Na estrutura social em redes, seus integrantes se ligam horizontalmente a todos os demais, diretamente ou por intermédio dos que os cercam. O conjunto resultante é como uma malha de múltiplos pontos, que pode se espalhar indefinidamente para todos os lados, sem que nenhum desses pontos seja considerado principal ou central, nem representante dos demais. Não existe um único líder, mas uma vontade coletiva de realizar um determinado objetivo.

As redes sociais também oferecem um imenso potencial pedagógico, pois possibilitam o estudo em grupo, a troca de conhecimento, a aprendizagem colaborativa e mantêm as pessoas de regiões geográficas distintas em contato. Uma das ferramentas de comunicação existentes, em quase todas as redes sociais, são os fóruns de discussão. Os membros podem abrir um novo tópico e interagir com outros membros compartilhando e construindo ideias. A não sincronicidade de tempo, em que os usuários podem ler, refletir e pesquisar com calma, para depois opinar, parece potencializar, em vários aspectos, as discussões on-line dentro dos espaços formais e não formais.

Se procurarmos na Wikipédia, acharemos a seguinte definição para redes sociais:

> Rede social é uma das formas de representação dos relacionamentos afetivos ou profissionais dos seres entre si ou entre seus agrupamentos de interesses mútuos. A rede é responsável pelo compartilhamento de ideias entre pessoas que possuem interesses e objetivos em comum e também valores a serem compartilhados. Assim, um grupo de discussão é composto por indivíduos que possuem identidades semelhantes. Essas redes sociais estão hoje instaladas principalmente na Internet devido ao fato desta possibilitar uma aceleração e ampla maneira das idéias serem divulgadas e da absorção de novos elementos em busca de algo em comum. (WIKIPÉDIA, [2023], s/p).

A internet reflete uma mudança significativa dos hábitos dos usuários. O impacto dessa tecnologia na sociedade, entretanto, gera a necessidade de debatermos questões sociais, como privacidade, ética e segurança, nas relações sociais, na educação, na cidadania, nas formas de comércio, entre outras.

Mesmo sem termos muito conhecimento ou formação para isso, enquanto professores, nossos alunos já se encontram totalmente inseridos no contexto das redes sociais. Vários já se comunicam com seus amigos, usando blogs, redes sociais, compartilham vídeos, baixam e ouvem músicas pela internet e utilizam seus smartphones para estarem conectados a todo momento.

A "EPIDEMIA VIRAL" NA WEB 2.0

Na Web 2.0, o usuário não é mais visto apenas como consumidor de informação disponibilizada por outras pessoas, mas também como fornecedor e desenvolvedor do conteúdo. A Web 2.0 facilitou tremendamente a criação de conteúdos de todo tipo, a ponto de podermos falar de uma "sociedade de autores". A habilidade para acessar e publicar conteúdos com facilidade nos força a repensar o que esperamos de nossos alunos, inclusive as habilidades e competências de que eles precisarão em breve. Nesse sentido, a Base Nacional Comum Curricular (BNCC) para o ensino infantil e fundamental, apresentada pelo Ministério da Educação (MEC), aponta como uma das dez competências que os alunos devem desenvolver ao longo dessa fase o uso das tecnologias digitais de comunicação e informação de forma crítica, significativa, reflexiva e ética nas diversas práticas do cotidiano.

Um fenômeno interessante relacionado ao "poder" da Web 2.0 ficou conhecido como "Efeito Katilce". Em 2006, durante um show no Morumbi, o vocalista da banda U2, Bono Vox, dançou no palco por alguns minutos com uma garota chamada "Katilce". No dia seguinte, os internautas descobriram o perfil de Katilce no Orkut e começaram a deixar recados para ela. A notícia correu pela rede de maneira viral e milhares de pessoas começaram a enviar freneticamente mensagens para Katilce.

O fenômeno foi tão surpreendente que ela recebeu, em dois dias, quase 3 milhões de mensagens (em média 20 mensagens por segundo). Esse fato nos faz refletir sobre o potencial pedagógico da Web 2.0. Outro exemplo ocorreu com a cantora escocesa Susan Boyle, que apareceu em um programa de calouros na TV inglesa, cujo objetivo era criar "estrelas". Susan aparentemente era a antítese do glamour televisivo em todos os aspectos. Porém, foi só ela começar a cantar, para os jurados e, possivelmente, os mais de 20 milhões de usuários de internet que já assistiram a seu vídeo mudarem de ideia. Aos 47 anos, Susan se transformou em uma estrela do mundo virtual, e seu sucesso transcendeu para o mundo real. Tenho certeza de que todos vocês se lembram de exemplos semelhantes ocorridos nos últimos 20 anos.

Por que será que tantas pessoas mandaram mensagens para Katilce ou assistiram ao vídeo de Susan? O que leva uma pessoa a deixar um recado para uma comunidade de milhões de usuários? O comportamento viral na internet faz também parte do conceito de Web 2.0. Parece existir algo em comum entre a viralização ocorrida em sites, como Facebook ou YouTube, e o que aconteceu com Katilce e Susan Boyle. As pessoas querem pertencer, fazer parte de algo que está acontecendo naquele momento, sem a necessidade de que ninguém as obrigue.

Outro exemplo atual que podemos citar foi a explosão das *lives* de shows ao vivo para entretenimento durante o período da pandemia do coronavírus em 2020. Por que as pessoas preferiam assistir a shows ao vivo, com possibilidades de erros e improvisos ao invés dos shows gravados dos artistas? Alguns também exploraram a possibilidade da interação durante as *lives*, com usuários escolhendo as músicas ou enviando perguntas. Pare para pensar e reflita sobre isso! Tudo parte do mesmo desejo da geração atual de alto nível de interação e interatividade.

OS DIFERENTES TIPOS DE REDES SOCIAIS

Não existe definição única sobre a classificação de redes sociais, até mesmo pela novidade do assunto. Do ponto de vista da análise social em relação às redes, a antropóloga social Karen Stephenson (1998) define que, em qualquer organização social, seja ela uma empresa, um sindicato ou uma associação, existem seis tipos de redes com características diversas e complementares, que redes representam os caminhos "invisíveis" das relações sociais e das informações entre grupos sociais. As seis formas de rede que podem ser encontradas em uma organização, segundo o método desenvolvido pela autora são:

1. **a rede do trabalho** – as comunidades formadas para trocas de informação, como parte de rotinas diárias de trabalho;

2. **a rede para fins puramente sociais** – que se formam na internet, não associadas a afinidades específicas, mas apenas pelo fato de os usuários terem a intenção de estar mais conectados às pessoas de seus círculos de amizades, familiares e colegas;

3. **a rede da inovação** – pessoas com quem se colabora ou se contribui na busca de novas ideias. Normalmente, bastante associada ao processo de reflexão crítica e colaborativa, porque as pessoas

falam abertamente sobre suas percepções, ideias, e experiências, a busca de estímulos aos processos criativos;

4. **a rede dos especialistas** – nas quais se procura relacionamentos com o objetivo de obter informação especializada ou conselhos técnicos. Na internet existem essas redes nucleares cujos membros-chave detêm o conhecimento. Por exemplo, quando temos um problema com um determinado programa ou sistema, nossa primeira reação é correr para os fóruns de discussão dessas redes para ver se alguém já teve o problema e se lhe foi dada uma resposta. São os *helpdesks* colaborativos da web;

5. **a rede de orientação de carreira ou de estratégia** – conta com pessoas confiáveis de determinadas áreas que dão direção e mostram sua visão das próximas inovações da área. Nessa rede se tem acesso a pessoas para pedir conselhos sobre o futuro ou para dar seus conselhos aos mais inexperientes;

6. **a rede de aprendizagem** – nas quais se busca conhecimento para melhorar os processos ou métodos existentes. As pessoas chave nessa rede podem transformar-se em pontes entre as redes de especialistas e as redes de inovação, facilitando o diálogo entre especialistas e novatos ou profissionais em formação.

Como nosso foco é educacional, vamos explorar um pouco mais essas redes de aprendizagem, também conhecidas como "comunidades virtuais de aprendizagem".

COMUNIDADES VIRTUAIS DE APRENDIZAGEM

O potencial das redes sociais para fins educacionais vem crescendo bastante na última década. Nessas redes, achamos usuários que estão conectados por razões associadas a processos de ensino aprendizagem. Elas se organizam como "comunidades" on-line e, assim como as comunidades presenciais, têm características específicas para suas interações e colaborações. A literatura acadêmica define que a formação das comunidades virtuais de aprendizagem acontece quando ocorrem interações entre os membros da comunidade, envolvendo conteúdo de aprendizagem e comunicação pessoal (PALLOFF; PRATT, 1999).

Segundo os autores, as principais características de uma comunidade virtual com finalidade de aprendizagem são: a aprendizagem colaborativa, evidenciada pelos comentários dirigidos mais de um estudante a outro que de um estudante ao professor; os significados construídos socialmente, evidenciados pelo acordo ou pelo questionamento; o compartilhamento de recursos entre os estudantes; as expressões de apoio e de estímulo trocadas entre os estudantes e a vontade de avaliar criticamente o trabalho dos colegas.

Além disso, o uso intencional de uma comunidade virtual de aprendizagem possibilita a indivíduos e/ou grupos de pessoas geograficamente dispersas realizar suas metas de aprendizagem. Isso ocorre mediante a formação de um "Senso de Comunidade", que é definido na literatura como um sentimento que os membros têm de pertencimento da comunidade (PALLOFF; PRATT, 1999).

Apesar desse potencial latente do uso das comunidades virtuais de aprendizagem na área de ciências, saúde e biologia, ainda temos um longo caminho a percorrer para entender como elas podem apoiar processos de ensino-aprendizagem nessas áreas. Estudos mostram que professores de Biologia usam com certa frequência a internet, porém poucos a utilizam para fins didáticos (ROLANDO *et al.*, 2014). A maior parte da utilização se baseia em busca de material e informações já disponíveis na rede. A internet e suas ferramentas podem desvendar um universo informacional no campo da Biologia pouco explorado por professores na sua prática docente. A criação de ricos ambientes virtuais de aprendizagem, a partir de ferramentas disponíveis na internet, além de permitir ao professor da educação básica se manter atualizado diante das demandas da nova sociedade inserida na era do conhecimento, pode aproximá-lo de seus alunos, adolescentes e jovens, que são nativos digitais (usuários frequentes e intensivos da internet).

Outra grande vantagem do uso de comunidades virtuais de aprendizagem é que, na sociedade atual, as pessoas têm cada vez menos tempo para se dedicar à interações sociais presenciais, com fins de aprendizagem ou não. A internet, por sua vez, oferece a possibilidade de trabalho coletivo e colaborativo; tanto assíncrono (no qual os pares podem interagir virtualmente de acordo com suas disponibilidades de tempo e recursos), como síncrono (atividades realizadas em tempo real por duas ou mais pessoas).

UM POUCO DAS REDES SOCIAIS COM POTENCIAL USO PEDAGÓGICO

Agora que já falamos um pouco da parte teórica de formação e classificação das redes sociais na internet, baseados no conceito da Web 2.0, vamos discutir mais detalhadamente suas utilidades do ponto de vista educacional. Lembre-se de que é uma área muito atual e em constante evolução, por isso nossa intenção aqui não é esgotar o assunto, mas apresentar uma visão geral do que está disponível.

Entre tantas comunidades e redes sociais, qual é a melhor escolha? Tudo depende de seus interesses e objetivos ao participar de uma comunidade. Atualmente, é muito grande a lista de opções com serviços, porém um dos aspectos mais relevantes em sua escolha pode ser utilizar as redes nas quais seus alunos já estejam inseridos socialmente e familiarizados, poupando esforço para vencer barreiras de implementação dessa tecnologia educacional para sala de aula.

A criação de redes sociais sobre temas educacionais vem crescendo, e isso faz com que outras pessoas interessadas no assunto se unam para debater e compartilhar informações, como foi o caso do Facebook, que começou com uma rede social entre professores e estudantes universitários americanos e hoje é a mais difundida rede social no Brasil e no mundo. Com características extremamente populares para as interações sociais, ela ganhou a preferência da grande população. Hoje em dia, considera-se uma rede para os usuários mais "velhos", visto que a nova geração que quer trabalhar com mídias mais rápidas e visuais. Porém, pode se considerar que é uma das redes socais mais antigas em operação hoje (2022).

O Facebook talvez tenha resistido ao tempo justamente por disponibilizar novas possibilidades de comunicação, como: divulgação de produtos, notícias, fatos, compartilhamento de vídeos, textos, ideias, fotos, imagens e diversão, por meio de seus aplicativos etc. A rede possui recursos que permitem ações interativas e colaborativas na web, como: filiar-se a grupos, exibir fotos, criar documentos com a participação de todos na construção de um texto coletivo, criar eventos com agendamento das atividades dentro e fora da plataforma, criar enquetes como recurso para pesquisas, bate-papo etc.

Entre suas principais ferramentas de socialização, estão os famosos "likes" (gostei), e, mais recentemente, outras expressões de opinião sobre o conteúdo compartilhado na rede. Pode-se dizer que essa é uma das características mais peculiares dessa rede, que ajudou seu crescimento exponencial nas últimas décadas.

PARE E PENSE!

Você acha que existe alguma relação entre a famosa ferramenta de opinar ("like") do Facebook e as causas do "efeito viral da internet" relatado no início deste texto? Quais seriam?

Para além disso, o Facebook também saiu na frente em permitir aos seus usuários integrar seu perfil com outros aplicativos, que passam a fazer parte da rede social de forma aberta e acessível, refletindo o verdadeiro espírito da Web 2.0. Atualmente, existem vários aplicativos criados para potencializar essa ferramenta para fins didáticos. Por fim, é importante citar que a possibilidade de criação de grupos específicos dentro do Facebook tornou esse ambiente atrativo para a formação de comunidades virtuais de aprendizagem, que podem ser públicas ou privadas.

Outra ferramenta interessante, que teve seu ápice com o início da Web 2.0 e depois um declínio com a migração massiva de usuários ao Facebook, foi o Twitter, que na verdade é classificado por alguns especialistas como um *microblogging*. O Twitter é voltado para a realização de comentários curtos, rápidos e com atualizações constantes do que se está fazendo. Cada usuário só tem 280 caracteres para escrever em cada postagem, ou seja, objetividade é o nome do jogo. A partir daí, os seguidores veem as publicações e seguem as pessoas de seu interesse, recebendo suas postagens. Uma ideia simples, mas revolucionária pela objetividade dessa ferramenta. Visite o site do Twitter Brasil para começar a colaborar por meio dessa ferramenta.

Entre as redes para contatos profissionais, a comunidade LinkedIn é a mais conhecida. Nesse tipo de comunidade, encontra-se frequentemente um público mais específico que tem por objetivo estabelecer conexões profissionais.

Já para a finalidade de divulgação de produção acadêmica, surgiu e tomou grande proporção a comunidade ResearchGate, que se caracteriza por ser uma plataforma gratuita que permite a membros interagirem e colaborarem com colegas do meio acadêmico, do mundo inteiro e dos mais diversos campos de estudo, oferecendo diversas ferramentas exclusivas para o compartilhamento de artigos, troca de informações, discussão e revisão de artigos em conjunto. Ela possui também um sistema de *feeds* de notícias sobre as últimas publicações de colegas que você escolheu seguir. Como em toda rede social, oferece o sistema de "seguir" os usuários de interesse e contabiliza quem e quantos estão seguindo ou as publicações acadêmicas. Outra rede com fins semelhantes é a Academia.edu[1], que funciona basicamente da mesma forma.

Um fenômeno, cada vez mais comum, tem sido a formação dos metablogs, que são agrupamentos de blogs em torno de uma determinada área ou assunto. Esses blogs, conectados por um perfil ou linha de assuntos,

---

[1] Para mais informações, acesse: https://www.academia.edu/.

tornam-se automaticamente uma rede social, cujos membros e visitantes começam a compartilhar e colaborar em torno do tema.

Existem outras inúmeras redes sociais que criam a todo o momento comunidades virtuais de aprendizagem. Com certeza, em várias delas, você vai achar grupos da área de educação, biologia e ciências nas quais poderá trocar informações atuais e importantes. Além, é claro, das possibilidades de criar micro comunidades com suas turmas para colaboração virtual.

COMUNIDADES VIRTUAIS: DO SOCIAL À APRENDIZAGEM

Como vimos, os softwares sociais são aplicativos on-line disponibilizados no ciberespaço para a criação de redes de relacionamentos, como locais virtuais de encontro das pessoas. Existem inúmeros tipos de softwares sociais, como Facebook, TikTok, Instagram e LinkedIn. Esses softwares funcionam a partir do cadastramento de um usuário, que pode convidar amigos ou outros usuários para participarem; esses, por sua vez, podem fazer o mesmo, e assim por diante, formando uma rede de relacionamentos. Alguns desses sites só aceitam novos associados mediante indicação, outros cobram pela utilização de alguns serviços. Cada software desenvolve recursos e serviços diferentes para formar suas redes segundo objetivos específicos. A maior parte desses ambientes emprega recursos, como: blog, álbum de fotos, postagem de vídeos, galeria de amigos, perfil de usuário, correio, fóruns, chats, destaque para os aniversariantes do mês na página inicial etc.

A função principal desses softwares é propiciar efetivamente um ambiente para a criação de redes sociais na internet. Essa talvez seja uma das maiores contribuições da Web 2.0 para o desenvolvimento humano. A estrutura social em rede corresponde também ao que seu próprio nome indica, seus integrantes se ligam horizontalmente a todos os demais, diretamente ou por intermédio dos que os cercam. O conjunto resultante é como uma malha de múltiplos, que pode se espalhar indefinidamente para todos os lados, sem que nenhum dos seus possa ser considerado principal ou central, nem representante dos demais. Não existe um único líder, mas uma vontade coletiva de realizar um determinado objetivo.

A partir dos recursos disponibilizados pelos softwares, as redes sociais se estabelecem no universo digital, compreendidas como um conjunto de participantes autônomos, unindo ideias e recursos em torno de valores e interesses compartilhados (MARTELETO, 2001). Não existe uma única classificação de redes sociais, até mesmo pela novidade do assunto, mas uma delas propõe uma divisão em três grandes grupos:

a. rede social primária ou informal – são redes de relações entre indivíduos, em decorrência de conexões preexistentes, relações formalizadas que dão origem a grupos. É formada por todas as relações que as pessoas estabelecem durante a vida cotidiana, que podem ser familiares, vizinhos, amigos, colegas de trabalho, organizações etc. As redes de relacionamento começam na infância e contribuem para a formação das identidades. Um exemplo são as comunidades que eram formadas no Orkut;

b. rede social secundária ou global – formada por profissionais e funcionários de instituições públicas ou privadas, por organizações não governamentais e organizações sociais. Fornece ambientes virtuais de colaboração para grandes comunidades de pessoas espalhadas em diferentes contextos, porém com um foco ou objetivo único; por exemplo, associados a um determinado tipo de empresa, área de conhecimento ou profissão.

c. rede social intermediária ou rede associativa (microcomunidades) – formada por pessoas que receberam capacitação especializada e pontual, tendo como função o apoio posterior. Pode ser do setor da saúde, público ou privado e até da própria comunidade; atua como uma maneira de manter a formação continuada entre seus membros nos assuntos da área. São comunidades menores com público bem determinado.

Assim como as ferramentas da Web 2.0, as redes sociais oferecem um imenso potencial pedagógico. Elas possibilitam o estudo em grupo, o compartilhamento de experiências e conhecimento, bem como a aprendizagem colaborativa. Uma das ferramentas de comunicação existentes, em quase todas as redes sociais, são os fóruns de discussão, em que os membros podem abrir um novo tópico e interagir com outros membros por meio da troca de mensagens.

Essas redes de relacionamento humano, que têm surgido na internet, têm sido chamadas de comunidades virtuais. O termo "comunidade virtual" é atribuído a Howard Rheingold (2000), que a define como agregados sociais surgidos na rede, quando os usuários criam teias de relações pessoais no ciberespaço. Já Manuel Castells (1999) refere-se à comunidade virtual como uma rede eletrônica de comunicação interativa autodefinida, organizada em torno de um interesse ou finalidade compartilhado, embora algumas vezes a própria comunicação se transforme no objetivo. As chamadas redes sociais possuem inúmeras comunidades que são exemplos desses agregados sociais que fazem tanto sucesso na internet na atualidade. Esses espaços virtuais se tornam redes de relacionamento social, nas quais pessoas podem aprender ou tentar aprender algo juntas. Dessa forma, as pessoas se envolvem como membros do grupo, aprendendo nas interações do grupo, como negociação e compartilhamento, configurando um processo de aprendizagem colaborativa. Colaborar significa trabalhar junto, compartilhar objetivos e motivos; aprendizagem colaborativa é, então, uma situação de aprendizagem na qual duas ou mais pessoas aprendem ou tentam aprender algo juntas (DILLEMBOURG, 1999). Uma ferramenta que tem proporcionado uma verdadeira experiência nesse sentido é a Wikipédia, enciclopédia eletrônica construída de forma colaborativa por milhares de usuários em todo o mundo.

Em certa medida, os espaços virtuais, quando voltados para o aprendizado, aproximam-se da teoria da Zona de Desenvolvimento Proximal (ZDP), proposta por Vygotsky (2007) e entendida como a distância entre o nível de desenvolvimento real, que se costuma determinar por meio da solução independente de problemas, e o nível de desenvolvimento potencial, determinado por meio da solução de problemas sob a orientação ou em colaboração com companheiros mais capazes.

Nessa perspectiva, o conhecimento é construído por meio das interações realizadas entre os membros da comunidade, levando em consideração sua realidade profissional e buscando criar uma reflexão sobre sua ação pedagógica. O uso intencional de uma comunidade virtual para a aprendizagem colaborativa tem se configurado como comunidades virtuais de aprendizagem, nas quais indivíduos e/ou grupos de alunos geograficamente dispersos realizam de modo colaborativo com maior ou menor intensidade suas metas de aprendizagem (YANG; CHEN; KINSHUK CHEN, 2007).

Nossos alunos já se encontram totalmente inseridos no contexto da Web 2.0. Vários já se comunicam com seus amigos por meio de blogs, compartilham vídeos, ouvem e baixam músicas pela internet e trocam informações com outras pessoas por meio das redes sociais. Não importa se é um vídeo, um verbete de uma enciclopédia ou uma mensagem postada no Twitter, as pessoas querem participar ativamente, querem deixar algo, não querem ser somente espectadores.

O potencial pedagógico das comunidades virtuais de aprendizagem é imenso. Elas possibilitam o estudo em grupo e oferecem mecanismos para comunicação entre os usuários, tais como fóruns, chats, e-mail, recados, mensagens instantâneas etc. Possibilitam também identificar pessoas que possuem interesses similares e, assim, criar subgrupos de estudo.

Essas comunidades virtuais de aprendizagem podem ser criadas e desenvolvidas a partir dos softwares sociais disponíveis na internet. Um professor pode, por exemplo, criar uma comunidade dentro do Facebook ou Instagram, na qual, com seus alunos, buscará desenvolver estudos colaborativos na sua área específica do conhecimento, usando todo o potencial de recursos de interação, pesquisa e autoria que a Web 2.0 nos oferece.

CONSIDERAÇÕES FINAIS

O potencial pedagógico das redes sociais, e em especial das comunidades virtuais de aprendizagem, é imenso. Essas comunidades podem atuar como ambientes formais de ensino (por exemplo, salas de aula on-line de suporte ao ensino presencial) ou informal (comunidades não vinculadas aos cursos formais) para comunicação, interação e colaboração entre os alunos e desses com seus professores. Isso, por si só, já justifica a inclusão de algum tipo de comunidade virtual de aprendizagem na caixa de ferramentas educacionais do professor. Alguns alunos poderão ter mais oportunidades ou se sentirão mais confortáveis comunicando-se com os seus colegas e/ou professor por meio do ambiente virtual do que presencialmente. Além disso, podem-se sugerir pesquisas e atividades pedagógicas on-line para realização extraclasse, expandindo o isolamento dos alunos quando estão realizando atividades de aprendizagem fora do espaço escolar.

A princípio essa metodologia deve ser inserida gradativamente, com uma mescla de atividades em sala e no ambiente virtual. Seria válido o professor trabalhar em aula o conceito, as ferramentas e os objetivos do uso de mais esse espaço de interação com a turma. Como qualquer tecnologia educacional, é saudável conduzir aos poucos sua implementação e posteriormente, em cada aula, realizar o estímulo ao uso da tecnologia para que ela não caia em desuso. Após essa etapa, o professor pode explorar o uso da "comunidade virtual" como uma extensão do trabalho em sala, deixando o espaço livre para colaboração entre os estudantes, sempre com a possibilidade e moderação docente quando possível e necessário.

REFERÊNCIAS

CASTELLS, M. A *sociedade em rede*. São Paulo: Paz e Terra, 1999.

DILLEMBOURG, P. What do you mean by "collaborative learning"? *In*: DILLEMBOURG, P. *Collaborative learning*: cognitive an computational approaches. Oxford: Elsevier, 1999. p. 1-19.

LÉVY, P. A *Inteligência Coletiva*. Por uma antropologia do ciberespaço. São Paulo: Edições Loyola, 2003. p. 28-29.

MARTELETO, R. M. Análise de redes sociais: aplicação no estudo de transferência da informação. *Ciência da Informação*, Brasília, v. 30, n. 1, p. 71-81, jan./abr. 2001.

PALLOFF, Rena M.; PRATT, Keith. *Building Learning Communities in Cyberspace:* Effective Strategies for the Online Classroom. Jossey-Bass Higher and Adult Education Series. Jossey-Bass Publishers, 350 Sansome Street, San Francisco, CA 94104, 1999.

RHEINGOLD, Howard. *The virtual community, revised edition:* Homesteading on the electronic frontier. MIT press, 2000.

ROLANDO, L. G. R. *et al*. Learning with their peers: using a virtual learning community to improve an in-service Biology teacher education program in Brazil. *Teaching and Teacher Education*, [s. l.], v. 44, p. 44-55, 2014.

STEPHENSON, K. What knowledge tears apart, networks make whole. *Internal Communication Focus*, [s. l.], v. 36, p. 1-6, 1998.

VYGOTSKY, L. S. *Formação social da mente*. São Paulo: Martins Fontes, 2007.

YANG, S. J. H.; CHEN, I. Y. L.; KINSHUK CHEN, N. S. Enhancing the Quality of eLearning in Virtual Learning Communities by Finding Quality Learning Content and Trustworthy Collaborators. *Educational Technology & Society*, [s. l.], v. 10, n. 2, p. 84-95, 2007.

3

COMO INTEGRAR TECNOLOGIA, PEDAGOGIA E CONTEÚDO? FORMANDO PROFESSORES DE BIOCIÊNCIAS PARA EDUCAR NO SÉCULO XXI

Daniel Fábio Salvador
André Henrique Souza Silva

INTRODUÇÃO

O que torna um professor de ciências bem-sucedido? Por um lado, tem-se a prerrogativa que saber o conteúdo ou dominar a matéria o torna apto a ensinar. Por outro, que conhecer e saber usar os métodos de ensino mais eficazes poderiam ser a chave para excelência docente. Shulman (1987) já havia identificado tal dilema, observando as práticas de formação e avaliação docente das décadas de 1970 e 1980 nos Estados Unidos. O autor percebeu que professores experientes tinham métodos específicos para ensinar conteúdos específicos, por isso não era possível separar o conteúdo e o método de ensinar, eles eram complementares. Shulman (1987) destaca duas bases de conhecimento que o professor tem para ensinar — Conhecimento do Conteúdo (CK) e Conhecimento Pedagógico (PK) — e como elas afetam o desenvolvimento de uma terceira base integrada, o Conhecimento Pedagógico do Conteúdo (PCK).

O CK refere-se à organização do conteúdo por si na mente do professor. Vai além do conhecimento de fatos, conceitos e leis, está mais associado à construção do conhecimento, a partir da base que define o conteúdo. Existem várias formas de organizar o conteúdo, e um professor que o domina consegue elaborar melhores caminhos para levar seus alunos a aprender a matéria.

O PK está associado a métodos e abordagens de ensino, currículo, além dos contextos práticos enfrentados pelo professor em sala de aula. O professor deve estar atento ao contexto em que a escola está inserida. Quem são os alunos? Qual realidade social eles vivem? Qual a abordagem pedagógica mais adequada para eles? Ou seja, pensar na logística que potencializa o ensino do conteúdo.

A intercessão desses dessas duas bases do conhecimento gera um terceiro tipo de conhecimento do professor, o PCK, que inclui o entendimento do que faz o aprendizado de um tópico específico ser fácil ou difícil, os conceitos e preconceitos que os estudantes de diferentes idades carregam com eles, entre diversos outros aspectos daquele conteúdo que vão afetar a proposta de ensino escolhida pelo professor.

O QUE É TPACK?

Nos últimos 20 a 30 anos, a difusão e massificação das Tecnologias da Informação e Comunicação (TICs), ou seja, a criação, distribuição, o uso e a manipulação da informação, tornou-se importante atividade econômica, política e cultural no século XXI, inaugurando o que chamamos de "sociedade do conhecimento". Esse novo conjunto de habilidades de compartilhamento, colaboração e construção de conhecimento, no mundo digital e virtual, surgiu mudando drasticamente "como" e "o que" as pessoas aprendem. As abordagens desse novo espaço (ou ciberespaço) são muitas vezes diferentes entre as gerações; tornam-se barreiras e desafios muitas vezes difíceis de superar no ambiente escolar, uma vez que muitos dos atuais professores não são o que podemos chamar de nativos digitais, mas, sim, imigrantes digitais. As políticas públicas de difusão e implementação de TICs na educação ainda são trazidas com uma visão muito instrumental, sem levar em conta a diferença entre as gerações de aprendizes e educadores, bem como sem uma real reflexão sobre como desenvolver as potencialidades pedagógicas e apoiar o professor para incorporá-las como parte do seu dia a dia, ou seja, de suas práticas didáticas rotineiras. Esse fato é descrito com uma visão tecnocêntrica de formação de educadores para lidar com as tecnologias.

> **PARE E PENSE!**
> Como os professores poderiam utilizar e incorporar a tecnologia em suas práticas pedagógicas?

Pensando em como os professores poderiam incorporar tecnologia em suas práticas pedagógicas, Mishra e Koehler (2006) dedicaram vários anos de trabalho em pesquisa focada no desenvolvimento de professores, ajudando a integrar as ferramentas tecnológicas às práticas docentes. Como resultado das observações, propuseram um modelo teórico de integração de um terceiro tipo de conhecimento à formulação original proposta por Shulman, o conhecimento tecnológico.

Mishra e Koehler (2006) inserem, no modelo teórico proposto por Shulman, uma nova base de conhecimento para o professor, o Conhecimento Tecnológico (TK); outras três bases surgem da união entre o Conteúdo, a Pedagogia e a Tecnologia. A confluência entre o conhecimento pedagógico, de conteúdo e tecnológico é central para o desenvolvimento de um professor que quer estar apto a ensinar na sociedade moderna e inovar com respeito às tecnologias educacionais. Esse modelo é chamado de Conhecimento Tecnológico Pedagógico do Conteúdo (do inglês Technological Pedagogical Content Knowlege – TPACK). Essas ideias não são novas, como Shulman (1986) e outros arguiam. Para um efetivo uso do conhecimento dos professores, é requerida uma transformação do conteúdo em formas pedagógicas. O que apontamos aqui é que, com a forte evolução das tecnologias educacionais, a inclusão dessa, como uma importante base de conhecimento, é algo que vem sendo negligenciado.

Figura 1 – Modelo teórico do conhecimento tecnológico, pedagógico do conteúdo (CTPC, em inglês TPACK)

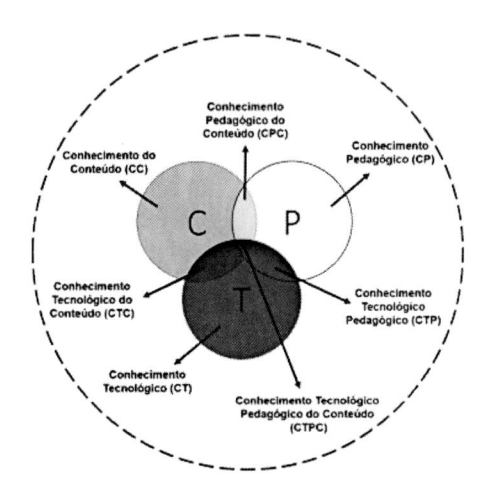

Fonte: Sousa (2018)

Com as novas bases inseridas nessa proposta, Mishra e Koehler redefiniram os limites para os elementos do modelo teórico proposto da maneira apresentada a seguir (ROLANDO; LUZ; SALVADOR, 2015).

Conhecimento do Conteúdo (CC): é o conhecimento sobre o conteúdo a ser aprendido ou ensinado. Os conteúdos a serem cobertos nas escolas diferem quanto às diferentes disciplinas (Matemática, História, Ciências, entre outras), quanto a um tópico dentro de uma mesma disciplina (transformação de energia ou genética, em Biologia) e quanto ao nível de ensino (fundamental, médio ou superior). Professores devem conhecer e entender o conteúdo que lecionam, incluindo os fatos centrais, os conceitos, as teorias e os procedimentos de um determinado campo do saber.

Conhecimento Pedagógico (CP): é o conhecimento dos processos, das práticas e dos métodos de ensino e aprendizagem e como eles envolvem os objetivos, valores e propósitos educacionais em geral. É uma forma genérica de conhecimento envolvida em todas as questões de aprendizagem dos alunos, gestão de sala de aula, desenvolvimento de plano de aula, implementação e avaliação. Ele inclui o conhecimento sobre técnicas ou métodos para se utilizar na sala de aula, a natureza do público-alvo e estratégias para avaliar a compreensão dos alunos. Um professor com profundo conhecimento pedagógico entende como os estudantes constroem conhecimento, adquirem habilidades e desenvolvem hábitos mentais e disposições positivas em relação à aprendizagem.

Conhecimento Pedagógico do Conteúdo (CPC): mistura o conhecimento do conteúdo e o conhecimento pedagógico em um entendimento de como tópicos específicos, problemas ou questões são organizados, representados, adaptados para os diversos interesses e habilidades dos alunos e apresentados para instrução (SHULMAN, 1986). Inclui saber quais abordagens melhor se ajustam a um conteúdo específico e como elementos desse conteúdo podem ser organizados para um ensino mais proveitoso. É diferente do conhecimento de um expert daquela área do saber e do conhecimento pedagógico geral compartilhado pelos professores em todas as disciplinas. O CPC está relacionado a representação e formulação de conceitos, técnicas pedagógicas, conhecimento do que faz determinados conceitos difíceis ou fáceis de se aprender, conhecimento prévio que os alunos possuem e teorias epistemológicas. Envolve ainda estratégias de ensino que incorporem apropriadas representações conceituais, a fim de enfrentar as dificuldades e os erros conceituais dos alunos.

Conhecimento Tecnológico (CT): é o conhecimento das tecnologias habituais da sala de aula, como livros, giz e quadro-negro, e tecnologias mais avançadas, como internet e vídeo. Envolve as habilidades necessárias para operar tecnologias específicas. No caso das tecnologias digitais, inclui o conhecimento de sistemas operacionais e computadores, bem como a capacidade de usar software, como processadores de texto (Word), planilhas eletrônicas (Excel), navegadores (Google Chrome) e e-mail. Inclui ainda saber como instalar e remover dispositivos periféricos, instalar e remover programas de software, bem como criar e arquivar documentos. Como a tecnologia está continuamente mudando, a natureza do CT também precisa mudar com o tempo. A capacidade de aprender e adaptar-se às novas tecnologias é importante.

Conhecimento Tecnológico do Conteúdo (CTC): é o conhecimento sobre como tecnologia e conteúdo estão reciprocamente relacionados. Novas tecnologias podem proporcionar novas e variadas formas de representação e maior flexibilidade para navegar por meio dessas representações. Os professores precisam saber não apenas o conteúdo que ensinam, mas também a maneira pela qual esse conteúdo pode ser modificado mediante a aplicação da tecnologia. Por exemplo, considerar o programa simulação computacional como ferramenta de ensino da genética populacional. Ele permite que os alunos simulem diferentes modelos estatísticos de crescimento populacional, tornando mais fácil a construção de predições de longo prazo. Esse tipo de aprendizagem da biologia não estava disponível antes dessa tecnologia. Argumentos semelhantes podem ser feitos para inúmeros outros softwares.

Conhecimento Tecnológico Pedagógico (CTP): é o conhecimento sobre como as diferentes tecnologias, seus componentes e suas capacidades são utilizados no contexto de ensino e aprendizagem, além de saber como o ensino pode mudar, resultante do uso dessas determinadas tecnologias. Isso inclui o entendimento de que existe uma série de ferramentas para uma determinada tarefa, bem como a habilidade de escolher uma única ferramenta com base na sua função; além de saber escolher uma ferramenta que possibilite seu uso de variadas formas ou com variadas estratégias. Inclui também o conhecimento de estratégias pedagógicas e a capacidade de aplicá-las no uso de tecnologias, o que, por sua vez, envolve o conhecimento de ferramentas para manutenção de registros de classe, frequência e atribuição de notas, bem como o conhecimento de ferramentas mais genéricas, como WebQuests, fóruns de discussão e salas de bate-papo.

Conhecimento Tecnológico Pedagógico do Conteúdo (CTPC): é uma forma de conhecimento emergente que vai além de todas as três bases (de conteúdo, pedagógica e tecnológica). É diferente do conhecimento de um expert em tecnologia ou de outro especialista em uma determinada área do saber humano; difere também do conhecimento pedagógico geral compartilhado por professores de diferentes disciplinas. CTCP é a base do "bom ensino" com tecnologia e requer uma compreensão da representação de conceitos utilizando tecnologias; técnicas pedagógicas que as utilizem de maneira construtiva para ensinar o conteúdo; conhecimento do que torna conceitos difíceis ou fáceis de serem aprendidos e de como a tecnologia pode ajudar a resolver alguns dos problemas que os alunos enfrentam; conhecimento do saber prévio que os alunos possuem e de teorias epistemológicas; conhecimento de como tecnologias podem ser usadas para construir o conhecimento existente e desenvolver novas epistemologias ou fortalecer as antigas.

O QUE É A INTEGRAÇÃO DE TECNOLOGIAS EDUCACIONAIS?

A integração de tecnologias educacionais pode ser definida de muitas formas. Muitos especialistas advogam que a integração de tecnologias educacionais só pode acontecer eficazmente diante de algumas propostas pedagógicas específicas (por exemplo: o uso de metodologias ativas, aprendizagem colaborativa, entre outros). Uma definição mais universal considera a integração tecnológica como o uso baseado em ferramentas e recursos para apoiar a aprendizagem e ensino, independentemente de qual seja a linha pedagógica. Nesse contexto, as "tecnologias" consistem em ferramentas e recursos, tanto digitais (computadores, sites, câmeras digitais) como não digitais (quadro negro, microscópio, mapas de papel), que conduzem a soluções ou potencializam o processo de ensino aprendizagem.

Um equívoco constante, no desenvolvimento profissional de professores, são as tentativas de "capacitá-los" ao uso das novas tecnologias com palestras e workshops baseados em aprender sobre tecnologia e suas ferramentas. Uma coisa é aprender sobre tecnologia, outra é efetivamente saber usar tecnologia para ensinar alguém ou um grupo de alunos. O modelo TPACK não é uma proposta fechada para integração de tecnologia, mas, sim, um modelo de como o professor pode pensar sobre seu desenvolvimento profissional ao longo da carreira, especialmente em relação às bases de conhecimentos necessárias a melhorar e aperfeiçoar seu desempenho como docente.

Em revisão de literatura para avaliar o estado da arte sobre a utilização do referencial TPACK, em português CTPC, em contexto Lusófono, Rolando *et al.* (2015) indicam que as pesquisas nessa área se encontravam ainda em um estágio inicial no contexto dos países de língua portuguesa, porém com diversas publicações de cunho mais teórico. Os autores indicam que a realização de pesquisas empíricas sobre o modelo CTPC, tais como a utilização de instrumentos validados para verificações e testes do modelo TPACK, seria de grande valor. Desde então, diversos outros trabalhos nessa vertente têm sido publicados no Brasil (SOUZA; SALVADOR, 2021, 2022; ROLANDO *et al.*, 2021; SALVADOR *et al.*, 2021).

TIPOS DE ATIVIDADE DE APRENDIZAGEM (LATS) PARA INTEGRAR TECNOLOGIAS

Para ajudar os professores a desenvolver e aplicar as bases do TPACK de forma prática e que atenda às diferenças existentes em cada matéria, Hofer e Harris (2010) criaram uma taxonomia de tipos de atividades de aprendizagem (LATs). A ideia por trás dos LATs é que o professor tenha múltiplas opções de atividades de aprendizagem para utilizar com seus alunos. Essas atividades são descritas por ações (ou verbos) ligadas aos objetivos de aprendizagem para a aula em questão. A taxonomia de tipos de atividade de aprendizagem busca mapear as possíveis atividades que o professor pode realizar com seus alunos em sala de aula.

Assim, quando o professor for criar seu plano de ensino, facilmente poderá recorrer a essa lista para identificar quais tecnologias o podem dar suporte para alcançar os objetivos traçados para a aula. Porém, como sabemos que os tipos de atividade de aprendizagem variam dependendo dos conteúdos, ou seja, são específicos para cada conteúdo, os autores fizeram proposta de LATs para cada área de conhecimento. Harris *et al.* (2010), com sete colaboradores de universidades que trabalham com TPACK, desenvolveu diversas listas de tipos de atividades de aprendizagem para as seguintes áreas: ensino fundamental, Matemática, Ciências, estudos Sociais, Língua e Literatura, Educação Física, Música, Artes Visuais e Línguas Estrangeiras. Em anexo a este texto, disponibilizamos a tradução dos tipos de atividades de aprendizagem para Ciências, por ser esse nosso foco. Essa taxonomia pode ser aplicada para qualquer nível da educação básica. Cada uma das listas apresenta verbos de ação associados a possíveis tecnologias que podem ajudar a atingir os objetivos e as metas da aula para aquela área do conhecimento. A partir dessa lista, o professor terá sugestões de tecnologias compatíveis com aquele conteúdo.

A lógica de utilização da lista de LATs de Ciências, durante a preparação de planos de aula, parte do princípio de que é mais fácil para o professor atingir seus objetivos quando esses estão conectados a tipos de atividades de aprendizagem bem definidos e estruturados. Os LATs estão conectados às ações que os estudantes vão desempenhar para desenvolver seu aprendizado. Logo, as ferramentas tecnológicas digitais sugeridas na lista de LATs estão associadas também a uma ação (tipo de atividade de aprendizagem específico). Como pode ser visto na lista de LATs de Ciências, uma mesma tecnologia digital possível pode servir para executar diferentes atividades.

Os LATs de Ciências foram desenvolvidos levando em conta as diferentes faixas etárias, com diferentes graus de complexidade. Temos que considerar também que muitas metodologias de ensino ou tecnologias são desenvolvidas de forma específica para dar suporte a um determinado tema, envolvendo uma didática de ensino. Sendo assim, não há uma fórmula padronizada de utilização dos LATs. As sugestões de ferramentas e tecnologias apresentadas na tabela são apenas ilustrativas e precisarão ser adaptadas ao ambiente escolar pelo professor.

Os LATs de ciências foram divididos em três tipos:

1. construção do conhecimento conceitual;

2. construção do conhecimento procedimental;

3. expressão do conhecimento.

As atividades de construção do conhecimento conceitual possuem maior variedade de atividades (ações/verbos) disponíveis; são ações realizadas pelos estudantes para construir seu conhecimento conceitual de ciências. Já foram listadas 17 de atividades até agora. A segunda categoria se refere ao conhecimento procedimental, que contém 11 tipos de atividades. Nas salas de ciências, construir conhecimento conceitual frequentemente requer que os estudantes usem materiais e habilidades de "processar" ou realizar procedimentos, enquanto desenvolvem o conhecimento científico (MILLAR; DRIVER, 1987). As ferramentas essenciais de pesquisa, em sala de aula, promovidas pelo National Science Education Standards envolvem frequentemente os estudantes em procedimentos e uso de equipamento científico (NATIONAL RESEARCH COUNCIL – NRC, 2000).

O terceiro tipo de atividade é a expressão de conhecimento pelos estudantes, com 12 atividades que proporcionam aos estudantes a oportunidade de compartilhar o entendimento dos conceitos, dos processos e de suas relações. Em alguns casos, os professores querem que os estudantes reproduzam o entendimento do conteúdo das disciplinas, porém, em outros momentos, eles devem encorajar os estudantes a desenvolver e expressar seu próprio entendimento sobre um tópico. A expressão de conhecimento é notoriamente uma das habilidades de maior importância e ênfase no ensino de ciências.

Para melhor entendimento das categorias de LATs de ciências, sugerimos a leitura detalhada da versão traduzida por nós para língua portuguesa, que está publicada no site oficial do autores da proposta[2].

COMO CRIAR PLANOS DE AULA UTILIZANDO OS LATS?

Integrar tecnologia no plano de aula de ciências é uma tarefa complexa. O plano pode facilmente tornar-se tecnocêntrico (focado no uso da tecnologia, e não no processo de ensino aprendizagem). Isso pode ocorrer de duas maneiras: a primeira é deixar o aprendiz passivo, apenas recebendo a informação; a segunda é condicionar a aprendizagem à ferramenta tecnológica, o que pode ser eficaz, se toda a potencialidade da ferramenta for explorada, ou limitada, se não ocorrer um correto desenvolvimento do uso da tecnologia.

Pensando em uma sequência que favoreça a criação de planos de aula e mantendo a lógica de que a tecnologia vem para apoiar o ensino, Harris *et al.* (2010) sugerem uma sequência para os professores seguirem durante a criação dos planos de aula utilizando os LATs.

Essa sequência está baseada em cinco passos:

1. escolher os objetivos de aprendizagem;
2. tomar decisões didáticas sobre a natureza da experiência de aprendizagem;
3. escolher atividades que combinem com os objetivos de aprendizagem;
4. selecionar estratégias de avaliação que combinem com os objetivos de aprendizagem;
5. selecionar tecnologias (ferramentas digitais) que vão ajudar os estudantes a se beneficiar da experiência de aprendizagem.

---

[2] Para mais informações, acessar https://activitytypes.wm.edu/Science.html.

Em anexo a este texto, disponibilizamos um guia que apresenta um modelo de construção de planos de aula baseado nessa sequência e nas propostas de Harris *et al.* (2010). Porém, sabemos que na prática essa sequência não é estática e que o professor pode caminhar entre os passos de maneiras diferentes. É importante salientar que a sequência de decisões deve iniciar com a identificação do contexto no qual a aula ocorrerá, passar pelos objetivos de aprendizagem e terminar com a seleção de tecnologias. Os LATs serão a ponte de conexão entre os objetivos e a seleção das tecnologias.

Em relação à seleção de tecnologias, a melhor escolha é sempre aquela que ajuda a atingir um objetivo de aprendizagem com ênfase em maximizar o processo de ensino aprendizagem. Se inicialmente o foco for escolher a tecnologia e depois construir o plano de aula, há grandes chances de ao final termos um plano tecnocêntrico, que não atenderá às demandas dos estudantes nem aos objetivos propostos pelo professor para a aula.

Em relação à integração tecnológica, é importante salientar que, tanto para professores experientes como para inexperientes, haverá diferentes pontos de vista para a construção do plano de aula, devido às experiências prévias de ensino que esses docentes tiveram. Professores experientes conseguem, devido aos anos de prática, criar planos de aulas baseados nas preferências de seus estudantes e nos objetivos educacionais previstos no currículo, além de criar mecanismos para avaliar a aprendizagem dos estudantes. Então, nesse caso, os LATs servirão apenas para enriquecer os planos já existentes com novas tecnologias digitais, que estão agora à disposição do professor. Pela maneira como a sequência de construção dos planos de aula foi sugerida, os professores experientes precisam apenas lidar com as escolhas tecnológicas que serão inseridas em seu plano preexistente. Já professores inexperientes criarão seus planos de aula para aquele conteúdo pela primeira vez, por isso, sugerimos que experimentem os cinco passos sequencialmente.

Uma dica bastante prática, proposta por Harris *et al.* (2010), é a constante autoavaliação realizada pelo professor enquanto está tomando suas decisões sobre uso das tecnologias em um plano de aula. A recomendação é que, após cada escolha de tecnologia, o docente realize as três perguntas apresentadas a seguir. Se uma das respostas for "não", sugerem os autores que o professor reconsidere o uso da tecnologia escolhida ou, até mesmo, escolha outra que poderá ser mais eficaz para seu plano de aula, mesmo que não esteja sugerida nos LATs. As perguntas de autoavaliação são:

1. Executar essa atividade sem essa tecnologia é difícil ou impossível? Sim ou não.
2. Acho que essa atividade será melhor com essa tecnologia? Sim ou não.
3. Executar essa atividade com essa tecnologia é factível? Sim ou não.

Ao final do planejamento, é sugerida uma nova autoavaliação, respondendo a três outras perguntas que colocarão em xeque todo o plano de aula criado pelo professor.

1. Esse desenho de plano de aula vai funcionar dados os contextos e aspectos pedagógicos apresentados? Sim ou não.
2. Essa aula é apropriada para seus estudantes dadas as necessidades de aprendizagem, preferências e habilidades apresentadas? Sim ou não.
3. Essa é a melhor combinação e sequência de atividades de aprendizagem e tecnologias para ajudar esses estudantes a atingir os objetivos de aprendizagem propostos? Sim ou não.

Se uma das suas respostas for "não", sugere-se que o professor realize uma revisão do plano de aula, alterando alguns dos objetivos propostos, tipos de atividades de aprendizagem ou as tecnologias escolhidas, que podem mudar para outras disponíveis.

O importante é que ao final o docente se sinta bastante seguro quanto ao possível ganho que as tecnologias escolhidas para o plano produzirão em sua aula, o que pode ser mediante uma reflexão sobre das respostas dadas às três perguntas propostas. Durante a realização da autoavaliação do plano de aula com tecnologias, o professor deve:

- fazer uma leitura completa do plano de aula antes de iniciar suas reflexões;
- ficar atento ao contexto em que a aula ocorrerá, pois pode dar alguma indicação da efetividade das tecnologias propostas no plano de aula;
- ficar atento para não permitir que sua própria experiência de ensino e/ou preferências pedagógicas influencie sua autoavaliação;
- ter certeza de que considerou todas as tecnologias digitais e não digitais propostas, e não apenas a que foi a predominantemente descrita;

- focar o encaixe das tecnologias com as metas do currículo, tipos atividade de aprendizagem escolhidas, contextos de preferências e estilos de aprendizagem dos estudantes.

Para terminar, é importante dizermos que todo processo de inovação no ambiente escolar, criado pelo professor, só será alcançado por meio do processo de tentativa, com acertos e erros durante. Temos certeza de que, mesmo seguindo os passos e as sugestões apresentados, nem todas as aulas planejadas com uso de tecnologia alcançarão êxito ou sucesso pleno quanto à potencialização do processo de ensino e aprendizagem. Porém, mesmo as experiências sem sucesso poderão contribuir para o desenvolvimento e aperfeiçoamento docente, desde que sejam analisadas e refletidas à luz dos fundamentos aqui apresentados.

REFERÊNCIAS

HARRIS, J. B. et al. " Grounded " Technology Integration: Instructional Planning Using Curriculum-Based Activity Type Taxonomies. *Journal of Technology and Teacher Education*, [s. l.], v. 18, n. 4, p. 573-605, 2010.

HARRIS, J.; HOFER, M. Instructional planning activity types as vehicles for curriculum-based TPACK development. *In*: MADDUX, C. D. (ed.). *Research highlights in technology and teacher education*. [S. l.]: Society for Information Technology in Teacher Education, 2009. p. 99-108.

HARRIS, J.; MISHRA, P.; KOEHLER, M. Teacher's Technological Pedagogical Content Knowledged and Learning Activity Types: Curriculum-based Technology Integration Reframed. *Journal of Research on Technology in Education*, [s. l.], v. 41, p. 393-416, 2009.

HOFER, M.; HARRIS, J. Differentiating TPACK development: Using learning activity types with inservice and preservice teachers. *Proceedings of Society for Information Technology Teacher Education International Conference 2010*, [s. l.], v. 23, n. 3, p. 3857-3864, 2010.

MILLAR, R.; DRIVER, R. Beyond processes. *Studies in Science Education*, [s. l.], v. 14, 33-62, 1987.

MISHRA, P.; KOEHLER, M. J. Technological Pedagogical Content Knowledge: a Framework for Teacher Knowledge. *Teachers College Record*, [s. l.], v. 108, p. 1017-1054, 2006.

NATIONAL RESEARCH COUNCIL. *Inquiry and the national science education standards*. Washington, D.C.: National Academy Press, 2000.

ROLANDO, L. G. R.; LUZ, M. R. M. P.; SALVADOR, D. F. O Conhecimento Tecnológico Pedagógico do Conteúdo no Contexto Lusófono: uma revisão sistemática da literatura. *Revista Brasileira de Informática na Educação*, v. 23, n. 3, p. 174-190, 2015.

ROLANDO, L. G. R.; SALVADOR, DANIEL FÁBIO; VASCONCELLOS, R. F. R. R.; LUZ, M. R. M. P. TPACK for meaningful learning survey: 'paths' for professional development of biology teachers in Brazil. *The Turkish Online Journal of Educational Technology*, [s. l.], v. 20, p. 169-181, 2021.

SALVADOR, D. F.; ROLANDO, L. G. R.; VASCONCELLOS, R. F. R. R.; LUZ, M. R. M. P. Long-Term Effects on the Self-Perception of Biology Teachers about their Pedagogical Technological Content Knowledge (TPACK) Produced by an Online Teacher Development Program. *The Turkish Online Journal Of Educational Technology*, [s. l.], v. 1, p. 80-90, 2021.

SHULMAN, L. S. Knowledge and teaching: foundations of the new reform. *Harvard Educational Review*, [s. l.], v. 57, p. 1-22, 1987.

SOUZA, A. H. S. *Integrando tecnologias no ensino de ciências:* como formar licenciandos para o século 21? 2018. 145f. Dissertação (Mestrado) - EBS/Fiocruz, 2018.

SOUZA, A. H. S.; SALVADOR, D. F. Instrumentos de Integração Tecnológica para planos de ensino de Ciências. *EaD Em Foco*, [s. l.], v. 11, p. e1573, 2021.

SOUZA, A. H. S.; SALVADOR, DANIEL FÁBIO. Escolhas tecnológicas na elaboração de planos de ensino por licenciandos em biologia. *Revista Brasileira de Ensino de Ciência e Tecnologia*, [s. l.], v. 15, p. 1-21, 2022.

ANEXO CAPÍTULO 3 – GUIA DE PLANO DE AULA COM TIPOS DE ATIVIDADE DE APRENDIZAGEM (LATS)

1. Contexto instrucional:	
Nível escolar:	Área de conteúdo:
1.a Habilidades e competências do currículo mínimo Seeduc-RJ (copiar **1-3** parâmetros):	
1.b Metas/objetivos de aprendizagem específicos para os estudantes (liste o que os estudantes vão saber ou estar aptos a fazer como resultado da aula):	

2. Decisões pedagógicas:	
Maior instrução pelo professor ←☐ ☐ ☐ ☐ ☐→ Maior instrução pelo estudante Estudantes possuem pouco conhecimento prévio do tópico ←☐ ☐ ☐ ☐ ☐→ Estudantes possuem muito conhecimento prévio do tópico Estudantes desenvolvem conhecimento superficial do tópico ←☐ ☐ ☐ ☐ ☐→ Estudantes desenvolvem conhecimento profundo do tópico Posso gastar 30 à 60 minutos ←☐ ☐ ☐ ☐ ☐→ Posso gastar uma semana ou mais Estudantes precisam de muita ajuda do professor ←☐ ☐ ☐ ☐ ☐→ Estudantes precisam de pouca ajuda do professor Estudantes irão trabalhar em grandes grupo ☐ Estudantes irão trabalhar em pequenos grupos ☐ Estudantes irão trabalhar individualmente ☐ ☐ ☐	Anotações sobre o contexto da aula (estudantes, infraestrutura, escola).

3. Tipos de atividade de aprendizagem (LATs) e seleção de tecnologias				
Objetivos de aprendizagem (do item 1b)	Possíveis LATs	LAT selecionado	Possíveis tecnologias	Tecnologias selecionadas

Nota: Para cada tecnologia selecionada, lembre-se sempre de fazer o primeiro autoteste de três guntas: executar essa atividade sem essa tecnologia é difícil ou impossível? Acho que essa atividade será melhor com essa tecnologia? Executar essa atividade com essa tecnologia é factível? Se algumas das suas respostas for "não", reconsidere o uso da tecnologia escolhida.

4. Vantagens relativas ao uso da tecnologia
Descreva as vantagens relativas de usar tecnologia na aula (exemplo: como a tecnologia selecionada poderia ajudar os estudantes a obter habilidades e competências do currículo mínimo).

5. Procedimento da aula
Dos LATs listados no passo 3, descreva, com suas próprias palavras, os passos que o professor e os estudantes vão seguir quando estiverem nas atividades desta aula. Tente incluir opções que deem múltiplos significados de representação, expressão e engajamento.

6. Avaliação
Identifique uma ou mais estratégias de avaliação (exemplo: listas, questionários, testes, rubricas etc.) que podem ser usados para avaliar se os estudantes atingiram os objetivos propostos. Tenha certeza de que os métodos de avaliação estão consistentes com os objetivos e procedimentos.

Nota: Ao final do seu planejamento, lembre-se sempre de fazer o segundo autoteste de três perguntas: Esse desenho de plano de aula vai funcionar dado os contextos e aspectos pedagógicos apresentados? Essa aula está apropriada para os estudantes dada as necessidades de aprendizagem, preferências e habilidades apresentadas? Essa é a melhor combinação e sequência de atividades de aprendizagem e tecnologias para ajudar esses estudantes a atingir os objetivos de aprendizagem propostos?

Se algumas das suas respostas for "não", considere realizar uma revisão do plano de aula.

4

A NETNOGRAFIA COMO METODOLOGIA DE PESQUISA E SEU USO NA PESQUISA EM BIOCIÊNCIAS

Fernanda Campello Nogueira Ramos
Neusa Helena da Silva Pires Martins
Mariana Conceição Souza
Clélia Christina Mello Silva

A Netnografia é uma metodologia baseada no uso de procedimentos etnográficos adaptados ao ambiente das comunidades on-line (KOZINETS, 2002). Originária do campo do marketing e da administração, é um método qualitativo que amplia os estudos em comunicação e na cibercultura.

Ainda que seja realizada em ambiente virtual, utiliza os princípios básicos da pesquisa etnográfica, sendo eles: o estranhamento do pesquisador em relação ao objeto de estudo, a característica de segunda e terceira mão dos dados adquiridos, as textualidades múltiplas do relato netnográfico e a subjetividade (GEERTZ, 2001).

Importante destacar que a etnografia é entendida tanto como método quanto como produto de pesquisa (FRAGOSO; RECUERO; AMARAL, 2011), mas, em ambas as visões, ela ainda se porta como uma descrição densa das práticas sociais de grupos ou pessoas (GEERTZ, 1978). Contudo, não cabe a uma pesquisa etnográfica (nem, portanto, a uma netnográfica) restringir-se à descrição de realidades e interações sociais, mas sim ir além, demonstrando os signos dessas dinâmicas sociais (POLIVANOV, 2013).

Oriunda da etnografia, a Netnografia baseia-se no processo imersivo do pesquisador no ambiente pesquisado, nesse caso o ambiente virtual ou "não lugar" (AUGÉ, 1994). Diferentemente da etnografia, que atua em espaços físicos, a versão virtual atua em espaços não delimitados e sem limites geográficos (AUGÉ, 1994). Nessa metodologia, a importância não está na análise de discurso tradicional, mas na observância das relações estabelecidas entre os pesquisados e seus discursos subentendidos (AMARAL; NATAL;

VIANA, 2008). No ciberespaço, a cultura é construída e reconstruída constantemente (HINE, 2000), característica que demonstra a manutenção do viés antropológico dessa metodologia (CORRÊA; ROZADOS, 2017).

Assim como outras metodologias, a etnografia, em ambiente virtual, também possui ramificações de acordo com o que se destinam. Esses ramos foram conceituados por Fragoso, Recuero e Amaral (2011), que os classificaram como: Netnografia, Etnografia Virtual, Webnografia e Ciberantropologia. A Netnografia é, segundo essa classificação, a adaptação direta da Etnografia para o ambiente virtual considerando as premissas éticas e de coleta e análise de dados da pesquisa *face to face*. Para os autores, a Etnografia virtual agrega à prática da Netnografia; além de coletar e analisar os dados, publica nas redes esses resultados, o que confere transparência e retorno ao público pesquisado. A Webnografia é uma pesquisa que considera as métricas e audiências nas redes e pode ser usada em pesquisas acadêmicas ou mercadológicas. Já a Ciberantropologia é o uso das bases antropológicas para expandir no pesquisador a noção do que é o ser humano visando seu uso na pesquisa virtual. De forma geral, intitula-se pesquisa de Netnografia ou Etnografia virtual mesmo que utilize uma ou mais dessas ramificações.

Robert Kozinets é um dos expoentes dessa metodologia. O autor determina classificações para as características básicas que a pesquisa netnográfica pode ter ou não; são elas: natural, imersiva, descritiva, multimétodos, adaptável e *insights* culturais (KOZINETS, 2010). A naturalidade é a demonstração da realidade cultural dos sujeitos pesquisados que se traduz nos dados coletados; a imersão se trata da busca engajada e ativa pelo entendimento cultural do ambiente e dos sujeitos; e a descrição é o acesso à linguagem "viva" que demonstra os sentimentos e as emoções dos pesquisados. Já os multimétodos se referem à multiplicidade de métodos que podem ser utilizados durante a pesquisa, como fotos, vídeos, formulários, entrevistas e fóruns interativos. Kozinets (2010) traz ainda a adaptação que se refere à utilização de métodos que podem ser adaptados para quaisquer contextos on-line (qualquer sujeito e qualquer comunidade/grupo/meio). Por último, os *insights* culturais significam que as demandas são decididas de acordo com o que emerge na realidade cultural e interativa dos membros, naquele não lugar específico.

As características descritas demonstram que a Netnografia baseia-se na liberdade de escolha do pesquisador-etnógrafo acerca das ferramentas e técnicas a serem utilizadas no caminhar de sua investigação (ROCHA; MONTARDO, 2005). O pesquisador nesse formato entende as novas maneiras de socialização no ciberespaço (REBS, 2011). Ainda assim, mesmo com extensa liberdade, há etapas descritas e validadas para auxiliar a organização do pesquisador, a fim de manter a ética e a confiabilidade das pesquisas netnográficas.

A FIGURA DO PESQUISADOR-NETNÓGRAFO

O pesquisador-netnógrafo pode estar inserido no ambiente apenas como um observador ou fazer parte da comunidade. O tipo de inserção do pesquisador amplia as opções da pesquisa, acarreta diferentes questões éticas e até influencia os resultados alcançados. O pesquisador caracterizado como *insider* envolve-se diretamente nos grupos, mantendo ligações próximas com o objeto do estudo (FRAGOSO; RECUERO; AMARAL, 2011). Já *lurker* (ou silencioso) é o pesquisador que mantém a postura de observador com o mínimo de interação possível com o ambiente e os pesquisados (FRAGOSO; RECUERO; AMARAL, 2011).

A coleta de dados na Netnografia implica engajamento, contato, interação e conexão entre os membros do ambiente utilizado como laboratório de pesquisa. É preciso compreender as pessoas no contexto cultural on-line em que se inserem (KOZINETS, 2014) para que se consiga entender e dar signos às suas interações. O netnógrafo (ou pesquisador-netnográfico) está inserido em um ambiente mediatário no qual atua, ao mesmo tempo, como observador e como um nativo inserido no ambiente (HINE, 2000). Para tal, precisa se cercar da cultura dos pesquisados e do ambiente, bem como manter um distanciamento que o permita realizar a pesquisa de forma objetiva (AMARAL; NATAL; VIANA, 2008). A decisão de identificar-se ou não como pesquisador é do próprio etnógrafo (MERCADO, 2012).

Uma das vantagens da Netnografia é a possibilidade de o pesquisador obter registros no próprio ambiente pesquisado a qualquer momento, sem necessitar do uso de sua memória em momento posterior (FERRO, 2015). Contudo, o pesquisador netnográfico precisa exercitar sua capacidade de adaptação, visto que as mudanças nos ambientes virtuais ocorrem constantemente e, muitas vezes, afetam o andamento da pesquisa (BRAGA, 2013). Essa capacidade de adaptação, que na Netnografia precisa ser mais rápida e constante, também ocorre por vezes nas pesquisas etnográficas, o que demonstra que a Etnografia Virtual não é algo inteiramente novo, mas sim a intensificação e o melhoramento da Etnografia tradicional (CORRÊA; ROZADOS, 2017). Uma das desvantagens da Netnografia é a possibilidade de ocorrer um direcionamento, por parte dos pesquisados, o que, possivelmente, comprometeria os dados da pesquisa (AMARAL; NATAL; VIANA, 2009). Para evitar que essa desvantagem ocorra, o pesquisador precisa ingressar no ambiente embasado teoricamente e permanecer proativo para mudar, revisar e, até mesmo, abandonar preconcepções de acordo com o que emana da comunidade ou grupo virtual estudado (MERCADO, 2012). Além disso, precisa estar ciente de que deve participar, de alguma forma, da dinâmica desse ambiente sem a necessidade de participar de todo tipo de interação e comunicação (KOZINETS, 2014). Estar imerso na comunidade ou no grupo pesquisado é de suma importância, pois o netnógrafo que não absorve a realidade cultural daquele ambiente não consegue analisar, entender e validar os dados coletados. Quando o netnógrafo observa passivamente, a interpretação dos dados, diferença marcante dessa análise, fica comprometida. Corre-se o risco de apenas descrever superficialmente o que vê (KOZINETS, 2014). Existe uma grande diferença entre a função de um etnógrafo e de um netnógrafo que se refere à intensidade do envolvimento com o ambiente e os indivíduos pesquisados. Esse fato determina de que forma ocorre o impacto direto na análise dos dados coletados em cada um desses tipos de pesquisa, conforme afirma o trecho a seguir de Kozinets (2014, p. 93):

> Isso é o que torna a etnografia e a Netnografia tão radicalmente diferentes de técnicas como análise de conteúdo ou análise de rede social. Um analista de conteúdo examinaria os arquivos de comunidades eletrônicas, mas ele não os interpretaria com profundidade em busca de informações culturais, ponderando-as e com elas procurando aprender como viver nessa comunidade e identificar-se como um membro dela. Essa é a tarefa do netnógrafo.

Ao contrário de pesquisas tradicionais, nem sempre o pesquisador dá retorno aos pesquisados sobre os resultados da pesquisa. Na Netnografia, o pesquisador sempre volta ao ambiente pesquisado para apresentar o resultado da pesquisa e é ele quem determina de que forma isso ocorrerá. Essa prática chama-se *members check* (KOZINETS, 2002) e pode acontecer por meio de apresentação, videochamada, documento, e-mail ou outro formato.

ETAPAS ORGANIZACIONAIS DA PESQUISA NETNOGRÁFICA

A Etnografia segue os seis passos da etnografia: planejamento de pesquisa, entrada, coleta de dados, análise e interpretação, ética de pesquisa e validação (KOZINETS, 2014; NOVELI, 2010) — Figura 1.

Enquanto a Netnografia concentra-se no estudo do comportamento *"face to face"*, em que existe uma preocupação com a autoimagem, a Netnografia concentra-se na observação do discurso textual e demais traços on-line deixados pelos participantes, tais como vídeos e gráficos. Na Netnografia, a observação ocorre apenas em relação ao discurso textual (NOVELI, 2010). Além disso, essa abordagem é centrada no estudo de traços on-line deixados pelos participantes, tais como vídeos e gráficos, além das mensagens textuais.

Figura 1– Principais fases da pesquisa netnográfica

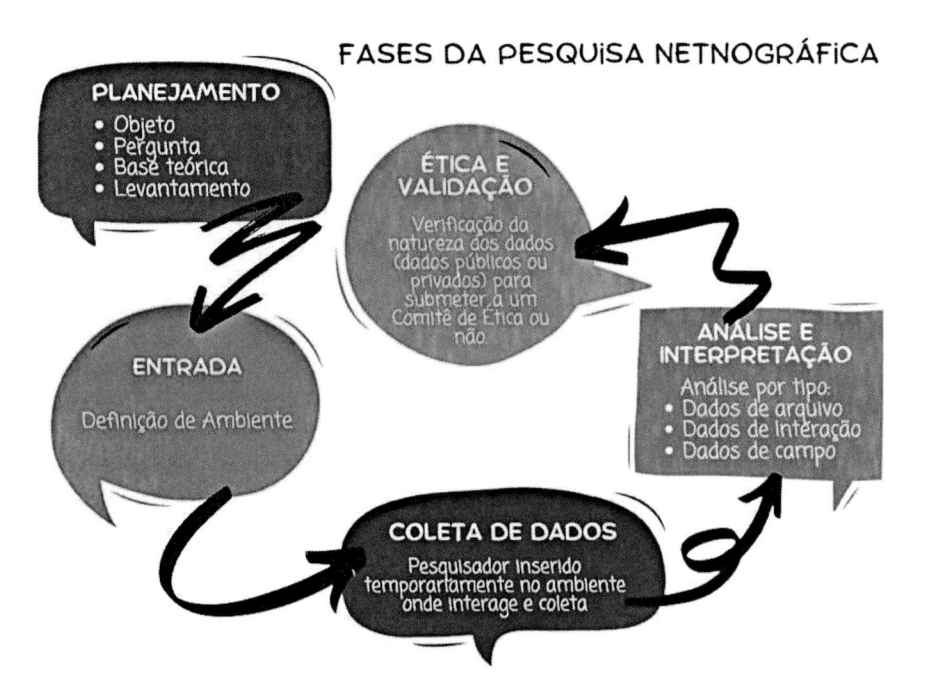

FASES DA PESQUISA NETNOGRÁFICA

PLANEJAMENTO
- Objeto
- Pergunta
- Base teórica
- Levantamento

ÉTICA E VALIDAÇÃO
Verificação da natureza dos dados (dados públicos ou privados) para submeter a um Comitê de Ética ou não.

ENTRADA
Definição de Ambiente

ANÁLISE E INTERPRETAÇÃO
Análise por tipo:
- Dados de arquivo
- Dados de interação
- Dados de campo

COLETA DE DADOS
Pesquisador inserido temporariamente no ambiente onde interage e coleta

Fonte: adaptada de Kozinets (2014)

Na primeira fase, de planejamento, o pesquisador deve estipular seu objeto de pesquisa, sua questão (ou questões) norteadora(s), definir as bases teóricas e os ambientes virtuais que são interessantes e parecem ter relevância para sua temática (KOZINETS, 2014). Após essa organização inicial, segue-se para a fase de "entrada", que consiste em definir em qual(is) ambiente(s) a pesquisa transcorrerá. Para que essa fase aconteça da melhor maneira possível, é importante considerar seis características (Figura 2).

Devido à liberdade e à necessidade de adaptação existentes nas pesquisas em ambientes virtuais, o pesquisador pode optar por não utilizar uma ou algumas dessas características de entrada.

Figura 2 – Características do ambiente na fase de entrada da pesquisa netnográfica

```
FASE
Entrada

1  RELEVÂNCIA
   Do dado coletado frente à pesquisa
2  ATIVIDADE
   Se a comunicação no ambiente escolhido
   acontece com frequência
3  INTERAÇÃO
   Se os membros/integrantes do ambiente
   interagem constantemente
4  SUBSTÂNCIA
   Se há a quantidade e robustez de
   interação para utilização
5  HETEROGENEIDADE
   Referente aos membros
6  RIQUEZA DE DADOS
   Detalhamento textual e de conteúdo
```

Fonte: adaptado de Kozinets (2014)

Diferentemente do costume geral, em pesquisas tradicionais, de se realizar as fases de coleta e análise dos dados de forma separada e subsequente, na Netnografia isso é realizado conjuntamente. Como o pesquisador está, nesse caso, inserido no ambiente por um determinado período, ele vai coletando e analisando, conforme as interações vão ocorrendo. Existem diversas opções de coleta de dados em uma pesquisa netnográfica. Mercado (2012) apresenta as oito principais: entrevistas on-line, observação mediada por ferramentas, documentos digitais, diário de campo virtual, história de vida, grupos de discussão on-line, registros visuais e mapas cognitivos.

Quanto aos dados coletados, é preciso entender que na Netnografia há três tipos básicos de dados coletados, conforme Kozinets (2010): dados de arquivo, dados de interação e dados de campo. Os dados de arquivo referem-se a postagens datadas, fóruns, e-mails, entre outros. Os interativos são coletados por meio de formulários interativos, entrevistas on-line e fluxos de imagens. Por fim, os dados coletados no campo são os formulados pela própria visão do pesquisador, por meio de relatórios e comentários realizados por ele no ambiente.

Para análise dos dados, os seguintes passos podem ser utilizados: codificação dos materiais; realização de anotações das reflexões do pesquisador; abstração e comparação dos materiais colhidos; verificação e refinamento das informações colhidas; generalização que explica as consistências no conjunto de dados e teorização ao confrontar as generalizações dos dados com o corpo formal de conhecimento (KOZINETS, 2014). A Figura 3 apresenta um esquema, adaptado de Kozinets (2014) e Herring (2007) para análise de dados netnográficos.

Figura 3 – Diagrama de análise dos dados netnográficos

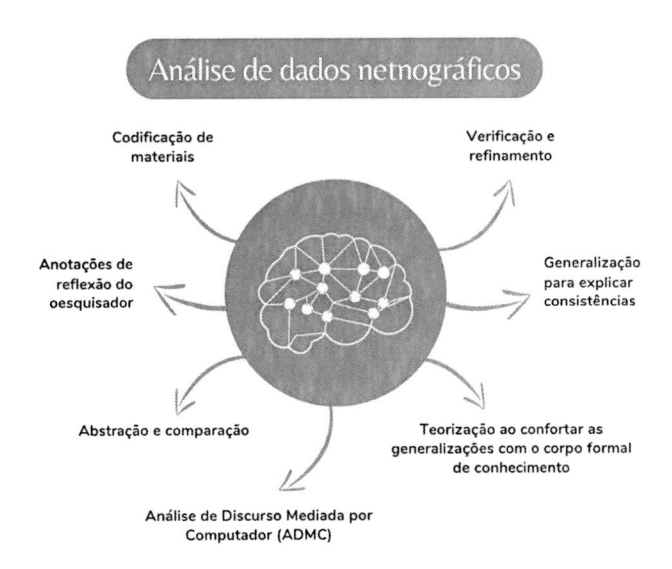

Análise de dados netnográficos

- Codificação de materiais
- Verificação e refinamento
- Anotações de reflexão do oesquisador
- Generalização para explicar consistências
- Abstração e comparação
- Teorização ao confortar as generalizações com o corpo formal de conhecimento

Análise de Discurso Mediada por Computador (ADMC)

Fonte: adaptada de Kozinets (2014) e Herring (2007)

Após a coleta dos dados, uma das principais ferramentas de análise — voltada aos discursos coletados — utilizada pela Netnografia é a Análise de Discurso Mediada por Computador (ADMC). Essa ferramenta, surgida nos anos 1990, analisa as influências ambiental e social nos discursos coletados; ela será descrita melhor na seção a seguir.

Quanto às fases de ética e validação, ocorrem de forma bastante similar às pesquisas tradicionais. Em alguns casos, dependendo do ambiente utilizado como laboratório de pesquisa, se permite acesso a seu conteúdo sem senha, os dados são considerados de caráter público. Dados públicos não necessitam de análise de comitês de ética em pesquisa, o que não isenta o pesquisador de seguir os parâmetros éticos (apenas o isenta de submissão).

Devido a todas essas potencialidades, o uso da Netnografia como metodologia de pesquisa tem recebido cada vez mais destaque nas pesquisas realizadas na área das biociências.

FERRAMENTAS NETNOGRÁFICAS DE ANÁLISE: ADMC E ANÁLISE DE REDES SOCIAIS

Análise de Discurso Mediada por Computador (ADMC)

A ADMC é uma ferramenta de análise e entendimento dos dados coletados em pesquisas netnográficas que sistematiza a coleta em um processo de imersão cultural do netnógrafo no ambiente. O pesquisador pode optar por utilizar métodos tradicionais de análise de discurso ou conteúdo, porém está suscetível a recair na superficialidade de análise já comentada neste capítulo.

A ADMC possui dois tipos de análises iniciais: a ambiental e a social, e cada uma delas apresenta subclassificações que demonstram, de forma mais objetiva, tanto o comportamento como o funcionamento dos ambientes e das interações. Herring (2007) explicita que a influência ambiental possui nove subclassificações; são elas: sincronicidade, modo, persistência, buffer, canais, postagens, filtragem, citação e formato. A sincronicidade refere-se à necessidade ou não de sincronia na interação. O modo categoriza a forma de visualização das mensagens do ambiente: mensagem por mensagem, caractere por caractere ou linha por linha. A persistência verifica o tempo de permanência da mensagem no ambiente. Buffer analisa se há limites de caracteres por mensagem, o que pode influenciar diretamente o discurso do indivíduo e a interação. A categorização dos canais pontua quais as possibilidades de utilização nas mensagens do ambiente: texto, fotos, *emojis*, vídeos, GIFs e áudios. A filtragem verifica a possibilidade (ou ausência) de algum tipo de filtragem do conteúdo das mensagens, seja pelos membros ou pelo próprio ambiente. A citação liga-se à possibilidade de interação com mensagens anteriores em cadeia, e o formato classifica em que ordem essas mensagens são visualizadas. Por fim, a categoria postagens verifica se essas possuem caráter público ou privado e reflete na fase seguinte da pesquisa, a de ética e validação.

Já a influência social subdivide-se em: estrutura de participação, característica dos participantes, propósito, atividades, normas, códigos, assuntos, temas e tom. A estrutura de participação engloba quem são os indivíduos, como interagem, a influência da privacidade em seus discursos, a quantidade e os destaques nos discursos. O levantamento das características do participante permite aos pesquisadores entender quem são os indivíduos membros do ambiente, por meio da caracterização de gênero, crenças pessoais, escolaridade e vivências (o que se relaciona diretamente com a cultura). A definição de propósito demonstra se o foco do grupo tem caráter pessoal ou profissional e como isso influencia os discursos. As atividades e normas estão correlacionadas, pois a primeira lida com as formas de interação no ambiente e a segunda, com as normas utilizadas (seja de linguagem, organização ou comportamento). O código demonstra os idiomas utilizados e que podem se relacionar com a cultura ambiental; e os últimos itens — assunto, temas e tom — estão interligados, pois consideram os assuntos abordados, sua adequação à realidade e se há alguma formalidade. As classificações e subclassificações podem ser mais bem visualizadas no esquema a seguir:

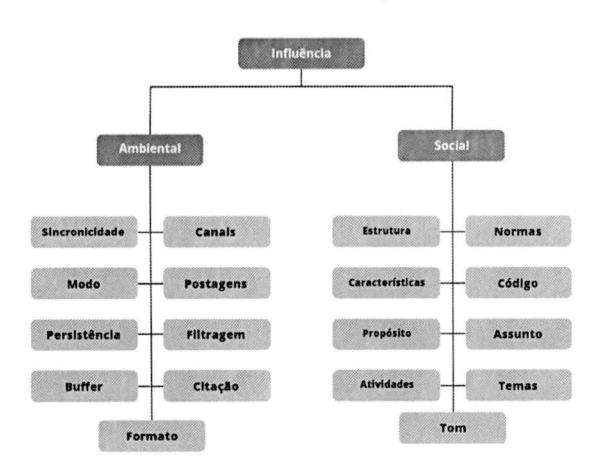

Figura 4 – Indicadores de classificação de discursos pela ADMC

Fonte: adaptada de Herring (2007)

O pesquisador pode optar por utilizar todas ou somente algumas dessas classificações, pois isso depende, principalmente, do ambiente escolhido como laboratório virtual de pesquisa. Igualmente importante, a estruturação classificatória é o cuidado que o netnógrafo precisa ter com a coleta dos dados antes de analisá-los. A verificação da necessidade, ou não, da submissão da pesquisa a um Comitê de Ética, de acordo com o caráter público ou privado dos dados, é primordial.

Assim como a ADMC, a Netnografia pode ser integrada a outras metodologias, como as análises de redes sociais, para auxiliar na compreensão das relações estabelecidas no ambiente virtual.

Social Network Analysis (SNA)

A análise de redes sociais (em inglês, Social Network Analysis – SNA) é uma metodologia baseada em três fundamentos teóricos: a teoria dos grafos, a teoria estatística/probabilística e os modelos algébricos. Por meio da SNA, é possível visualizar com clareza os elementos de uma rede e suas interações, obtendo uma formalização gráfica e quantitativa de processos da realidade social (SOUZA; QUANDT, 2008).

Dentre os fundamentos teóricos da SNA, a teoria dos grafos se destaca pela análise descritiva/qualitativa dos dados, os demais são usados para testes de hipóteses e análise de redes multirrelacionais (SOUZA; QUANDT, 2008). A teoria dos grafos é um ramo da matemática que estuda as relações entre objetos que pertencem a um grupo. Matematicamente, um grafo (G) pode ser definido como um par de conjuntos (V,E), em que V representa os vértices ou nós, e o conjunto E, as arestas, ou seja, as ligações entre estes nós (CARDOSO, 2005; PRESTES FLORIANO; JUNIOR; SILVA, 2020). As arestas, também chamadas de elos entre os nós, são representadas por linhas simples, quando os elos não são direcionados, ou por setas, quando os elos são direcionados, gerando um grafo orientado (PRESTES, 2020). Um modelo representativo pode ser visto na Figura 5.

Figura 5 – Exemplo de grafo não orientado

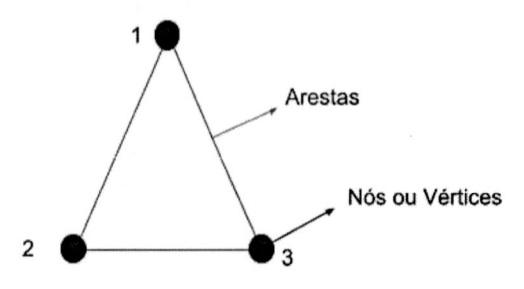

Fonte: adaptada de Prestes (2020)

Baseada na teoria dos grafos, a SNA possibilita a representação visual das redes sociais, em que os nós representam os indivíduos da rede ou outras unidades de referência, e as arestas representam as relações entre cada um destes nós. Assim, os grafos são uma estrutura de dados que possibilita descrever as propriedades de uma rede social (FERRANDO; KUZ; FALCO, 2013).

Os grafos podem ser construídos por meio de softwares específicos que conferem um grande número de informações sobre as relações estabelecidas entre os nós. Por meio dessas representações, é possível criar um retrato da rede social, mensurando com precisão propriedades estruturais da rede, as interações estabelecidas e seus padrões (WASSERMAN; FAUST, 1994).

Para além da representação gráfica das interações, Kozinets (2014) defende que o uso da Netnografia, associado à análise de redes sociais, possibilita: aprender sobre a estrutura de comunicação da comunidade; discutir os padrões de vínculos sociais construídos; descrever os diferentes tipos de relações sociais entre os membros de uma comunidade; estudar os padrões reais das comunicações estabelecidas; bem como comparar estruturas de comunidades e o fluxo de comunicação entre comunidades on-line e presenciais.

A Netnografia e as pesquisas em biociências

Com a eclosão da Pandemia de Covid-19, em 2020, muitas pesquisas tiveram que ser alteradas para o ambiente virtual, visando dar continuidade à ciência em tempos de isolamento físico. Com o aumento da utilização da Netnografia, verifica-se a diversidade de possibilidades de uso dessa metodologia.

Vários pesquisadores já faziam uso dessa técnica antes mesmo das restrições. Rocha e Massarani (2014), por exemplo, utilizaram a Netnografia e a mineração de dados como metodologia de pesquisa para avaliar o olhar de crianças acerca da divulgação científica na internet.

Para isso adotaram a seção de comentários nos artigos da *Revista Ciência Hoje das Crianças* on-line. Os resultados demonstraram que os leitores fazem comentários positivos sobre os textos de divulgação científica por meio de uma linguagem com elementos comuns à internet. Já Saraiva (2018), ao investigar um grupo no Facebook contra a vacinação de HPV, sinalizou que, por meio da aplicação da Netnografia, foi possível observar, descrever e analisar as dinâmicas interativas e discursivas estabelecidas entre os membros daquela comunidade virtual e o processo social de introdução dessa vacina no calendário de vacinação do sistema público de saúde.

Com o advento do período transpandêmico no Brasil, em março de 2020, outros trabalhos foram publicados. Como exemplo recente, temos o trabalho de Freitas *et al.* (2020) que realizou um levantamento das postagens realizadas no perfil do Museu da Vida (Fiocruz), na plataforma de rede social Instagram, durante os dois primeiros meses de isolamento físico no estado do Rio de Janeiro. No período de março a maio de 2020, os autores analisaram 96 postagens classificando-as por alguns indicadores, como: tipo de postagem (imagem, vídeo e texto), conteúdo (temáticas) e interação (curtidas e comentários). Como principal resultado, encontraram a mudança de comportamento do museu quando de seu fechamento pelas ações restritivas. Antes o perfil abordava a rotina de funcionamento do museu e, durante a pandemia, passou a ser um canal educativo e de divulgação científica com ênfase em postagens que alertavam sobre *fake news*, informações sobre Covid-19 e sobre pesquisadoras negras. Por fim, verificaram a importância das postagens como serviço público e a tendência do perfil ser um complemento às atividades presenciais do museu, mas jamais um substituto devido ao caráter interativo dos museus. A Netnografia se mostra uma aliada versátil do pesquisador e uma ferramenta adaptável às realidades on-line que podem, ou não, serem reflexos da vida off-line. Por meio dessas análises, um pesquisador em biociências pode verificar a eficácia tanto da abordagem de temas em comunidades virtuais como de processos de ensino e divulgação científica.

Especificamente na área de ensino, há o exemplo da verificação da abordagem e da aprendizagem por Ribeiro e Torres (2022), que realizaram um levantamento e uma análise, por meio da Netnografia, dos perfis voltados para o ensino de botânica na rede social. As autoras definiram os critérios de pesquisa nas etapas de planejamento e entrada e decidiram o ambiente virtual, nesse caso Instagram, e como fariam o levantamento dos perfis. Preferiram usar a *hashtag* temática e palavras-chaves (ambas sobre o tema central). Foram levantados 64 perfis, e a análise de dados foi feita por categorização com algumas ferramentas de ADMC aliadas a outras técnicas netnográficas que permitiram analisar os dados por diferentes formatos: visual (textual, vídeo ou essas opções misturadas), conteúdo (áreas da botânica mais abordadas), tipo de perfil (institucional ou autônomo) e engajamento (seguidores e curtidas). O estudo concluiu que há quase inexistência de perfis institucionais realizando o ensino ou a divulgação científica sobre o tema, demonstrando uma lacuna a ser explorada. Estudos netnográficos como esse conseguem mapear práticas de ensino existentes, verificar suas lacunas ou práticas de sucesso, além de possibilitar melhorias e novas estratégias e debates.

Outra possibilidade de uso é aliar a pesquisa sobre temáticas antropológicas tradicionais, que seriam feitas presencialmente, ao uso da Netnografia. Böschemeier *et al.* (2022) se enquadram nessa possibilidade, por desenvolverem uma pesquisa profunda acerca da sensibilização sobre a construção de saberes biotecnológicos, etnobiológicos e culturais nas populações vulneráveis (indígenas, pescadores, catadores, povos ciganos, entre outros). Nesse caso, foram utilizadas ferramentas on-line para confecção de oficinas e coleta/análise de discursos. Ao contrário de outros trabalhos citados anteriormente, os autores optaram por um trabalho híbrido entre metodologias tradicionais e a Netnografia, adaptando-se ao contexto pandêmico. O que demonstra, novamente, a versatilidade dessa metodologia, que pode ser utilizada exclusivamente ou alinhada a outras metodologias tradicionais da vida off-line.

Com o uso cada vez maior de redes sociais, atualmente com os aparelhos eletrônicos de acesso à internet fundidos aos seres humanos, como se fossem (SIEMENS, 2004) uma extensão de seus corpos (BRIDLE, 2019), as pesquisas netnográficas podem ser importante aliadas dos processos de ensino-aprendizagem. Com o aumento crescente do desligamento da vida off-line e o maior foco na vida on-line, a atenção fica dividida afetando o processo de aprendizagem (SANTOS, 2022). Como forma de adaptar-se aos hábitos diferentes, o educador e o pesquisador podem visualizar os algoritmos on-line como importantes aliados para a divulgação científica ou ensino em biociências. Tanto para entender como funcionam, por meio da pesquisa científica em ambiente virtual, como para traçar novas estratégias e elaborar outras abordagens pedagógicas.

CONSIDERAÇÕES FINAIS

A pesquisa em ambientes virtuais, requer a compreensão das especificidades desses ambientes. Cabe ao pesquisador que se propõe investigar esses espaços utilizar metodologias que atendam às particularidades de cada usuário nesses ambientes.

O pesquisador que almeja investir em ambientes virtuais como campo de estudo deve compreender a Netnografia, não como uma metodologia fechada em si mesma, mas um conjunto de passos que apoiará sua imersão nos ambientes virtuais. O netnógrafico tem a liberdade de realizar adaptações quanto a coleta e análise de dados. A liberdade concedida ao pesquisador-netnógrafo é algo que possibilita a fluidez dos trabalhos, a adaptabilidade a mudanças repentinas e um recorte fiel da realidade. Porém, mesmo com variadas possibilidades, o pesquisador precisa partir de parâmetros bem definidos para manutenção da qualidade e da ética. Fazer um bom uso da Netnografia como aliada científica permite explorar temas e ambientes que, talvez, as metodologias tradicionais, em um ambiente virtual, não alcançariam por não considerarem as características específicas da vida on-line.

Se antes a aplicação da Netnografia limitava-se às áreas de marketing e administração, hoje pode ser utilizada em trabalhos das mais diversas áreas de forma integral, parcial ou híbrida. As interações on-line fazem cada dia mais parte da vida das pessoas tanto nos setores pessoais como nos profissionais, inclusive na área das biociências. Nessa área, os pesquisadores-etnógrafos têm se apropriado dessa metodologia para explorar como grupos de pessoas se organizam para discutir temas relacionados à divulgação científica, à vacinação e à sensibilização de populações vulneráveis sobre saberes em saúde.

No presente capítulo, não esgotamos as possibilidades de uso da Netnografia como metodologia de pesquisa, há outras técnicas e ferramentas que podem ser utilizadas; podem ser oriundas de ambientes virtuais ou adaptadas de metodologias tradicionais. O netnógrafo possui a liberdade de escolher aquelas que mais fizerem sentido, de acordo com a proposta de pesquisa e o ambiente escolhido. No entanto, ferramentas, como ADMC e a Análise de Redes Sociais, devem ser estimuladas para descrição dos fenômenos observados no ambiente virtual, pois foram construídas para esse não lugar.

A Netnografia, portanto, é uma metodologia promissora e, se bem utilizada, poderá funcionar como ferramenta educacional e social para vários fins, como: construção de cenários de conhecimentos sobre um determinado tema, análise de estudos de divulgação e popularização científica para públicos-alvo, avaliação da aprendizagem com maior interação com os alunos, entre outros. Este capítulo foi pensado como uma oportunidade de divulgar essa metodologia e possibilitar a apropriação da técnica por diferentes pesquisadores, ampliando suas possibilidades.

REFERÊNCIAS

AMARAL, A.; NATAL, G.; VIANA, L. Netnografia como aporte metodológico da pesquisa em comunicação digital. *Cadernos da Escola de Comunicação*, Curitiba, v. 6, p. 1-12, 2008.

AMARAL, A; NATAL, G; VIANA, L. Apontamentos metodológicos iniciais sobre a netnografia no contexto pesquisa em comunicação digital e cibercultura. *In:* Congresso Brasileiro de Ciências da Comunicação. 2009.

AUGÉ, M. *Não lugares.* Introdução uma antropologia da supermodernidade. São Paulo: Papirus, 1994.

BÖSCHEMEIER, A. G. E. *et al.* Pesquisa com lideranças na tradução do sensível e uma ciência "cuidadã" no enfrentamento à COVID-19 no Nordeste Brasileiro. *Caderno de resumos* – Anais da VIII Reunião de Antropologia da Ciência e Tecnologia, [s. l.], v. 5, n. 5, 2022.

BRAGA, A. Netnografia: compreendendo o sujeito nas redes sociais. *In:* NICOLACI-DA-COSTA, A. M.; ROMÃO-DIAS, D. (org.). *Qualidade faz diferença*: métodos qualitativos para a pesquisa em psicologia e áreas afins. Rio de Janeiro: Ed. PUC-Rio; São Paulo: Edições Loyola, 2013. p. 171-197.

BRIDLE, J. *A nova idade das trevas*: a tecnologia e o fim do futuro. São Paulo: Todavia, 2019.

CARDOSO, D. M. *Teoria dos Grafos e Aplicações.* Aveiro: Departamento de Matemática da Universidade de Aveiro, 2005.

CORRÊA, M. de V.; ROZADOS, H. B. F. A Netnografia como método de pesquisa em Ciência da Informação. *Encontros Bibli*: revista econômica de biblioteconomia e ciência da informação, [s. l.], v. 22, n. 49, p. 1-18, maio/ago. 2017. Disponível em: periódicos.ufrsc.br/index.php/eb/article/view/1518-2924.2017v22n49p1/34047. Acesso em: 22 nov. 2020.

FERRANDO, A. Á.; KUZ, A.; FALCO, M. Gephi: Análisis de interacciones en un foro, a través de ARS en el aula. *TE & ET*: Revista Iberoamericana de Tecnología En Educación y Educación Em Tecnología, [s. l.], v. 11, p. 66-75, 2013.

FERRO, A. P. R. A Netnografia como metodologia de pesquisa: um recurso possível. *Educação, Gestão e Sociedade*: revista da Faculdade Eça de Queirós, [s. l.], ano 5, n. 19, 2015. Disponível em: www.faceq.edu.br/regs. Acesso em: 2 mar 2021.

FRAGOSO, S.; RECUERO, R.; AMARAL, A. *Métodos de Pesquisa para Internet*. Porto Alegre: Sulina, 2011.

FREITAS, T. P. R. de et al. Museus de ciências em tempos de pandemia: uma análise no Instagram do museu da vida. *Revista Práxis*, [s. l.], v. 12, n. 1, p. 149-159, Sup.., 2020.

GEERTZ, C. *A interpretação das culturas*. Rio de Janeiro: Zahar, 1978.

GEERTZ, C. *Nova luz sobre a antropologia*. Rio de Janeiro: Zahar, 2001.

HERRING, S. C. *A faceted classification scheme for computed-mediated discourse*. Language@Internet. Virtual Ethnography. London: Sage, 2007.

HINE, Christine. *Virtual Ethnography*. London: SAGE Publications, 2000.

KOZINETS, R. *Netnografia. Realizando Pesquisa Etnográfica Online*. 1. ed. Porto Alegre: Penso, 2014.

KOZINETS, R. *Netnography*: Doing Ethnographic Research Online. London: Sage, 2010.

KOZINETS, R. The Field Behind the Screen: Using Netnography for Marketing Research in Online Communities. *Journal of Marketing Research*, [s. l.], v. 39, n. 1, p. 61-72, 2002. DOI: https://doi.org/10.1509/jmkr.39.1.61.18935.

MERCADO, L. P. Pesquisa Qualitativa Online Utilizando a Etnografia Virtual. *Revista Teias*, [s. l.], v. 13, n. 30, p. 15, dez. 2012. Disponível em: https://www.e--publicacoes.uerj.br/index.php/revistateias/article/view/24276. Acesso em: 14 jan. 2022.

MUNIZ, D. M. C. B. *Visualização de dados no Facebook com o uso do software Gephi*: análise de rede sociais da Biblioteconomia no Maranhão. 2018. Trabalho de Conclusão de Curso (Bacharel em Biblioteconomia) – Universidade Federal do Maranhão, São Luís, 2018.

NOVELI, M. Do Off-Line para o Online: A Netnografia como Um Método de Pesquisa ou o que Pode Acontecer quando Tentamos Levar a Etnografia para a Internet? *Revista Organizações Em Contexto*, [s. l.], v. 6, n. 12, p. 107-133, 2010. DOI: https://doi.org/10.15603/1982-8756/roc.v6n12p107-133.

POLIVANOV, B. Virtual ethnography, netnography or just ethnography? Implications of the concepts Etnografía virtual, netnografía o simplemente la etnografía? Implicaciones de los conceptos. *Revista Esferas*, ano 2, n. 3, p. 149-159, jul./dez. 2013.

PRESTES FLORIANO, M. D; JUNIOR, P. V. C; SILVA, A. H. PraCegoVer: uma discussão da inclusão digital e social sob a ótica da pesquisa transformativa do consumidor. *Revista Iberoamericana de Ciencia, Tecnologia y Sociedad*, v. 14, n. 45, 2020.

REBS, R. Reflexão Epistemológica da Pesquisa Netnográfica. *Comunicologia*, [s. l.], n. 8, p. 74-102, 1º sem. 2011.

RIBEIRO, R. de T. M; TORRES, M. B. R. Bot@nica no Instagram: análise de perfis focados em conteúdos sobre plantas: Bot@ny on Instagram: profile analysis focused on plant content. *Revista Cocar*, v. 16, n. 34, 2022.

ROCHA, M.; MASSARANI, L. Divulgação científica na Internet: um olhar do público infantil. *In*: ENCONTRO REGIONAL DE ESTUDANTES DE COMUNICAÇÃO, 9., 2014. *Anais* […], 2014, Rio de Janeiro. Anais […]. Rio de Janeiro, 2014. p. 17-24.

ROCHA, P. J.; MONTARDO, S. P. Netnografia: incursões metodológicas na cibercultura. *E-Compós*, [s. l.], v. 4, p. 1-22, dez. 2005. Disponível em: http://www.compos.org.br/seer/index.php/e-compos/article/view/55/55. Acesso em: 14 jan. 2022.

SANTOS, R. O. Algoritmos, engajamento, redes sociais e educação. *Acta Scientiarum. Education*, [s. l.], v. 44, p. e52736-e52736, 2022.

SARAIVA, J. E. S. *Minha filha, minhas regras*: análise dos argumentos em um grupo on-line sobre a implantação da vacina contra o HPV no Brasil. Rio de Janeiro: Fundação Oswaldo Cruz, 2018.

SIEMENS, G. Connectivism: a learning theory for the digital age. *International Journal of Instructional Technology & Distance*, [s. l.], p. 1- 7, 2004.

SOUZA, Q.; QUANDT, C. Metodologia de Análise de Redes Sociais. *In*: DUARTE, F.; QUANDT, C.; SOUZA, Q. (org.). *O Tempo Das Redes*. São Paulo: Perspectiva, 2008. p. 31-63. DOI: https://doi.org/10.1111/1467-9566.ep11340410.

WASSERMAN, S.; FAUST, K. *Social Networ Analysis*. Cambridge: Cambridge University Press, 1994. DOI: https://doi.org/10.1017/CBO9780511815478.

5

MUSEUS E EXPOSIÇÕES ON-LINE: REFLEXÕES SOBRE EVOLUÇÕES E DESAFIOS

Jessica Norberto Rocha
Letícia Marinho

Os museus e as exposições de ciências são meios importantes de divulgação científica e de educação não formal para diversas partes da população. São também ambientes de lazer, informação e fruição. Podem despertar a curiosidade e interesse para assuntos relacionados à ciência, mexer com emoções e ainda oferecer a oportunidade de praticar habilidades fundamentais para a aprendizagem, como raciocínio lógico, levantamento de hipóteses, observação, conexão da temática com experiências prévias, dentre outros (NORBERTO ROCHA, 2018).

Em 2020, por causa da pandemia de Covid-19, as atividades museais presenciais foram interrompidas, afastando seus diversos públicos. De acordo com dados da Organização das Nações Unidas para a Educação, a Ciência e a Cultura – Unesco (2020), 90% dos museus e das galerias do mundo tiveram que fechar suas portas em março de 2020. Uma das estratégias adotadas amplamente pelas instituições foi a realização de ações em redes sociais e o desenvolvimento e oferta de exposições on-line (ALMEIDA *et al.*, 2021). Um levantamento com cerca de 1.600 instituições conduzido pelo Conselho Internacional de Museus (Icom), em março de 2020, mostrou que a promoção e oferta de coleções digitalizadas e exposições on-line foram ampliadas ou iniciadas por diversas instituições após o advento da pandemia (ICOM, 2020). O que pareceu ser uma medida emergencial para continuar a interação com os públicos, entretanto, vem se desenvolvendo, desde algumas décadas antes dessa pandemia, uma vez que o movimento de exposições nos computadores não é novidade. A aplicação da tecnologia dos computadores nos museus remonta da década de 1960, e a integração da atuação museal com a *World Wide Web* (WWW), na década de 1990, marcou o início do desenvolvimento do campo na internet, que segue em percurso até os dias atuais (SCHWEIBENZ, 2019).

Neste capítulo, trazemos um breve histórico sobre museus e exposições on-line e seus formatos, apresentando alguns exemplos nacionais e internacionais, além de discussões sobre sua constante evolução e seus desafios.

BREVE HISTÓRICO DAS EVOLUÇÕES

O avanço tecnológico, especialmente durante e após a Segunda Guerra Mundial, possibilitou o desenvolvimento e uso de computadores e tecnologias de informação, em diversas atividades sociais, e determinou uma virada digital nos museus (POVROZNIK, 2020). Essas instituições começaram a explorar novos espaços de atuação e formas de interação com suas coleções, seus profissionais e seus públicos conforme acompanhavam as inovações no campo da informação.

As primeiras experiências com a integração de computadores de museus em rede começaram, na década de 1960, muito relacionadas às atividades da *American Museum Association* (Associação Americana de Museus). Os profissionais museais rapidamente se conscientizaram dos benefícios da rede conectada para criar sistemas de informação comuns, manter catálogos integrados, ter eficiência no acesso à informação, entre outros benefícios (POVROZNIK, 2020). Desde então, profissionais, instituições e associações investiram na discussão sobre como incorporar a tecnologia aos sistemas de informação, ao gerenciamento de coleções e à comunicação com o público. Também foram iniciadas discussões acadêmicas e filosóficas sobre o significado da implementação dessas novas tecnologias nos museus, o que abriu caminho para o entendimento de uma atuação museal que não "existe" fisicamente e que vai além de objetos concretos (SCHWEIBENZ, 2019). Surge, assim, a noção de existência de um museu virtual, sem limites físicos — terminologia que, com o tempo, entra em disputa no campo teórico museal.

Em 1967, por exemplo, foi criada a *Museum Computer Network* (em português, Rede de Computadores do Museu) como iniciativa do *Metropolitan Museum of Art* (Nova York, EUA). Inicialmente, a rede reunia 15 museus, mas o número de participantes começou a crescer rapidamente. A rede se consolidou como uma associação profissional, sem fins lucrativos, que tinha como objetivo "[...] aumentar a capacidade digital dos profissionais de museus, conectando-os a ideias, informações, oportunidades, práticas comprovadas, e uns aos outros" (POVROZNIK, 2020, p. 127). A rede apoia o desenvolvimento do uso das tecnologias da informação em diversas áreas da atividade museológica. No ano seguinte, 1968, foi realizada, no *Metropolitan Museum of Art*, com o apoio da *IBM Corporation*, a primeira conferência sobre computadores e seus potenciais aplicações em museus. A discussão incluiu temas fundamentais para a época, como a criação e implementação de sistemas de informação de museus, o uso de computadores e tecnologias para a análise de dados e as perspectivas para sistemas de visualização gráfica de coleções e exposições (POVROZNIK, 2020). O foco, então, era o processo de integração desse novo meio à administração e atuação nos espaços físicos museais (SCHWEIBENZ, 2019).

Nas décadas de 1970 e 1980, os sistemas de informação para documentação e catalogação foram desenvolvidos e mais amplamente distribuídos, tornando-se gradualmente parte do funcionamento dos museus. Como documenta Povroznik (2020), em 1977, o Museu de Arte Moderna (Moma), nos EUA, teve o primeiro catálogo de exposições registrado em vídeo, ilustrando a atividade do museu em uma nova produção. Outros tipos de bancos de dados on-line foram usados, nos Estados Unidos e na Europa, como projetos comerciais incluindo informações sobre objetos de arte colocados à venda em leilões. Esses recursos foram significativos porque ofertaram a possibilidade de pesquisar e ordenar as informações pelo autor da obra, o período de criação, nome, preço, presença ou ausência de imagens no catálogo (POVROZNIK, 2020).

A aplicação dessas tecnologias, no entanto, não ficou limitada ao âmbito institucional, e a oferta de multimídia no ambiente físico dos museus começou a ser explorada. Há registros, por exemplo, do uso de estações multimídia em computadores, que eram distribuídas em espaços museais e conectadas a redes para acesso remoto aos recursos informacionais, sendo um modelo relatado diversas vezes entre o final dos anos 1980 e o início dos anos 1990 (POVROZNIK, 2020; SCHWEIBENZ, 2019).

No início dos anos 1990, grande parte da população mundial ainda não tinha acesso à internet; os CDs se popularizaram, especialmente, devido à ampliação das possibilidades dos hipertextos (HUHTAMO, 2010). A hipermídia, como uma extensão do hipertexto, permite que textos, imagens e arquivos de áudio e vídeo sejam unificados e explorados de maneira não linear por meio de links, possibilitando a comunicação de ideias conectadas por ramificações (NELSON, 1989). Assim, com os discos, vieram as multimídias interativas com características fundamentalmente importantes, como a criação de interface para usuários, organização de conteúdo de uma base de dados, conexão de imagens visuais com suas descrições e instruções simples para seu uso (POVROZNIK, 2020). Os discos como recursos multimídia foram bem-sucedidos no universo museal, e as instituições se envolveram ativamente no processo de criação, com a apresentação de exposições e uma variedade de histórias. Juntamente, veio a digitalização de objetos museológicos e o desenvolvimento de diversificados tipos de catálogos e de sistemas de documentação museológica.

Para Povroznik (2020), o disco *Treasures of the Smithsonian* (em português, Tesouros do Smithsonian) é um exemplo desses casos de sucesso. Premiado, em 1991, pela *American Association of Museums*, o disco era destinado a uso pessoal em um computador ou em tocadores de CDs muitas vezes embutidos em uma TV. Considerado um dos melhores produtos multimídia de museus do período, ele tinha uso mais intuitivo que os disponíveis na época e a possibilidade de visualização dos conteúdos em qualquer ordem. Assim, os usuários poderiam navegar pelos objetos das coleções dos museus do Smithsonian em várias mídias — imagens, áudio e vídeo. Também havia a possibilidade de pesquisar e classificar "tesouros" por museu, categoria, cronologia e tema, ler informações adicionais sobre coleções, objetos, seus autores, circunstâncias de criação, aumentar ou diminuir o zoom (POVROZNIK, 2020).

Outro exemplo de recurso multimídia dessa época, 1992, trazido por Huhtamo (2010), é o CD-ROM *Virtual Museum* da *Apple*. Ao clicar com o mouse, os usuários podiam explorar interativamente uma simulação em três dimensões de galerias de exposições interconectadas. Ao entrar em uma das galerias, os usuários poderiam selecionar qualquer exposição para uma observação mais detalhada. Para facilitar a interação com o museu, foi desenvolvido um método de navegação por um espaço 3D pré-renderizado e de interação com objetos nesse espaço, chamado de "navegação virtual", o que permitiu também a construção de um espaço de aparência realista.

Os museus, então, começaram a investir nos seus espaços na internet e a preparar suas instituições e profissionais para mais essa inovação. O *Science Museum de Londres*, por exemplo, organizou, em maio de 1995, o encontro "*Museum Collections and the Information Superhighway*" (Coleções museais e a autoestrada da informação), reunindo diversos profissionais interessados no desenvolvimento de museus on-line. O museu também foi um dos pioneiros em garantir seu espaço na internet — em parte, graças à sua proximidade à renomada universidade inglesa *Imperial College* e, em parte, por estar perto do *Natural History Museum*, que estabeleceu o primeiro servidor web dedicado a museus no Reino Unido. Em seguida, em 1998, o

Science Museum criou uma exposição sobre o tema — a exposição *"InTouch"* — e inseriu os *"exhibitlets"* no site, trazendo uma apresentação do conteúdo de forma mais dinâmica utilizando a tecnologia Java (BOWEN, 2010).

Outro museu inglês que teve pioneirismo foi o *Museum of the History of Science* (Museu de História da Ciência), em parte, devido à sua inserção dentro da Universidade de Oxford, que tinha uma conexão rápida e efetiva na internet. O site do museu foi lançado em 1995 e, no mesmo ano, sediou a exposição *"The Measurers: a Flemish Image of Mathematics in the Sixteenth Century"* (Os medidores: uma imagem flamenga da matemática no século XVI) — que poderia ser acessada, simultaneamente, na galeria física e no computador (BOWEN, 2010).

Vale destacar que no período as páginas da web eram bastante simples, a conexão com a internet era lenta, os conceitos de museu on-line ainda estavam em desenvolvimento, e havia tecnologias multimídia limitadas disponíveis nos navegadores da web. Desde a década de 1990, os sites dos museus continuaram a se desenvolver rapidamente visando uma experiência multimídia mais imersiva, apresentando, cada vez mais, diversificadas tecnologias. A maioria dos museus físicos agora tem uma presença on-line com diferentes graus de informação. Essa nova frente de atuação dos museus na era digital não somente impulsionou discussões sobre a definição de "museu", mas também mostrou a importância de perspectivas teóricas museológicas que considerem os âmbitos local e global, virtual e físico, estático e móvel, aponta Bautista (2014). As dicotomias, apesar de desafiadoras, trazem aos museus possibilidades diversas de atuação.

Diante da diversidade, é relevante buscar entender as perspectivas a partir das quais interpretamos as atividades museais on-line que as caracterizam como "exposições on-line". Não intencionamos propor um conceito, mas sim delimitar nosso escopo. Por essa razão, no tópico a seguir, exploramos alguns pontos em comum e apresentamos alguns dos principais formatos, discutindo possíveis implicações para a comunicação com os públicos.

ALGUNS PONTOS EM COMUM, DIFERENTES TIPOS E FORMATOS

Entre as várias nomenclaturas e definições existentes para "exposições on-line", identificamos alguns elementos comuns (BAUTISTA, 2014; FOO, 2008; POVROZNIK, 2020; SCHWEIBENZ, 2019; URBANEJA, 2019), tais como:

a. a noção de que essas iniciativas passam por uma **curadoria**, por meio da qual as informações têm um diálogo entre si no modelo de hipermídia;

b. a **intencionalidade do discurso**, que é traduzida nas conexões não lineares características do meio on-line, independentemente do formato;

c. a **experiência**, interativa e contributiva, **centrada no usuário**.

Apesar desses pontos em comum, ainda existem diversas maneiras de conceber e ofertar museus e exposições on-line. Alguns surgem da digitalização ou renderização de coleções, objetos e ambientes já existentes presencialmente, outros são estruturados para exibição independentemente de um espaço físico, em uma estrutura de website — são os modelos mais populares e empregados mais recentemente (URBANEJA, 2019).

As exposições on-line estruturadas a partir digitalização ou renderização de um espaço físico são aquelas cujas mídias e informações estão dispostas em uma visualização tridimensional que replica um espaço físico e conectadas entre si de maneira não linear — em hipermídia. Nelas, características únicas da web são integradas às imagens 3D, gerando uma ferramenta imersiva, devido aos estímulos multissensoriais recebidos pelos visitantes (SYLAIOU *et al.*, 2010). O que se iniciou com gráficos simples se desenvolveu em tecnologias avançadas de escaneamento e modelagem 3D, que vêm sendo aprimoradas ao longo dos anos.

Um projeto pioneiro, comentado por Sylaiou *et al.* (2010) e Walczak, Cellary e White (2006) é o *Augmented Representation of Cultural Objects* (Arco) (Representação Aumentada de Objetos Culturais), responsável pelo desenvolvimento de tecnologia e software específicos para digitalização, escaneamento e renderização de objetos e espaços museais, com a premissa de possuir uma interface centrada no usuário que, no caso, são os profissionais museais. O projeto, que foi fundado em 2001 e recebe financiamento da União Europeia até o momento da escrita deste texto, evidencia o esforço multiprofissional e disciplinar característico da atuação museal on-line, pois une os esforços de educadores museais, programadores e designers para gerar novas tecnologias voltadas unicamente ao desenvolvimento de exposições on-line.

O projeto brasileiro Era Virtual, lançado em 2008, possibilita visitas on-line em visualização tridimensional a museus nacionais e a diferentes extensões de seus acervos, como exposições contínuas e temporárias, itinerantes, coleções, entre outros, bem como a iniciativas independentes e locais de patrimônio cultural. Os coordenadores Rodrigo Coelho e Carla Sandim frisam que o projeto é "[...] resultado da percepção de que nesta nova era da tecnologia das informações é necessário inovar, rever e reconstruir o modo de promover a cultura" (COELHO; SANDIM, [2010?], s/p). O website do projeto, que funciona como um grande acervo de visitas on-line, possui aproximadamente 50 atividades catalogadas. A exibição tridimensional é citada na bibliografia como um elemento que pode ser positivo aos visitantes a exposições on-line. A particularidade de integrar informações em hipermídia à noção de organização espacial permite que novas interpretações emerjam, a partir das mensagens contidas na disposição dos elementos expositivos, assim como os estímulos multissensoriais contribuem para a experiência emocional e a noção de "estar presente" do visitante (NUBANI; ÖZTÜRK, 2021; SYLAIOU et al., 2010).

Outro formato, já mencionado, é aquele em que museus e exposições on-line não necessariamente precisam estar atrelados ao espaço físico. A possibilidade de explorar o meio digital e on-line dentro de suas características únicas, cuja disposição não depende da visualização de um espaço tridimensional, mas de um espaço bidimensional, advém das inovações das tecnologias em rede. Assim como a disposição em um espaço tridimensional é também parte da informação expositiva, a organização em hipermídia faz parte do conteúdo em si, tornando-se um veículo para a criatividade do visitante (KRAEMER, 2014), bem como pode ser importante para a construção de sua experiência.

Enquanto exposições on-line, no geral, rompem os limites temporais e de distância naturais de museus físicos, esse modelo rompe também a barreira de estar atrelado a um espaço específico (FOO, 2008). Ainda que positivo, é um modelo pouco explorado por museus latino-americanos e caribenhos, como evidencia relatório da Unesco (2020). Após investigar 800 atividades virtuais de museus ao redor do mundo, a agência identificou que cerca de 90% das promovidas na região se baseiam em recursos existentes nos museus físicos que foram digitalizados. Os museus da região, então, exploram o campo principalmente a partir de exposições e coleções físicas compartilhadas, como exposições ou coleções on-line (UNESCO, 2020). Essa informação destaca que, na América Latina e no Caribe, a apropriação dessa linha de atuação museal não segue a velocidade das inovações promovidas e aplicadas no norte global. A série de desafios enfrentados pelos museus latino-americanos, com enfoque especial nos museus brasileiros, que inclui corte de verbas, desmonte de políticas públicas e fechamento de instituições (NORBERTO ROCHA, 2019), não desaparece no ambiente on-line. Pelo contrário, reflete-se diretamente nele — ou, melhor, nas limitações de desenvolvimento e atuação nele.

Ainda que não seja o modelo mais amplamente empregado, há exemplos que demonstram o esforço institucional para promover diferentes maneiras de interagir com seus públicos na web. O Museu da Vida Fiocruz, com sede física no campus da Fundação Oswaldo Cruz, no bairro de Manguinhos, no Rio de Janeiro, lançou, em 2021, a exposição "Zika: vidas que afetam", apresentada somente no meio on-line em plataforma digital própria de domínio da Fiocruz. Inicialmente programada para inaugurar em formato físico em 2020, com o advento da pandemia de Covid-19, foi lançada em versão on-line e passou por revisão e adequação de conteúdos visando melhor adaptação ao contexto virtual (SILVA; ALBUQUERQUE; MAYRINK, 2021). A exposição aborda os impactos sociais da epidemia de Zika no Brasil, focando especialmente as mães afetadas durante a gravidez e suas crianças. A navegação é feita por meio da rolagem do mouse, percorrendo o "espaço" da exposição de instalação para instalação e entre módulos. A exposição consiste na junção de diferentes mídias, sobretudo a textual e a fotográfica; conta também com elementos interativos e oferta uma série de recursos assistivos para acessibilidade, incluindo uma versão secundária otimizada para uso com leitores de tela.

Também em 2021, em parceria com a empresa Folguedo, a Sociedade de Promoção da Casa de Oswaldo Cruz, atrelada ao Museu da Vida Fiocruz, lançou a "Exposição Virtual Cidade Acessível". Protagonizada por pessoas com deficiência de contextos sociais diversos, temáticas, como educação, arte e questões pessoas, são abordadas a partir de suas perspectivas (CAU/RJ, 2021). Diferentemente da exposição citada anteriormente, essa possuiu uma versão presencial interativa, lançada em 2014. Contudo, a apresentação da exposição on-line é independente da conformação espacial física, pois é feita em modelo de website com navegação em hipermídia. Ela também conta com recursos de acessibilidade diversos, como audiodescrição, interpretação em Língua Brasileira de Sinais (Libras) e texto customizável.

EM CONSTANTE EVOLUÇÃO E TRÊS DESAFIOS (DE MUITOS)

Como Povroznik (2020) explica, museus e exposições on-line passaram por várias evoluções, tornando-se cada vez mais complexos e implicando diferentes modalidades de conteúdo e de formato. Nessa dinâmica, trazemos três dos vários desafios ainda encontrados: a definição, a experiência dos visitantes/usuários e a acessibilidade.

O **primeiro desafio** é com relação à definição de o que é um museu on-line ou um museu virtual. O grupo de pesquisa europeu *Virtual Multimodal Museum Plus* (ViMM+) propôs a seguinte definição: "Um museu virtual é uma entidade digital que se baseia nas características de um museu, a fim de complementar, aprimorar ou aumentar o museu por meio da personalização, interatividade, experiência do usuário e riqueza de conteúdo" (VIMM+, 2018, s/p, tradução nossa).

Apesar dessa e de outras definições que são defendidas na literatura, há que se lembrar que a própria definição de "museu" continua, há pelo menos cinco anos, em revisão pelo ICOM e pelas entidades interessadas. Há uma variedade de interpretações dos termos "museu", "exposição", "on-line" e "virtual" e suas combinações. Muitas vezes, o mesmo termo refere-se a conteúdos distintos; por exemplo, a seção "museu virtual" pode incluir diferentes recursos de informação, os passeios virtuais em um ambiente museológico real ou coleções digitais de objetos. Soma-se a isso a dificuldade de se ter uma definição que contemple os interessados, como museus, desenvolvedores de conteúdo, pesquisadores, usuários, do campo interdisciplinar da tecnologia da informação à esfera museológica. Por essas razões, entendemos que a proposição e defesa de um único conceito suficientemente abrangente continua em aberto e é um desafio do campo.

O **segundo desafio** está pautado na questão de conhecer, explorar e analisar a experiência do usuário/visitante. Uma das questões é a dinamicidade e a fugacidade que a internet proporciona. Como engajar visitantes, por algum tempo e em determinada profundidade em uma exposição, coleção, página de um museu quando o cenário on-line oferece links, *pop-ups*, vídeos e uma metalinguagem de navegação que facilmente os levam a outros destinos?

Kim (2018), em investigação sobre fatores comunicacionais em exposições on-line, elencou quatro grandes fatores que influenciam a experiência do usuário/visitante: o primeiro, fator pessoal, diz respeito às características individuais do visitante, como aspectos demográficos e motivação para a visita; o segundo, fator social, abarca as possíveis interações com outros visitantes; o terceiro, fator de conteúdo, abrange as informações dispostas na exposição; por fim, o quarto, fator ambiental, aborda o "espaço" de exposição, disposição das mídias e acessibilidade. Uma seleção de quatro fatores evidencia o desafio multifatorial de compreender a experiência do visitante nessas atividades.

Li, Nie e Ye (2022), em sua revisão de literatura, trazem diversos estudos e abordagens de análise das visitas virtuais voltados a questões técnicas e de navegabilidade, como o de Bastanlar (2007), que, baseado no desenvolvimento de um aplicativo de visita virtual para o Museu Ispata na Turquia, discutiu as preferências do usuário para funções de navegação, opções de controle e informações adquiridas durante a visita virtual ao museu. Barbieri, Bruno e Muzzupappa (2017) avaliaram três qualidades críticas — usabilidade, entretenimento e aprendizado — baseadas em dois tipos de sistemas de museu virtual. Kabassi *et al.* (2019) avaliaram um tour virtual de museus na Itália concluindo três importantes dimensões importantes em visitas virtuais: coordenação de movimentos e desempenho, suporte à navegação, direção e suporte à aprendizagem.

Outra questão a ser abordada é que museus e outras organizações tendem a pensar nos projetos digitais da perspectiva de canais individuais. Eles propõem um aplicativo, um site, uma plataforma. Isso faz sentido para as organizações, mas os visitantes não pensam em canais. Os visitantes esperam uma experiência única e unificada em todas as suas interações, não distinguem experiências físicas e digitais e esperam que tudo flua perfeitamente de um para o outro. Essa expectativa exige que os museus pensem de forma diferente ao iniciar projetos digitais e que as considerem como um ecossistema que influencia a experiência dos seus visitantes (DEVINE, 2015).

Como explica MacDonald (2015), a usabilidade tem sido um objetivo dos museus on-line, mas as interfaces on-line modernas devem ir além de simplesmente fornecer acesso a obras de arte digitais e se concentrar em fornecer resultados emocionais positivos. Conhecer o público é fundamental. Por isso, ao longo dos anos, muitos estudos procuraram determinar o comportamento informacional de usuários com vários dados demográficos, domínios, profissões e funções. Tais pesquisas destacaram a diversidade de usuários em relação a idade, gênero, personalidade, interesses, especialização, profissão, função, histórico socioeconômico, motivação, intenção e tarefa. Compreender e categorizar os usuários pode ajudar a desenvolver, adaptar e avaliar os sistemas de informação a partir da perspectiva do usuário e de seu ambiente. Da mesma forma, usuários de diversas origens chegam às coleções digitais com objetivos, tarefas e necessidades de informação variados. Uma consequência disso é a grande variedade de requisitos que provedores de serviços e criadores de conteúdo devem considerar ao projetar métodos de acesso à informação (WALSH *et al.*, 2020).

Uma questão a ser considerada, como explica Devine (2015), é que compreender a jornada do visitante também significa entender que a experiência de um visitante não começa nem termina com uma visita física ao museu ou exposição on-line. A experiência do visitante começa antes de sua chegada, existe durante a visita e se estende após sua saída. Começa com antecipação, planejamento e descoberta, que muitas vezes se dão no universo on-line. Da mesma maneira, a experiência não termina quando o visitante sai ou se desconecta daquele conteúdo.

Assim, Walsh *et al.* (2020) destacam que a atenção de pesquisas futuras e o desenvolvimento de serviços devem levar em conta não apenas as necessidades de informação e os usos de grupos de usuários. Um canal relevante de estudo é a experiência do usuário, focado, especialmente em como esse usuário responde à coleção e a seus objetos e é influenciado pelo ambiente social, cultural e contextual no qual está inserido.

O **terceiro desafio** está na acessibilidade de museus e exposições on-line. Apesar da expansão que a internet possibilitou às coleções e exposições museais, contribuindo para a democratização do conhecimento presente nessas instituições (GAUDÊNCIO, 2019; SCHWEIBENZ, 2019), não são novas as discussões sobre a real extensão dessa democratização, considerando as particularidades da desigualdade social dos países latino-americanos (GARRIGAN, 2006).

A promoção de acessibilidade e a aplicação de recursos assistivos, por exemplo, são práticas pouco empregadas nas atividades museais on-line e configuram uma falta constante nas exposições, ainda que a disponibilidade de técnicas e tecnologias aumente a cada dia na área. Os recursos de tecnologia assistiva, no campo da informática, possibilitam um uso cada vez mais eficiente e confortável de computadores, celulares e outros aparelhos por pessoas com deficiência, porém são pouco aplicados nas atividades em questão.

Esse cenário não é diferente quando considerados os websites de instituições museais. Abreu *et al.* (2018) e Norberto Rocha *et al.* (2020) relatam, em uma pesquisa com participação de 109 museus e centros de ciência latino-americanos, que 80% das instituições apresentavam websites, mas somente cerca de 30% dessas disponibilizavam na página ao menos um recurso de acessibilidade. Considerando a diversidade de formatos e mídias utilizados para produzir exposições on-line, são também diversos os recursos de acessibilidade necessários para evitar que barreiras prejudiquem a experiência dos visitantes.

Os dados trazidos por Cecilia (2021) mostram que atividades museais virtuais acessíveis podem ser positivas para pessoas com deficiência em épocas de distanciamento social. Contudo, a existência de um museu on-line não garante que grupos historicamente afastados dos espaços museais físicos se identificarão e engajarão de maneira remota, por isso mudanças são necessárias para que não se reforcem desigualdades já presentes (MIHELJ; LEGUINA; DOWNEY, 2019). Como apontado por Rojas *et al.* (2020), há um ponto crucial: quando a acessibilidade é implementada desde as primeiras etapas de desenvolvimento, a correção de possíveis erros se dá de maneira mais fácil, e o processo se torna natural. Dessa forma, entendemos que o ideal não é tratar a acessibilidade como uma etapa secundária, mas a ter como premissa em todo o processo de estruturação de estratégias virtuais, o que mostra a importância de discutir a temática nos museus e ações de divulgação científica brasileiros.

Em adição, destacamos novamente a natureza multiprofissional envolvida no desenvolvimento de museus e exposições on-line, que, para além de educadores, curadores e programadores, requer profissionais interdisciplinares qualificados em acessibilidade. Outro aspecto importante é que a acessibilidade em museus, on-line ou físicos, não se restringe unicamente à aplicação de recursos assistivos. A maioria dos museus depende fortemente de estímulos visuais para promover comunicação e interação com seus públicos (PAPADIMITRIOU *et al.*, 2016; URBANEJA, 2019). Essa dependência em um único estímulo cerceia a participação e fruição de diversas pessoas, com e sem deficiência, que se beneficiariam de uma experiência multissensorial.

No geral, essa problemática não é única a museus e exposições on-line, visto que há ainda um longo percurso em termos de acessibilidade na internet. Um estudo com quase 17 milhões de sites brasileiros mostrou que apenas 0,89% contemplam todas as recomendações de acessibilidade para web analisadas. Essa pequena quantidade de exemplos positivos contrasta com a porcentagem dos que possuem ao menos uma barreira de navegação para pessoas com deficiência: 96,39% (MWPT; BIG DATA CORP, 2022).

Apesar da vasta oferta de informações, guias e diretrizes sobre como promover um universo on-line mais acessível, há ainda várias barreiras que impedem as pessoas com deficiência de ocuparem e usufruírem das iniciativas on-line. Existe, há pelo menos 30 anos, vasta disponibilidade de material sobre acessibilidade na web, como as Recomendações para Conteúdo Acessível, na Web Content Accessibility Guideline (Web WCAG), promovidas pelo Consórcio World Wide Web (W3C); o Modelo de Acessibilidade em Governo Eletrônico (eMAG), promovido pelo governo brasileiro, e o Guia de Recomendações de Acessibilidade Web com Foco em Aspectos do Autismo GAIA), desenvolvido por Britto (2016).

O WCAG é um documento de referência internacional organizado em quatro princípios considerados a base da acessibilidade na web: perceptível, operável, compreensível e robusto. Após os princípios, estão as 13 diretrizes que constituem o WCAG, as quais definem os objetivos que os desenvolvedores devem alcançar para tornar-se um website acessível. Por fim, as diretrizes contêm um conjunto de normativas denominado critérios de sucesso, que consistem em parâmetros testáveis (W3C, 2018).

Há uma particularidade da promoção de acessibilidade em museus que adiciona, contudo, outra camada de desafio: para que seja bem-sucedida, ela deve necessariamente ser contexto-dependente. Isso significa que todas as etapas do desenvolvimento de uma exposição vão influenciar a maneira de aplicação dos recursos assistivos, o que nos leva a enfatizar dois aspectos: a promoção de acessibilidade precisa ocorrer de maneira concomitante às outras etapas de desenvolvimento da exposição; e as diretrizes existentes, apesar de elementares, não suprem demandas específicas da área. O último aspecto é enfatizado em investigações na área. Leporini e Norscia (2008), ao analisarem a acessibilidade de imagens em websites de museus, destacam que as diretrizes WCAG podem ser vagas para as particularidades museais e recomendam um trabalho multidisciplinar, cooperativo e contextualizado entre especialistas, curadores e desenvolvedores. Flor, Vanzin e Ulbricht (2009) investigaram a acessibilidade de websites de 30 museus, utilizando avaliadores automáticos baseados no WCAG, e citam que algumas questões específicas da promoção de acessibilidade em museus demandariam estudos mais aprofundados e diretrizes direcionadas ao campo. Rojas *et al.* (2020) relatam o desenvolvimento de um museu on-line acessível com base no WCAG 2.1, implementando recursos de acessibilidade, desde as primeiras etapas da construção da atividade, e considerando a experiência de visitação de pessoas com deficiência. Esses exemplos reforçam a importância de se considerar inúmeros fatores, técnicos e humanos, na aplicação bem-sucedida de recursos assistivos.

Por fim, entendemos que a acessibilidade deve estar integrada com os pontos em comum que evidenciamos sobre a definição de exposição on-line, ou seja, curadoria, intencionalidade do discurso e experiência do usuário.

FINALIZANDO COM QUESTÕES EM ABERTO

As barreiras sanitárias impostas pela Covid-19 impediram bruscamente a visitação aos espaços museais físicos, porém o afastamento entre as instituições e seus públicos é um problema multifatorial, que vem sendo documentado ao longo do tempo. Ainda que a extensão do acesso às atividades museais on-line, por si só, seja alvo de discussão e reflexão, ela se tornou a única ponte disponível para comunicação e troca entre museus e a população por diversos meses após o início da pandemia. Para Mihelj, Leguina e Downey (2019), é imperativo que ações culturais na web sejam adequadas para possibilitar alcance e engajamento de diferentes grupos sociais. Assim, entendemos que analisá-las e desenvolvê-las são ações cruciais para ampliar o acesso, bem como a fruição delas.

Somado à ampliação do acesso e da fruição, concordamos com Huhtamo (2010, p. 130-131) que algumas perguntas continuam em aberto. Parte delas se concentra na experiência, envolvimento e interação do visitante, outras estão centradas em questões acadêmicas e filosóficas que ainda permeiam a área:

> Como manter o envolvimento dos usuários sem torná-lo um objetivo por si só? Há um limite para "sobrecarga multissensorial" no design de exposições? Como deve ser a relação entre museus físicos e on-line? Um museu virtual pode ser uma mera réplica de um físico, ou deve ser algo radicalmente diferente? Quais seriam as consequências de um design não-interativo de um museu virtual? (HUHTAMO, 2010, p. 130-131, tradução nossa).

Sem dúvida, é um campo em construção, em evolução e com muitos desafios presentes e futuros. Quem se propõe a estudá-lo tem de delimitar e descrever seu universo de estudo, estar ciente dessa amplitude e abordá-las explicitamente, de modo a minimizar as limitações da pesquisa, uma vez que uma única experiência pode não representar a complexidade, o conteúdo e a forma de todas as possibilidades de configuração de um "museu virtual", ou "museu on-line" ou "exposição on-line". Ainda que não tenhamos respostas concretas para diversas perguntas, compreendemos que, pela natureza diversa e mutável do ambiente on-line, essa ausência por vezes configura um espaço frutífero para investigação, discussão e reflexão. É inegável que a presença museal on-line seguirá em expansão e desenvolvimento, já que "[...] a influência das mídias digitais no setor de herança cultural tem sido extensiva e profunda" (PARRY, 2010, p. 2, tradução nossa).

Por fim, concordamos com Bautista (2014) que

> [...] entender os museus na era digital é entender como a sua comunidade (global) on-line se relaciona com sua comunidade (local) física e a todos os pontos e fluxos de interação dentro de sua rede. Se o espaço dos museus é determinado *top-down* pelas elites culturais, *bottom-up* pelas comunidades que estão ativamente engajadas, ou através de um processo negociado que de alguma forma reflete ambos os interesses, museus devem navegar um público maior, mais diverso e mais exigente na era digital. (BAUTISTA, 2014, p. xxii, tradução nossa).

REFERÊNCIAS

ABREU, W. V. de *et al*. Recursos de acessibilidade nos websites dos centros e museus de ciências da América Latina e do Caribe Willian Vieira de Abreu. *In*: ENCONTRO DA ASSOCIAÇÃO BRASILEIRA DE CENTROS E MUSEUS DE CIÊNCIAS, 3., 2018, Rio de Janeiro. *Anais* [...]. Rio de Janeiro: Associação Brasileira de Centros e Museus de Ciência, 2018.

ALMEIDA, A. M. *et al*. Como podemos conhecer a prática da educação museal no Brasil em tempos de pandemia de Covid-19? Relato de uma pesquisa colaborativa. Museologia e Patrimônio - *Revista Eletrônica do Programa de Pós-Graduação em Museologia e Patrimônio - Unirio* | MAST, v. 14, n. 2, p. 226-243, 2021.

BARBIERI, L.; BRUNO, F.; MUZZUPAPPA, M.Virtual museum system evaluation through user studies. *Journal of Cultural Heritage*, [*s. l*.], v. 26, p. 101-108, 2017.

BASTANLAR, Y. User behaviour in web-based interactive virtual tours. *In*: INTERNATIONAL CONFERENCE ON INFORMATION TECHNOLOGY INTERFACES, 29., 2007, Cavtat. *Anais* [...]. Cavtat: Computer Society Conference Publishing Services, 2007.

BAUTISTA, S. S. *Museums in the Digital Age*. 1. ed. Lanham: AltaMira Press, 2014.

BOWEN, J. P. **A** Brief History of Early Museums Online. *The Rutherford Journal*, [*s. l*.], 2010. Disponível em: http://www.rutherfordjournal.org/article030103.html. Acesso em: 25 set. 2019.

BRITTO, T. C. P. *Gaia*: uma proposta de guia de recomendações de acessibilidade web com foco em aspectos do autismo. 2016. Dissertação (Mestrado em Ciência da Computação) – Universidade Federal de São Carlos, São Carlos, 2016.

CECILIA, R. R. COVID-19 Pandemic: Threat or Opportunity for Blind and Partially Sighted Museum Visitors? *Journal of Conservation & Museum Studies*, [s. l.], v. 19, n. 1, p. 1-8, 2021.

COELHO, R.; SANDIM, C. Apresentação. *Era Virtual*, Minas Gerais, Brasil [2010?]. Disponível em: https://www.eravirtual.org/apresentacao/. Acesso em: 14 ago. 2021.

DEVINE, C. The Museum Digital Experience: Considering the Visitor's Journey. *MWA2015*: Museums and the Web Asia, Maryland, Estados Unidos, 2015. Disponível em: https://mwa2015.museumsandtheweb.com/paper/the-museum-digital-experience-considering-the-visitors-journey/#:~:text=Understanding visitor journey also means, with anticipating%2C planning and discovering. Acesso em: 7 jun. 2022.

CAU/RJ. Exposição Virtual Cidade Acessível, patrocinada pelo CAU/RJ, será lançada dia 1. *Conselho de Arquitetura e Urbanismo*, Rio de Janeiro, Brasil, 2021. Disponível em: https://www.caurj.gov.br/exposicao-virtual-cidade-acessivel-patrocinada-pelo-cau-rj-sera-lancada-dia-1/. Acesso em: 8 jul. 2022.

FLOR, C.; VANZIN, T.; ULBRICHT, V. R. Interfaces digitais em EaD. *In*: MELO, M. T. de; CARVALHO NETO, C. Z. de; SPANHOL, F. J. (ed.). *Hipermídias*: interfaces digitais em EaD. 1. ed. São Paulo: Laborciência, 2009. p. 126-152.

FOO, S. Online Virtual Exhibitions: Concepts and Design Considerations. *DESIDOC Journal of Library & Information Technology*, [s. l.], v. 28, n. 4, p. 22-34, 2008.

GARRIGAN, S. Displaced Patrimonies: Cultural Democratization and Virtual Museums in Latin America. *Revista Canadiense de Estudios Hispánicos*, [s. l.], v. 31, n. 1, p. 161-174, 2006.

GAUDÊNCIO, H. I. M. *Culture access and technology:* How can technology democratize cultural access? 2019. Dissertação (Mestrado em Gestão de Informação) – Universidade Nova de Lisboa, Lisboa, 2019.

HUHTAMO, E. On the origins of the Virtual Museum. *In*: PARRY, R. *Museums in a Digital Age*. 1. ed. London: Routledge, 2010. p. 121-135.

CONSELHO INTERNACIONAL DE MUSEUS. *Museums, museum professionals and COVID-19*. Paris: [s. n.], 2020.

KABASSI, K. *et al.* Evaluating museum virtual tours: the case study of Italy. *Information*, [s. l.], v. 10, n. 11, p. 351, 2019.

KIM, S. Virtual exhibitions and communication factors. *Museum Management and Curatorship*, [s. l.], v. 33, n. 3, p. 243-260, 2018.

KRAEMER, H. "What is Less or More than a Touch?" Multimedia Classics and Hypermedia Hermeneutics. *Curator*: The Museum Journal, [s. l.], v. 57, n. 1, p. 119-136, 2014.

LEPORINI, B.; NORSCIA, I. "Fine Tuning" image accessibility for museum web sites. *Journal of Universal Computer Science*, [s. l.], v. 14, n. 19, p. 3250-3264, 2008.

LI, J.; NIE, J-W., YE, J. Evaluation of virtual tour in an online museum: Exhibition of Architecture of the Forbidden City. *PLoS ONE*, [s. l.], v. 17, n. 1, p. 1-17, 2022.

MACDONALD, C. Assessing the user experience (UX) of online museum collections: Perspectives from design and museum professionals. *MW2015*: Museums and the Web, Maryland, Estados Unidos, 2015. Disponível em: https://mw2015.museumsandtheweb.com/paper/assessing-the-user-experience-ux-of-online--museum-collections-perspectives-from-design-and-museum-professionals/. Acesso em: 7 jun. 2022.

MIHELJ, S.; LEGUINA, A.; DOWNEY, J. Culture is digital: Cultural participation, diversity and the digital divide. *New Media and Society*, [s. l.], v. 00, n. 0, p. 1-21, 2019.

MWPT; BIG DATA CORP. Número de sites brasileiros aprovados em todos os testes de acessibilidade tem queda em relação ao ano passado e é ainda menor que 1%. *Web para todos*, São Paulo, Brasil, 2022. Disponível em: https://mwpt.com.br/numero-de-sites-brasileiros-aprovados-em-todos-os-testes-de-acessibilidade--tem-queda-em-relacao-ao-ano-passado-e-e-ainda-menor-que-1/. Acesso em: 8 jul. 2022.

NELSON, T. H. Hyperwelcome. *Hypermedia*, [s. l.], v. 1, n. 1, p. 1-4, 1989.

NORBERTO ROCHA, J. *et al.* Investigating accessibility in latin american science museums and centers. *Anais da Academia Brasileira de Ciencias*, [s. l.], v. 92, n. 1, p. 1-16, 2020.

NORBERTO ROCHA, J. Museus e centros de ciências ameaçados no país. *Ciência e Cultura*, [s. l.], v. 69, n. 1, p. 14-15, 2019.

NORBERTO ROCHA, J. *Museus e centros de ciências itinerantes*: análise das exposições na perspectiva da Alfabetização Científica. 2018. Tese (Doutorado em Educação) – Universidade de São Paulo, São Paulo, 2018.

NUBANI, L.; ÖZTÜRK, A. Measuring the Impact of Museum Architecture, Spaces and Exhibits on Virtual Visitors Using Facial Expression Analysis Software. *Buildings*, [s. l.], v. 11, n. 418, p. 1-19, 2021.

PAPADIMITRIOU, N. et al. Identifying Accessibility Barriers in Heritage Museums: Conceptual Challenges in a Period of Change. *Museum International*, [s. l.], v. 68, n. 3-4, p. 33-47, 2016.

PARRY, R. *Museums in a Digital Age*. 1. ed. London: Routledge, 2010.

POVROZNIK, N. Digital history of virtual museums: The transition from analog to internet environment. *In*: REINSONE, S. et al. (ed.). *Proceedings of the Digital Humanities in the Nordic Countries 5th Conference*. Riga: CEUR-WS, 2020. p. 125-136.

ROJAS, H. et al. Application of accessibility guidelines in a virtual museum. *In*: CEBALLOS, C. (ed.). *Proceedings of the 3rd International Conference of Inclusive Technology and Education*. La Paz: Computer Society Conference Publishing Services, 2020. p. 73-79.

SCHWEIBENZ, W. The virtual museum: an overview of its origins, concepts, and terminology. *The Museum Review*, [s. l.], v. 4, n. 1, 2019.

SILVA, L.; ALBUQUERQUE, M.; MAYRINK, M. F. Exposição "Zika Vidas que Afetam": um relato de experiência. *Saúde Debate*, [s. l.], v. 45, n. 130, p. 861-870, 2021.

SYLAIOU, S. et al. Exploring the relationship between presence and enjoyment in a virtual museum. *International Journal of Human Computer Studies*, [s. l.], v. 68, n. 5, p. 243-253, 2010.

ORGANIZAÇÃO DAS NAÇÕES UNIDAS PARA A EDUCAÇÃO, A CIÊNCIA E A CULTURA. *Museums around the world in the face of Covid-19*. Paris: [s. n.]. 2020.

URBANEJA, M. H. Online exhibitions and online publications: interrogating the typologies of online resources in art museums. *International Journal for Digital Art History*, [s. l.], v. 4, n. 3, p. 29-38, 2019.

VIMM+. *The ViMM Definition Of A Virtual Museum*. Virtual Multimodal Museum, [União Europeia], 2018. Disponível em: https://www.vi-mm.eu/2018/01/10/the-vimm-definition-of-a-virtual-museum/. Acesso em: 6 jul. 2022.

WALCZAK, K.; CELLARY, W.; WHITE, M. Virtual museum exhibitions. *Computer*, [s. l.], v. 39, n. 3, p. 93-95, 2006.

WALSH, D. *et al.* Characterising online museum users: a study of the National Museums Liverpool museum website. *International Journal on Digital Libraries*, [s. l.], v. 21, n. 1, p. 75-87, 2020.

W3C. Diretrizes de Acessibilidade para Conteúdo Web (WCAG) 2.1. *World Wide Web*, 2018. Disponível em: https://www.w3c.br/traducoes/wcag/wcag21-pt-BR/. Acesso em: 31 jan. 2022.

PARTE 2

EXPERIÊNCIAS E ESTUDOS DE CASO EM TECNOLOGIAS EDUCACIONAIS PARA O ENSINO DE BIOCIÊNCIAS E SAÚDE

6

PERCEPÇÕES DOCENTES SOBRE A TECNOLOGIA DIGITAL NO CONTEXTO ESCOLAR

Luciana do Amaral Teixeira
Grazielle Rodrigues Pereira
Maria de Fátima Alves de Oliveira

INTRODUÇÃO

O novo contexto escolar, resultante da pandemia iniciada em 2020, exige do professor acesso imediato às Tecnologias Digitais de Informação e Comunicação (TDIC). Espera-se que os docentes possam integrar recursos tecnológicos em suas aulas, trabalhar o conteúdo de modo diferenciado e despertar em seus alunos, ainda que de forma virtual, o interesse pela disciplina. O problema, entretanto, é que, em muitas instituições, alunos e professores não estavam preparados para essa cobrança. Antes da pandemia e do novo cenário por ela imposto, muitas escolas limitavam a tecnologia apenas aos domínios administrativos. Agora, contudo, não há mais como excluí-la do contexto pedagógico, mesmo diante da resistência de alguns docentes. Não é difícil entender a razão para tal: enquanto alunos estão familiarizados com o universo digital e se sentem confortáveis no mundo virtual, professores são verdadeiros imigrantes na sociedade da informação em que o mundo se transformou.

No que se refere ao uso de recursos tecnológicos, é preciso instrumentalizar os docentes com o conhecimento relacionado à utilização da tecnologia no contexto escolar de forma alinhada ao conteúdo da disciplina. Sabe-se que a educação se dá na relação entre o adulto preparado e os mais novos (GATTI, 2013), que esperam que seu guia seja capaz de lhes orientar rumo ao aprendizado pelos caminhos mais instigantes. Isso posto, espera-se que os professores estejam preparados para orientar seus alunos quanto ao uso crítico, reflexivo e ético das TDIC, não apenas para o consumo de informações, mas também para produção delas (BRASIL, 2018).

Com a intenção de contribuir para a adoção de uma prática docente mais alinhada às demandas atuais, propusemos um curso de Formação Continuada em Metodologias Ativas e TDIC, com vistas à instrumentalização dos saberes essenciais a uma práxis mais alinhada com a de um professor da Idade Mídia (LONGO, 2019). Nesse estudo, que é um recorte da tese de doutorado intitulada "Formação Continuada de Professores da Educação Básica para promoção da cultura digital", avaliamos as percepções dos participantes dessa formação no que tange à relação entre a tecnologia digital e o contexto escolar, a partir de um instrumento de coleta de dados respondido por eles, no início do curso, antes de qualquer conteúdo ser apresentado.

A análise inicial dos dados coletados demonstrou uma preocupação dos professores-cursistas com a utilização da tecnologia como recurso educacional significativo, a necessidade de apropriação dos recursos tecnológicos como meio de acesso ao conhecimento e a percepção da urgência na reformulação da práxis como meio de tornar as aulas mais interessantes. As reflexões dos participantes se alinham às nossas crenças de que a tecnologia é capaz de instrumentalizar os professores com recursos que permitirão o planejamento de aulas mais criativas e engajadoras.

DESENVOLVIMENTO

Nos dias atuais, as denominadas "metodologias ativas" são responsáveis por reforçar o discurso da escola progressiva e defender que o aluno seja o protagonista de sua aprendizagem. Sob diferentes roupagens — como sala de aula invertida, rotação por estações, aprendizagem baseada em projetos, instrução por pares, aprendizagem baseada em problemas, dentre outras —, essas metodologias já integram o vocabulário e a práxis de muitos professores do século XXI.

A aprendizagem ativa pode ser definida como qualquer abordagem instrucional na qual se demanda dos alunos o envolvimento no processo de aprendizagem. Esse paradigma se opõe aos modelos tradicionais de ensino, nos quais os alunos são receptores passivos do conhecimento de um especialista. Ela também reforça o pensamento de que o saber só existe "[...] na invenção, na reinvenção, na busca inquieta, impaciente, permanente, que os homens fazem no mundo, com o mundo e com os outros" (FREIRE, 1987, p. 58).

Em detrimento das atuações tradicionais, as variadas estratégias sugeridas pelas metodologias ativas tiram o aluno da posição de espectador e dão a ele o papel principal no ato pedagógico. Esse novo paradigma de aulas — que se centra no aluno, e não mais no professor — tem grande relevância, visto que aumenta a

> [...] flexibilidade cognitiva, que é a capacidade de alternar e realizar diferentes tarefas, operações mentais ou objetivos e de adaptar-nos a situações inesperadas, superando modelos mentais rígidos e automatismos. (BACICH; MORAN, 2018, p. 37).

Embora as metodologias ativas não dependam das TDIC para serem aplicadas, essas vêm sendo uma grande aliada para aumentar o engajamento dos alunos nas aulas. Tais tecnologias configuram-se como um conjunto de dispositivos e programas capaz de produzir, armazenar e/ou tratar informações (DOMINGUES *et al.*, 2004) e estão presentes em diversas atividades humanas, constituindo-se como ferramentas essenciais para atuação plena na sociedade.

As TDIC cooperam, de forma bastante positiva, para o aumento da motivação dos alunos em sala de aula. Para que isso aconteça, contudo, é preciso que sejam inseridas em um projeto pedagógico inovador de modo a contribuir para a facilitação do processo de ensino e de aprendizagem (TEIXEIRA, 2012). É importante enfatizar que a tecnologia, por si só, não influencia a aprendizagem. Somente com metodologias e estratégias bem planejadas é que ela pode contribuir para que os alunos aprendam com mais motivação e eficácia. As tecnologias "[...] sempre se apresentam com a característica de instrumentos, e, como tais, exigem eficiência e adequação aos objetivos aos quais se destinam" (MORAN; MASETTO; BEHRENS, 2000, p. 153).

Contribuindo para a discussão sobre a importância das TDIC em sala de aula, o Ministério da Educação e Cultura (MEC) publicou, em 2018, a Base Nacional Comum Curricular (BNCC). O documento normativo reconhece a necessidade do letramento digital em quatro das dez competências gerais que caracteriza como fundamentais para que "[...] todos os estudantes desenvolvam ao longo da escolaridade básica" (BRASIL, 2018, s/p). Destaca-se, em especial, a competência 5, que enfatiza a relevância da promoção da cultura digital e aponta que o aluno deve

> [...] compreender, utilizar e criar tecnologias digitais de informação e comunicação de forma crítica, significativa, reflexiva e ética nas diversas práticas sociais (incluindo as escolares) para se comunicar, acessar e disseminar informações, produzir conhecimentos, resolver problemas e exercer protagonismo e autoria na vida pessoal e coletiva. (BRASIL, 2018, s/p).

Com sua publicação, a BNCC não apenas impacta os conteúdos programáticos e os livros didáticos, como também influencia diretamente a formação inicial e a formação continuada de professores, além de iniciar uma reflexão sobre a práxis docente. Ciente disso, o MEC publicou, em dezembro de 2019, a BNC-Formação – Base Nacional Comum para a Formação Inicial de Professores da Educação Básica. Esse documento versa sobre a readequação das licenciaturas e reconhece que "[...] as aprendizagens a serem garantidas aos estudantes, em conformidade com a BNCC, requerem um conjunto de competências profissionais dos professores para que possam estar efetivamente preparados [...]" (BRASIL, 2019, p. 12).

Embora não discuta especificamente a formação continuada, a BNC-Formação traz alguns princípios da política de formação docente e reconhece que a formação pós-licenciatura é

> [...] componente essencial da profissionalização docente, devendo integrar-se ao cotidiano da instituição educativa e considerar os diferentes saberes e a experiência docente, bem como o projeto pedagógico da instituição de Educação Básica na qual atua o docente atua [e reconhece os professores] como agentes formativos de conhecimento e cultura e, como tal, [reforça a] necessidade de seu acesso permanente a conhecimentos, informações, vivência e atualização cultural. (BRASIL, 2019, p. 13).

Assim como a BNCC, a BNC-Formação institui um conjunto de dez competências gerais docentes, entendidas como essenciais à licenciatura. Dentre elas, destacamos, a competência 5 que, análoga à competência 5 da BNCC, recomenda que os futuros professores possam

> [...] compreender, utilizar e criar tecnologias digitais de informação e comunicação de forma crítica, significativa, reflexiva e ética nas diversas práticas docentes, como recurso pedagógico e como ferramenta de formação, para comunicar, acessar e disseminar informações, produzir conhecimentos, resolver problemas e potencializar as aprendizagens. (BRASIL, 2019, p. 17).

A preocupação com a formação inicial anunciada na BNC-Formação não exime da criação de políticas públicas relacionadas à formação continuada. Consciente dessa necessidade, o Conselho Nacional de Educação publicou a Resolução CNE/CP Nº 1, de 27 de outubro de 2020, que institui a Base Nacional Comum para a Formação Continuada de Professores da Educação Básica (BNC-Formação Continuada).

Conforme o documento supracitado, "[...] a Formação Continuada de Professores da Educação Básica é entendida como componente essencial da sua profissionalização, na condição de agentes formativos de conhecimentos e culturas" (BRASIL, 2020, s/p). A publicação reconhece também o papel dos professores como "[...] orientadores de seus educandos nas trilhas da aprendizagem, para a constituição de competências, visando o complexo desempenho da sua prática social e da qualificação para o trabalho" (BRASIL, 2020, s/p).

Em conformidade com as premissas da educação progressiva, a BNC-Formação Continuada defende que, para de fato melhorar a práxis docente, a formação continuada deve empregar metodologias ativas de aprendizagem e trabalhos colaborativos entre os pares (BRASIL, 2020). Conforme veremos a seguir, a opinião dos professores-cursistas, cujas respostas foram analisadas, alinha-se a essa percepção, no que se refere à maneira de conduzir as aulas para o perfil de alunos com os quais lidam no contexto social atual.

PERCURSOS DA PESQUISA

O estudo aqui apresentado é descritivo e de cunho qualitativo. Um estudo descritivo pode ter objetivos diversos, entre eles levantar opiniões, atitudes e crenças de uma população (GIL, 2022). A pesquisa qualitativa busca compreender um problema a partir da perspectiva da população que nele está envolvida. Trata-se de uma abordagem de investigação especialmente eficaz na obtenção de informações culturalmente específicas sobre valores, opiniões, comportamentos e contextos sociais de populações particulares (LÜDKE; ANDRÉ, 2013). Conforme ressalta Fontoura (2011, p. 3-4),

> [...] a pesquisa qualitativa na contemporaneidade pode se constituir um caminho promissor para que nos engajemos em processos que busquem a transformação social, na medida em que não mais submissos a modelos de outras ciências, possamos apostar na nossa própria forma de fazer e relatar pesquisas que tragam alternativas viáveis e coerentes.

De acordo com Costa e Costa (2009, p. 130), "[...] a amostragem, em pesquisas com abordagem qualitativa, deve ser definida em função do aprofundamento e da compreensão do objeto em estudo". O objeto considerado nesse estudo foi a percepção de professores da educação básica a respeito da relação entre a tecnologia digital e o contexto escolar. Esses professores eram participantes de uma formação continuada em metodologias ativas e tecnologias digitais de informação e comunicação. As percepções desses cursistas foram colhidas por meio de uma pergunta aberta que compunha um questionário aplicado na primeira semana do curso. No total, 25 respostas foram consideradas.

Os dados coletados foram analisados conforme a Tematização de Fontoura (2011). Nessa metodologia, a autora propõe uma sequência de etapas para organização e interpretação do corpus de análise, a saber: (1) Transcrição do material coletado; (2) Leitura atenta do material; (3) Demarcação das ideias principais; (4) Identificação dos temas; (5) Definição das unidades de contexto e das unidades de significado; (6) Tratamento dos dados e (7) Interpretação dos dados à luz dos referenciais teóricos.

A etapa de transcrição não foi necessária, pois as perguntas foram respondidas de forma escrita. Diferentes temas foram abordados no questionário, mas o estudo concentrou-se na relação entre a tecnologia digital e o contexto escolar. A leitura do material e a demarcação das ideias principais resultou em sete categorias: (1) Engajamento dos alunos; (2) Inovações pedagógicas; (3) Acesso ao conhecimento; (4) Relação aluno-professor; (5) Aulas mais interessantes; (6) Atualização de professores e (7) Conteúdo alinhado à tecnologia. O Quadro 1 apresenta algumas unidades de contexto identificadas em cada uma dessas categorias. Nele, os participantes são identificados pela letra "P" seguida de um número, com o intuito de garantir seu anonimato.

Quadro 1 – Categorias e unidades de contexto identificados na avaliação do tema "Relação entre a tecnologia digital e o contexto escolar"

TEMA: RELAÇÃO ENTRE A TECNOLOGIA DIGITAL E O CONTEXTO ESCOLAR	
Categoria	Unidades de contexto
Engajamento dos alunos	"A tecnologia digital possibilita <u>tornar os alunos mais atuantes e interessados</u> no processo de aprendizagem e não apenas espectadores de aulas expositivas." (P1) "A escola precisa ter as Tecnologias Digitais como base para um ensino de qualidade oferecendo inovações didáticas, pois <u>nosso aluno irá se comprometer ainda mais com o conteúdo</u> oferecido; ampliando seu arcabouço de conhecimento." (P21)

\multicolumn{2}{c}{TEMA: RELAÇÃO ENTRE A TECNOLOGIA DIGITAL E O CONTEXTO ESCOLAR}	
Categoria	Unidades de contexto
Inovações pedagógicas	"A escola precisa ter as Tecnologias Digitais como base para <u>um ensino de qualidade oferecendo inovações didáticas,</u> pois nosso aluno irá se comprometer ainda mais com o conteúdo oferecido; ampliando seu arcabouço de conhecimento." (P21) "A tecnologia digital vem para ajudar a criar novos meios neste processo de aprendizagem e <u>adaptar nossas práticas às exigências deste mundo</u> em que a velocidade das mudanças está cada vez mais rápida." (P24)
Acesso ao conhecimento	"Mesmo com as dificuldades de acesso tanto por parte dos estudantes como dos professores, pouco a pouco a tecnologia digital está ganhado espaço no contexto escolar e <u>facilitando o acesso ao conhecimento.</u>" (P12) "A escola precisa ter as Tecnologias Digitais como base para um ensino de qualidade oferecendo inovações didáticas, pois nosso aluno irá se comprometer ainda mais com o conteúdo oferecido; <u>ampliando seu arcabouço de conhecimento.</u>" (P21)
Relação aluno--professor	"<u>A relação aluno e professor se torna mais prazerosa</u> e o interesse pelo conteúdo abordado aumenta." (P8) "A tecnologia digital deve ser <u>um meio facilitador na relação entre professor/aluno</u> no processo de ensino aprendizagem." (P10)
Aulas mais interessantes	"A tecnologia digital permite que o aluno <u>aprenda de forma dinâmica e interativa</u>, sendo o protagonista do seu aprendizado." (P8) "Ela permite o uso da criatividade, da experimentação, <u>tornando as aulas mais dinâmicas e interessantes.</u>" (P18)
Atualização de professores	"A tecnologia digital vem para ajudar a criar novos meios neste processo de aprendizagem e <u>adaptar nossas práticas</u> as exigências deste mundo em que a velocidade das mudanças está cada vez mais rápida." (P24) "Trata-se de um link que, na minha opinião, não pode mais ser desfeito para as próximas gerações, <u>demandando uma atualização imediata dos professores.</u>" (P19)
Conteúdo alinhado à tecnologia	"A relação aluno e professor se torna mais prazerosa e <u>o interesse pelo conteúdo abordado aumenta.</u>" (P8) "A tecnologia veio para aproximar professores/alunos cada vez mais em aulas colaborativas desde que a escola ou os personagens desta ação tenham recursos disponíveis. <u>Quanto aos conteúdos, podem ser mais bem trabalhados e entendidos</u> com a utilização de app e sites colaborativos." (P3)

Fonte: as autoras

A categoria "engajamento dos alunos" demonstra que os participantes estão conscientes de que envolver os alunos no processo de aprendizado aumenta sua atenção e promove experiências de aprendizagem significativas. Aulas que adotam uma abordagem de ensino centrada no aluno, e não no professor, aumentam as oportunidades de envolvimento, o que ajuda a alcançar com mais sucesso os objetivos de aprendizado. O conceito de engajamento escolar tem atraído cada vez mais atenção, por representar uma possível solução para a falta de motivação e o baixo desempenho, pois presume-se que o engajamento seja responsivo às características contextuais e receptivo às mudanças ambientais (FREDRICKS; BLUMENFELD; PARIS, 2004).

Na categoria "inovações pedagógicas", ao citarem a necessidade de reformulação da prática e a importância da oferta de atividades didaticamente inovadoras, os cursistas apresentam um entendimento tácito de que os métodos de ensino podem ser melhorados. Estratégias inovadoras envolvem a aplicação de uma nova abordagem de ensino, que difere dos métodos antigos ou tradicionais, para aprimorar os processos de ensino e aprendizagem (CARBONELL, 2002). O objetivo de introduzir essas novas estratégias e métodos de ensino é melhorar os resultados acadêmicos e abordar problemas reais para promover a aprendizagem.

Os cursistas também identificam as tecnologias digitais como facilitadoras do acesso ao conhecimento. Os avanços tecnológicos viabilizam a disseminação de uma vasta gama de informações, o que, de certa maneira, faz com que o conhecimento se torne mais democrático. Nessa nova sociedade, aprender tornou-se mais facilmente acessível e permite que grupos de pessoas menos instruídas e não pertencentes à elite usufruam de um benefício antes restrito a poucos. Conforme afirmam Tarapanoff, Suaiden e Oliveira (2002, p. 2), "[...] não poderá haver sociedade da informação sem cultura informacional. [...] O maior problema da inclusão digital não é a falta de computadores, mas o analfabetismo em informação".

A categoria "relação aluno-professor" enfatiza a ideia de que o aumento do engajamento e a melhoria do desempenho acadêmico dos alunos podem ser conceituados em função do ambiente social (BRONFENBRENNER; MORRIS, 2006). No ambiente escolar, professores que criam relacionamentos cordiais, seguros e de apoio com seus alunos podem servir como um porto seguro, a partir do qual os estudantes podem explorar o ambiente e se envolver em atividades de aprendizagem. A proximidade é conceituada como o grau em que a comunicação na relação professor-aluno é aberta, afetuosa e harmoniosa (VERSCHUEREN; KOOMEN, 2012). Segundo Cunha (2008, p. 26-27),

> [...] a mediação é outra importante categoria da ruptura paradigmática, assumindo a inclusão das relações socioafetivas como condição da aprendizagem significativa. Inclui a capacidade de lidar com as subjetividades dos envolvidos, articulando essa dimensão com o conhecimento. Pressupõe relações de respeito entre professor e alunos, a dimensão do prazer de aprender, do gosto pela matéria de ensino e do entusiasmo pelas tarefas planejadas. A mediação faz a ponte entre o mundo afetivo e o mundo do conhecimento, incluindo os significados atribuídos a ele por cada indivíduo e compreensão da historicidade de sua produção.

Ao ressaltarem a importância da oferta de "aulas mais interessantes", os professores-cursistas enfatizam a necessidade de abandonar a escola do passado para adotar uma escola para o presente e o futuro. Todas as mudanças pelas quais passou a sociedade parecem causar pouco impacto nas escolas, em especial no que se refere às antiquadas estratégias adotadas. É possível identificar "[...] sintomas de modernidade, mas não de mudança. Assim, os artefatos tecnológicos cumprem função idêntica a dos livros de texto e limitam-se a ditar a mesma lição de sempre. Muda o formato e mais nada" (CARBONELL, 2002, p. 16).

No que se refere à "atualização de professores", outra categoria identificada dentre as respostas analisadas, nota-se a consciência de que o exercício da profissão docente "[...] nunca é estático e permanente; é sempre processo, é mudança, é movimento, é arte; são novas caras, novas experiências, novo contexto, novo tempo, novo lugar, novas informações, novos sentimentos, novas interações" (CUNHA, 2008, p. 15). A percepção de que o mundo não é mais o mesmo — portanto, tampouco deveria ser o papel do professor — permite aos cursistas apreender que, muitas vezes, "[...] há muita formação e pouca mudança. Talvez seja porque ainda predominam políticas e formadores que praticam com afinco e entusiasmo uma formação transmissora e uniforme [...]" (IMBERNÓN, 2010, p. 39).

Na última categoria, os cursistas destacam a importância do alinhamento entre o conteúdo e as TDIC. É fato que os dispositivos eletrônicos são cada vez mais frequentes entre os alunos; e isso faz com que os professores precisem lidar com uma geração que respira tecnologia. Entretanto, embora possa parecer que muitos estudantes estão usando esses aparelhos apenas para se conectarem às redes sociais ou para entretenimento, uma quantidade cada vez maior de jovens vem recorrendo aos dispositivos eletrônicos para melhorar o aprendizado. Para contribuir nesse aspecto, os professores devem avaliar onde a tecnologia faz sentido em seu currículo. Isso significa refletir sobre como a utilização de um aplicativo específico pode ajudar os alunos a entender melhor os conceitos discutidos, por exemplo.

É importante pensar, então, que o processo de integração de TDIC ao currículo não se reduz à sua disponibilização no espaço da escola. Bittar, Guimarães e Vasconcellos (2008, p. 86) acreditam que

> [...] a verdadeira integração da tecnologia somente acontecerá quando o professor vivenciar o processo e quando a tecnologia representar um meio importante para a aprendizagem. Falamos em integração para distinguir de inserção. Essa última para nós significa o que tem sido feito na maioria das escolas: coloca-se o computador nas escolas, os professores usam, mas sem que isso provoque uma aprendizagem diferente do que se fazia antes e, mais do que isso, o computador fica sendo um instrumento estranho à prática pedagógica, usado em situações incomuns, extraclasse, que não serão avaliadas. Defendemos que o computador deve ser usado e avaliado como um instrumento como qualquer outro [...]. E esse uso deve fazer parte das atividades "normais" de aula.

O ensino apoiado pelas tecnologias digitais pode viabilizar o aprendizado mais sólido pelos alunos, além de dar suporte aos objetivos instrucionais. No entanto, é preciso considerar que esses benefícios surgirão apenas quando as ferramentas de tecnologia forem escolhidas sem que se perca de vista seus objetivos para o aprendizado do aluno.

CONSIDERAÇÕES FINAIS

Diante da necessidade de constante reflexão sobre a prática, este estudo apresentou uma discussão sobre a visão de um grupo de professores com relação à presença da tecnologia digital no contexto escolar. Percebe-se, entre os participantes que responderam ao questionário, uma visão coesa quanto ao potencial motivador e engajador das TDIC, bem como a possibilidade de maior acesso ao conhecimento por meio delas. Observa-se, também, a consciência realista a respeito da necessidade de aperfeiçoamento profissional para introdução de novas práticas e a preocupação com a intencionalidade pedagógica da inserção dos recursos tecnológicos.

Os professores estão em uma posição privilegiada para mostrar aos alunos como a tecnologia molda o mundo ao seu redor e como ela pode ser usada para fins educacionais. Esses profissionais podem, ainda, melhorar a aprendizagem tornando a tecnologia uma parte regular da sala de aula. O bom senso, entretanto, precisa estar presente; já que a tecnologia *per se* não resolverá todos os problemas. Sua incorporação às práticas pedagógicas pode ser a chave para envolver os alunos e reforçar as habilidades que os ajudarão a acompanhar o mundo cada vez mais tecnológico no qual estão inseridos.

REFERÊNCIAS

BACICH, L.; MORAN. J. M. (org.). *Metodologias ativas para uma educação inovadora*: uma abordagem teórico-prática. Porto Alegre: Penso, 2018.

BITTAR, M.; GUIMARÃES, S. D.; VASCONCELLOS, M. A Integração da Tecnologia na Prática do Professor que Ensina Matemática na Educação Básica: uma proposta de pesquisa-ação. *REVEMAT* – Revista Eletrônica de Educação Matemática, [s. l.], v. 3.8, p. 84-94, 2008.

BRASIL. Ministério da Educação. *Base Nacional Comum Curricular*. Brasília, DF: MEC, 2018.

BRASIL. Ministério da Educação. Conselho Nacional de Educação. *Portaria CNE/CP n.º 22, de 20 de dezembro de 2019*. Diretrizes Curriculares Nacionais para a Formação Inicial de Professores para a Educação Básica e instituição da Base Nacional Comum para a Formação Inicial de Professores da Educação Básica (BNC-Formação). Brasília, DF: MEC, 2019. Disponível em: https://bit.ly/3NnobEc. Acesso em: 20 jun. 2022.

BRASIL. Ministério da Educação. Conselho Nacional de Educação. *Portaria CNE/CP n.º 1, de 27 de outubro de 2020*. Diretrizes Curriculares Nacionais para a Formação Continuada de Professores da Educação Básica e instituição da Base Nacional Comum para a Formação Continuada de Professores da Educação Básica (BNC-Formação Continuada). Brasília, DF: MEC, 2020. Disponível em: https://portal.in.gov.br/web/dou/-/resolucao-cne/cp-n-1-de-27-de-outubro-de-2020-285609724. Acesso em: 20 jun. 2022.

BRONFENBRENNER, U.; MORRIS, P. The bioecological model of human development. *In*: DAMON, W.; LERNER, R. M. (ed.). *Handbook of child psychology*: Theoretical model of human development. New York: John Wiley, 2006. p. 793-828.

CARBONELL, J. *A aventura de inovar*: a mudança na escola. Tradução de Fátima Murad. Porto Alegre: Artmed, 2002.

COSTA, M. A. F.; COSTA, M. F. B. *Metodologia da pesquisa*: conceitos e técnicas. 2. ed. Rio de Janeiro: Interciência, 2009.

CUNHA, M. I. da. *Inovações pedagógicas*: o desafio da reconfiguração de saberes na docência universitária. São Paulo: USP, 2008.

DOMINGUES, M. J. C. S. et al. O uso da tecnologia de informação no ensino de graduação em Administração em três IES do Vale do Itajaí. *In*: COLÓQUIO INTERNACIONAL SOBRE GESTÃO UNIVERSITÁRIA NA AMÉRICA DO SUL, 4., 2004, Florianópolis. *Anais* [...]. Florianópolis, 2004. Disponível em: https://bit.ly/3bj3EDo. Acesso em: 26 jun. 2022.

FONTOURA, H. A. da. Tematização como proposta de análise de dados na pesquisa qualitativa. *In*: FONTOURA, H. A. (org.). *Formação de professores e diversidades culturais*: múltiplos olhares em pesquisa. Niterói: Intertexto, 2011. p. 61-82.

FREDRICKS, J. A.; BLUMENFELD, P. C.; PARIS, A. H. School engagement: Potential of the concept, state of the evidence. *Review of Educational Research*, [s. l.], v. 74, p. 59-109, 2004.

FREIRE, P. *Pedagogia do oprimido*. 17. ed. Rio de Janeiro: Paz e Terra, 1987.

GATTI, B. A. Educação, escola e formação de professores. *Educar em Revista*, Curitiba, n. 50, p. 51-67, 2013.

GIL, A. C. *Como elaborar projetos de pesquisa*. 7. ed. São Paulo: Atlas, 2022.

IMBERNÓN, F. *Formação continuada de professores*. Porto Alegre: Artmed, 2010.

LONGO, W. *O fim da idade média e o início da idade mídia*. 1. ed. Rio de Janeiro: Alta Books, 2019. 324 p.

LÜDKE, M.; ANDRÉ, M. E. D. A. de. *Pesquisa em educação*: abordagens qualitativas. 2. ed. São Paulo: EPU, 2013.

MORAN, J. M.; MASETTO, M. T.; BEHRENS, M. A. *Novas tecnologias e mediação pedagógica*. Campinas: Papirus, 2000.

TARAPANOFF, K.; SUAIDEN, E.; OLIVEIRA, C. L. Funções sociais e oportunidades para profissionais da informação. *DataGramaZero* – Revista de Ciência da Informação, [s. l.], v. 3, n. 5, s/p, out. 2002. Disponível em: http://hdl.handle.net/20.500.11959/brapci/5401. Acesso em: 12 abr. 2022.

TEIXEIRA, S. M. *A importância do uso das tecnologias de informação e comunicação na prática pedagógica e na motivação da aprendizagem.* 2012. Monografia (Especialização em Mídias na Educação) – Universidade Federal do Rio Grande do Sul, Porto Alegre, 2012. Disponível em: https://www.lume.ufrgs.br/handle/10183/102810?locale-attribute=pt_BR. Acesso em: 22 jun. 2022.

VERSCHUEREN, K.; KOOMEN, H. Teacher-child relationships from an attachment perspective. *Attachment & Human Development*, [s. l.], n. 14, p. 205-211, 2012.

7

UMA ANÁLISE SOBRE A UTILIZAÇÃO DE WEBCONFERÊNCIA NA EDUCAÇÃO A DISTÂNCIA NO BRASIL

Cássio Gomes Rosse
Glauca Torres Aragon
Cleide Ferreira da Silva Albuquerque
Maria de Fátima Alves de Oliveira

INTRODUÇÃO

No ano de 2020, houve um acontecimento marcante na história da humanidade: a pandemia de Covid-19. Inicialmente, a principal forma de prevenção à doença se deu pelas regras de distanciamento social, quarentena e, em algumas regiões do Brasil e do mundo, o *lockdown*. Nesse cenário, as instituições de ensino precisaram suspender as aulas presenciais, e grande parte deu continuidade aos processos educativos por meio do ensino remoto ou não presencial (MARTINS; ALMEIDA, 2020). Os cursos de Educação a Distância (EaD) ganharam maior visibilidade, pois, em tese, estariam mais aptos a lidar com a nova realidade imposta pela pandemia.

A EaD pode ser definida como uma modalidade de formação que busca promover o aprendizado planejado em um lugar diferente do local do ensino tradicional. Para tanto, se utiliza de técnicas especiais de criação de curso e de instrução, comunicação por meio de várias tecnologias e disposições organizacionais e administrativas especiais (MOORE; KEARSLEY, 2008). Apesar da crescente visibilidade de instituições e cursos especializadas em EaD, essa modalidade de ensino está formalizada desde 1996, de acordo com as bases legais estabelecidas pela Lei de Diretrizes e Bases (LDB) da Educação Nacional n.º 9.394, embora tenha sido regulamentada apenas no ano 2005 (ALVES, 2011).

Segundo o Censo da Educação Superior, produzido pelo Instituto Nacional de Estudos e Pesquisas Educacionais Anísio Teixeira (INEP), no ano de 2011, a modalidade de ensino a distância correspondia a 18,4%

dos ingressantes no Ensino Superior. Uma década depois, os ingressos em cursos EaD representam 62,8% da totalidade, ultrapassando os ingressos no ensino presencial. Esses dados representam um aumento, proporcional, de 474% nos ingressos em cursos no formato EaD em uma década (BRASIL, 2022). Em razão do aumento das matrículas em cursos EaD, verificado nos últimos anos, essa modalidade educativa tem sido reconhecida como uma alternativa viável e significativa de formação profissional por todo território brasileiro (BRENNER et al., 2014). Hoje, verifica-se a adoção da EaD em cursos de diferentes níveis de escolaridade. Os cursos da modalidade presencial também podem ter parte da sua carga horária regido por atividades a distância, segundo portaria do Ministério da Educação (MEC). Mesmo os docentes que atuam no ensino presencial têm utilizado ferramentas da educação a distância, seja de forma regular ou pelas novas condições impostas pela pandemia.

No caso do ensino superior, o aumento no número de matrículas em EaD se deve, entre outros fatores, à flexibilização do regime de estudos, uma vez que os estudantes podem ter maior autonomia nos seus planos de estudos (SILVA-OLIVEIRA, 2015). Enquanto política educacional, a EaD expandiu fronteiras, ofertando ensino em regiões geograficamente desprovidas de ensino presencial ou com oferta reduzida (SOUZA; CARVALHO; ARAGON, 2017). Em instituições privadas, os custos repassados aos estudantes são menores, possibilitando maiores oportunidades para pessoas com menor poder aquisitivo.

O contexto de introdução de novas tecnologias educacionais em universidades brasileiras, seja nos moldes da EaD ou do ensino presencial, tem impactado os modelos de ensino, assim como a forma como os professores lidam com as inovações exigidas pelas novas bases de conhecimento e habilidades do século XXI (CAMPOS et al., 2015). A utilização de recursos da internet associada à Tecnologia da Informação e Comunicação (TIC) tem permitido a expansão das possibilidades pedagógicas.

Apesar disso, nessa modalidade de educação, emerge uma problemática de ordem teórica e prática sobre a ação interativa entre professor/estudante e entre estudante/estudante em atividades síncronas e assíncronas[3] (DOTTA et al., 2012). No ensino presencial, a ação interativa pode ser facilmente

---

[3] Entende-se como atividades síncronas aquelas que exigem a participação simultânea de estudantes e professores em eventos agendados, com horários específicos (p. ex., aulas presenciais, saídas de campo, videoconferências, chats e webconferências). Aquelas que independem de tempo e lugar são classificadas como assíncronas (p. ex., e-mail, blogs e fóruns).

mediada, uma vez que os estudantes estão em um mesmo espaço, por um mesmo período de tempo, cabendo ao docente estimular tal interatividade. Na EaD, a promoção da interatividade ainda é um forte fator limitante, apesar de os estudantes dessa modalidade de ensino ainda cumprirem carga horária em atividades presenciais (ARAÚJO; DIAS; MONTEIRO, 2015). Nos Ambientes Virtuais de Aprendizagem (AVA), os protagonistas da comunicação necessitam utilizar estratégias para realizar a interação verbal, superando as limitações de ordem técnica, espaço-temporal e afetiva (DOTTA *et al.*, 2012).

Visando suprir tais limitações, a EaD, na prática do diálogo virtual, tem se utilizado de novas formas enunciativas: uma delas é a webconferência, um recurso largamente utilizado por docentes durante a suspensão das aulas presenciais. Buscando melhor entender o que são e representam as webconferências no ensino superior a distância no Brasil, foi realizado um trabalho de levantamento bibliográfico com essa temática. O objetivo do trabalho foi analisar o uso da ferramenta webconferência no contexto de produção da literatura brasileira em EaD no período de 2009 a 2020.

ENCAMINHAMENTO METODOLÓGICO

Foi realizado um levantamento bibliográfico sobre a utilização das webconferências no ensino a distância no Brasil. Para tanto, foram feitas buscas na base de dados Scientif Eletronic Library Online (SciELO) e no Portal de Periódicos da Coordenação de Aperfeiçoamento de Pessoal de Nível Superior (CAPES) utilizando o descritor "webconferencia" em qualquer um dos campos (título, resumo ou corpo do texto). As buscas foram feitas com o recorte temporal de 2009 a 2020, por se tratar de uma ferramenta nova no contexto da EaD. Na base de dados SciELO, foram gerados seis resultados, e apenas um dos artigos se enquadrava no escopo da pesquisa. No Portal de Periódicos da CAPES, foram gerados sete resultados, e apenas dois se enquadravam no escopo da pesquisa, sendo um deles o mesmo trabalho selecionado na base Scielo. Como o número de publicações nas referidas bases foi bastante diminuto, o levantamento foi ampliado utilizando o Google Acadêmico, valendo-se dos mesmos critérios das buscas anteriores. Nessa base foram gerados 4.170 resultados, e 11 deles se enquadravam no escopo da pesquisa, por se tratar de artigos publicados em periódicos científicos ou em eventos especializados com relevância nacional.

O quadro a seguir indica os trabalhos selecionados para a realização do levantamento. A análise dos trabalhos foi feita a partir da perspectiva interpretativa à luz dos referenciais adotados.

Quadro 1 – Pesquisas selecionadas a partir das buscas feitas em três bases de dados científicas

Base de dados	Trabalhos selecionados
Scielo	Garonce e Santos (2012)
Porta de Periódicos CAPES	Carvalho *et al.* (2019) Garonce e Santos (2012)
Google Acadêmico	Garonce (2009) Heckler e Oliveira (2010) Dotta, Braga e Pimentel (2012) Dotta *et al.* (2012) Dotta *et al.* (2013) Costa *et al.* (2014) Dotta *et al.* (2014) Campos *et al.* (2015) Almeida e Maguela (2018) Martins, Quintana e Quintana (2020) Rosse, Aragon e Alves-Oliveira (2020)

Fonte: os autores

É importante destacar que a produção científica, na referida área, ainda é bastante incipiente no Brasil, considerando o número reduzido de publicações apresentadas. Nas buscas realizadas, as exclusões mais comuns se deram por diversas buscas não terem qualquer relação com o uso de webconferências no contexto do Ensino Superior.

No levantamento bibliográfico inicial a respeito das webconferências, os trabalhos selecionados foram analisados por completo, trazendo discussões a respeito da definição do termo, características da ferramenta, os atores envolvidos, principais tipos de uso feito, potencialidades e limitações da ferramenta, assim como relatos de experiência. A partir desse levantamento, foram trazidas algumas sugestões que podem auxiliar docentes e equipes gestoras que almejam utilizar esse recurso tecnológico.

RESULTADOS E DISCUSSÃO

Os resultados e a discussão serão divididos em seções principais. A primeira delas apresenta as definições, características e principais formas de uso da ferramenta no contexto da EaD. A segunda traz fundamentos e perspectivas teóricas e metodológicas quanto ao uso das webconferências enquanto ferramenta de promoção da interatividade. A terceira apresenta algumas práticas relatadas na literatura que buscam promover o diálogo e interatividade em webconferências.

Webconferência em cursos de EaD

Trata-se de uma ferramenta que apresenta inúmeras possibilidades de comunicação, em um mesmo ambiente, permitindo interações por voz, texto (chat) e vídeo simultaneamente (DOTTA et al., 2012; DOTTA; BRAGA; PIMENTEL, 2012). A webconferência pode ser considerada uma ferramenta bastante democrática, pois possibilita acesso a diversos usuários a partir de um elemento comum: a internet. Uma das principais características dessa mídia é sua sincronicidade, ou seja, os usuários acessam a ferramenta simultaneamente, por meio de uma rede, utilizando-se de programas ou plataformas que possuem tal recurso.

A novidade e possível potencialidade dessa ferramenta é justamente a sincronicidade, sob a perspectiva supracitada, uma vez que os estudantes podem interagir com professores ou outros estudantes de maneira instantânea, intensificando a comunicação, o convívio e o contato/relação de caráter interpessoal em cursos a distância. Essas características podem estimular o senso de pertencimento de grupo e promover um ambiente de aprendizagem colaborativo (DOTTA et al., 2013). Mas será que esse recurso tecnológico tem sido utilizado para esse fim?

Campos et al. (2015) realizaram um levantamento amplo a respeito do uso da ferramenta webconferência em cursos de EaD do Centro de Educação a Distância do Estado do Rio de Janeiro (CEDERJ) — um consórcio das universidades públicas que oferece educação superior a distância em diversos polos regionais do estado (BIELSCHOWSKY, 2017). O levantamento foi realizado pela equipe gestora e direcionado aos coordenadores e tutores das disciplinas do consórcio, que gradualmente tiveram acesso ao recurso da webconferência. Os principais objetivos declarados para agendamento de webconferência entre os coordenadores e tutores foi a realização de plantões de atendimento para dúvidas diversas e aulas de revisão para avaliações. Entre os principais recursos utilizados durante as reuniões, destacaram-se, sobretudo, o envio de arquivos e compartilhamento de documentos

Os autores destacam que o uso da ferramenta ainda tem foco em um perfil de tutoria reativa, para resolução de perguntas e revisões, e não a proposição ativa de dinâmicas e apresentações que promovam maior engajamento e aproveitamento do potencial colaborativo da ferramenta. Além disso, eles destacam que muitos recursos não são explorados de forma significativa por grande parte dos usuários (CAMPOS *et al.*, 2015).

O uso da webconferência, em cursos a distância, justifica-se, exatamente, pela necessidade de se fazer uma transição de cursos centrados em conteúdo para cursos centrados no diálogo, promovendo a interatividade entre os usuários (CARVALHO *et al.*, 2019; DOTTA *et al.*, 2012). No entanto, observa-se que esse recurso tecnológico não vem sendo utilizado de maneira a explorar todos os potenciais colaborativos presentes na ferramenta. Essas dificuldades podem estar associadas, entre outros fatores, à resistência de professores, habituados a uma cultura instrucionista/transmissiva, assim como a uma possível resistência dos estudantes, habituados à cultura receptor/passivo (DOTTA; BRAGA; PIMENTEL, 2012).

Dessa forma, em muitos cursos, ainda prevalece a lógica da transmissão unilateral do conhecimento com foco na memorização, na leitura de materiais, com ambientes virtuais de aprendizagem estáticos, com pouca ou nenhuma ferramenta para a construção coletiva do saber. Em um levantamento realizado por Almeida e Maguela (2018), foram identificadas as principais formas de uso das webconferências por docentes. Entre elas, destacam-se a promoção de atividades de revisão de conceitos estudados durante uma disciplina, respostas às questões trazidas pelos estudantes e compartilhamento de recursos como gráficos e imagens.

Segundo a revisão bibliográfica realizada, é possível perceber que os docentes ainda fazem pouco uso das possibilidades colaborativas da ferramenta, uma vez que as principais formas de uso estão associadas a atividades mais instrucionais, com pouca participação dos estudantes durante as conferências — que se mantêm pouco participativos, de maneira similar ao que ocorre em aulas estritamente expositivas. É fundamental que os profissionais envolvidos com a concepção, estruturação, aplicação e avaliação das conferências estejam atentos às possibilidades pedagógicas da ferramenta, de maneira a valorizá-la enquanto espaço para colaboração entre os estudantes, tutores e docentes da EaD.

Webconferência como recurso dialógico na EaD

O Censo da EaD produzido pela Associação Brasileira de Ensino a Distância (ABED) investigou algumas ferramentas virtuais utilizadas pelas instituições de ensino no Brasil. A maioria delas não fazia uso da webconferência em seus cursos (BRASIL, 2013). Aquelas que utilizavam foram questionadas a respeito dos principais benefícios e dificuldades associadas à ferramenta. Entre as dificuldades apontadas, as mais frequentes foram: velocidade de conexão necessária, interrupções da transmissão, ruídos nas transmissões e custo de aquisição. Entre os principais benefícios, destacaram-se: aumento da interação professor/aluno, motivação e interesse do aluno e desenvolvimento de habilidades sociais (BRASIL, 2013).

É possível perceber certa incoerência entre os principais benefícios apontados pelas instituições de ensino e os principais tipos de uso relatados por docentes e tutores nas webconferências. Enquanto as instituições reconhecem o fator de promoção da interatividade entre professor/aluno e o engajamento dos estudantes nas atividades, os docentes fazem uso da ferramenta de maneira pouco interativa, valorizando aspectos de transmissão de informações, mediação de dúvidas e postagem de arquivos. Para valorizar os aspectos interativos potencialmente proporcionados pela ferramenta, alguns elementos necessitam ser cuidadosamente pensados e estruturados, a começar pelo entendimento de quem são as pessoas e os papéis envolvidos em uma sessão de webconferência.

As webconferências podem ser caracterizadas como ferramentas de caráter multimodal, ou seja, possuem inúmeros recursos de comunicação em um mesmo ambiente: voz, texto e vídeo. Elas também podem ser consideradas multimídias, pois possibilitam o compartilhamento de arquivos, de aplicativos, de telas do computador, além de recursos tradicionais como o próprio quadro branco (DOTTA *et al.*, 2012). É importante considerar que nem sempre todas as modalidades e mídias podem ser vinculadas simultaneamente, uma vez que sua integração pode causar ruídos ou interferências na transmissão. Por exemplo, caso todos os estudantes e docentes habilitem os dispositivos de áudios em um mesmo momento, é provável que ocorram distorções na comunicação.

Tendo em vista as variadas formas de comunicação e os diversos recursos disponíveis, coexistem diversos papéis em um contexto de webconferência: pedagógico, social, gerencial e técnico (GARONCE; SANTOS, 2012; GARONCE, 2009). O papel pedagógico é o que os docentes estão mais habituados a desempenhar em suas atividades profissionais, no qual sua principal função é ser um mediador do conhecimento, por meio da definição de projeto curricular, objetivos almejados, conteúdos abordados e estratégias didático-pedagógicas. Esse papel também é desempenhado pelo docente em uma situação de webconferência. O papel social está vinculado ao estabelecimento de ambiente socialmente integrado, em que todos os participantes se sintam confortáveis para fazer intervenções, trabalhem em grupo e promovam discussões, ainda que os usuários estejam afastados fisicamente. O papel gerencial diz respeito à administração das atividades programadas, de acordo com o tempo disponível, as regras acadêmicas ou os prazos. É um papel de referência ao docente, porque, em uma webconferência, várias pessoas podem estar conectadas ao mesmo tempo, e os recursos digitais nem sempre colaboram para o bom andamento das sessões. Por último, o papel técnico diz respeito ao uso da tecnologia como aliada ao processo de ensino e aprendizagem, especialmente quanto à utilização do software, de modo que ele seja transparente e funcional, garantindo um bom andamento das sessões e a conectividade de todos os envolvidos (GARONCE; SANTOS, 2012; GARONCE, 2009).

É importante frisar que os diferentes papéis descritos estão intimamente relacionados e podem se interpor durante as webconferências. Apesar disso, considerando as características multimodal e multimídia da ferramenta, é fortemente aconselhável que a mediação pedagógica seja desempenhada por uma equipe. Dotta *et al.* (2012) sugerem que as webconferências sejam conduzidas por docente(s), mediador(es) pedagógico(s), mediador(es) técnico(s) e estudantes, a depender de vários fatores, como: o número de estudantes participantes, seu grau de acessibilidade, o software utilizado e, principalmente, o planejamento proposto.

Nesse contexto, discute-se, inclusive, o conceito de professor coletivo (DOTTA; BRAGA; PIMENTEL, 2012). Essa ideia sustenta-se devido à multiplicidade de recursos tecnológicos e papéis desempenhados em uma webconferência, em um ambiente de promoção do diálogo e interação entre os participantes. Para tanto, é necessário que uma equipe seja responsável por estruturar e fomentar esse novo ambiente virtual, como sugerido anteriormente.

Na contramão dos apontamentos indicados na literatura, algumas instituições têm se beneficiado das características das webconferências para minimizar seus custos operacionais, reduzindo seu corpo docente e promovendo aulas em que apenas poucos docentes atendem a um quantitativo imenso de alunos. É provável que essas aulas tenham forte características instrucionais e unidirecionais, nas quais os estudantes são desencorajados a utilizar seus dispositivos de áudio e vídeo durante as conferências. Nesse modelo, não há qualquer forma de promoção de aulas interativas. É necessário frisar, entretanto, que não é esse formato de mediação pedagógica defendida pelos pesquisadores na área educação superior a distância no Brasil.

Assim como em aulas presenciais, a maneira como as conferências são conduzidas e como as atividades são estruturadas interferem diretamente no processo de ensino e aprendizagem. Considerando as características multimodal e multimídia e o potencial interativo das webconferências, não faz sentido que ela seja utilizada de maneira estritamente expositiva. A seguir, são relatadas algumas experiências com esse recurso em cursos de educação a distância.

Rosse, Aragon e Alves-Oliveira (2020) avaliaram as percepções de estudantes de primeiro período de um curso de licenciatura em Ciências Biológicas sobre as videotutorias da disciplina, um modelo de webconferência voltado para realização de tutorias a distância. As videotutorias foram mediadas por, pelo menos, dois tutores, provendo um modelo de webconferência mais interativa e valorizando a dialogia entre estudantes e tutores. Os estudantes conferiram avaliações positivas às videotutorias, indicando altos níveis de compreensão e interesse nos conteúdos ministrados. Eles avaliaram positivamente os recursos utilizados pelos mediadores nesses espaços, como as figuras e a linguagem, promovendo também interatividade entre os usuários.

Martins, Quintana e Quintana (2020) também relataram resultados positivos na utilização de webconferências, de modo a substituir os encontros presenciais em uma disciplina do curso de Administração em EaD na Universidade Federal do Rio Grande (FURG). Os autores ponderam que o uso das conferências proporcionou uma maneira diferente de transmissão de conhecimento e discussão de temas relacionados à disciplina. Também destacam a viabilidade de realizar a gravação das conferências como forma de complementar os estudos dos alunos de maneira assíncrona, especialmente daqueles que tiveram alguma dificuldade durante a transmissão.

Dotta *et al.* (2014) realizaram uma análise qualitativa de uma webconferência de uma disciplina de EaD e novas tecnologias, ofertadas para estudantes do curso de licenciatura em Matemática. Os autores destacam a importância de se efetivar um planejamento rigoroso, com esclarecimentos de todas as etapas de uma aula via webconferência. A organização das etapas e a ciência dos estudantes sobre todos os momentos pelos quais passaram, ao longo da conferência, facilitou o andamento da aula e minimizou problemas, como a perda de tempo de diálogo. Na análise realizada, os pesquisadores identificaram que mais da metade da conferência foi destinado ao diálogo e à interação entre os próprios estudantes, mediadores pedagógicos e técnicos, o que contribuiu decisivamente ao processo de ensino e aprendizagem nesse ambiente.

Outros fatores, como a competência dos mediadores para gerir a comunicação da sala de aula, a preparação dos participantes para atuarem de forma efetiva nas interações e a qualidade técnica de conexão, equipamentos e acessórios para participar de webconferências, são elementos decisivos para se efetivar o ensino e aprendizagem nesses espaços (DOTTA; BRAGA; PIMENTEL, 2012). Apesar disso, verifica-se a necessidade de mais investigações sobre essa temática, pois a área ainda carece de estudos que avaliem o impacto da utilização das webconferências, enquanto recurso didático, no desempenho dos estudantes.

Promovendo webconferências interativas

Os questionamentos que se colocam em torno do processo de mediação técnica e pedagógica da webconferência são: como utilizar essa nova tecnologia? Quais competências precisam ser adquiridas pelas equipes que almejam fazer uso desse recurso?

Visando ao uso interativo e colaborativo de recursos tecnológicos de comunicação, Heckler e Oliveira (2010) indicam que os docentes devem ser capazes de organizar e planejar os cursos; ter as capacidades de apresentação verbais e não verbais; saber como incentivar o fazer colaborativo em grupo; dominar estratégias de questionamento; ter domínio completo sobre o conteúdo da disciplina; envolver os estudantes; ter a coordenação total das atividades a distância nos diferentes locais; utilizar o conhecimento básico necessário das teorias de aprendizagem; promover um raciocínio gráfico e refletir visualmente.

Porém, como apresentando anteriormente, diversos papéis estão envolvidos em um contexto de webconferência, por isso, para que as competências destacadas sejam contempladas, é necessária a articulação entre os docentes, mediadores técnicos, pedagógicos e estudantes, enquanto coparticipantes do processo de ensino e aprendizagem nesses espaços.

Para a utilização da ferramenta e a exploração de seu potencial, a equipe envolvida em uma webconferência também deve garantir, minimamente: a manutenção da atenção e do interesse dos estudantes para o assunto abordado; o incentivo ao diálogo, à interação e ao debate saudável, de modo a fomentar a construção de conhecimentos e transparência (ou a "invisibilidade") dos aparatos técnicos utilizados durante a aula (DOTTA; BRAGA; PIMENTEL, 2012). Para tanto, serão destacadas a seguir algumas boas práticas descritas na literatura (indicada no Quadro 1) que podem promover essas condições em webconferências.

1. *Análise do público-alvo* – entender o perfil dos estudantes que farão uso da ferramenta é fundamental para seu sucesso. A quantidade de usuários a acessar as conferências, a faixa etária, seus conhecimentos, suas intenções e expectativas, assim como seu grau de acessibilidade à internet são fatores que influenciam diretamente a maneira como as webconferências podem ser conduzidas. Para que elas transcorram da maneira mais transparente e orgânica possível, é importante que os agentes envolvidos tenham ciência dos recursos disponíveis e de como utilizá-los. Para tanto, a equipe técnico-pedagógica deve fornecer condições para que os estudantes se instrumentalizem, o que pode ser feito por meio de tutoriais e testes, momentos antes das reuniões agendadas.

2. *Duração da exposição* – não há como estabelecer um tempo predeterminado para as conferências, já que essa decisão depende de fatores, como: o número de participantes e seu grau de proficiência com a ferramenta, o planejamento proposto, as possíveis dificuldades técnicas intervenientes ou o número de mediadores disponíveis. No entanto, o que alguns relatos destacam é que webconferências demasiadamente longas e com inúmeros problemas técnicos tendem a ser cansativas e desmotivante aos estudantes. Sugere-se um formato mais simples, em que os docentes e mediadores intercalem momentos de exposição com momentos de interação, com valorização de uma aprendizagem problematizadora. Dividir a apresentação em blocos de 10 a 15 minutos de exposição, com intervalos de mesmo período para interação, é um formato que tem sido avaliado como efetivo por docentes que fazem uso regular e sistemático das webconferências.

3. *Atividades propostas* – observa-se uma prevalência de atividades demasiadamente instrucionais, com forte valorização das exposições. Porém, esse modelo não corrobora a característica mais valiosa das webconferências: a conectibilidade de pessoas geograficamente distantes, promovendo sua interação. Especialmente nos cursos de EaD, a interatividade é fundamental para o envolvimento e a motivação dos estudantes que, por vezes, relatam momentos de solidão nessa modalidade de ensino. Não há uma maneira única de se propor atividades que promovam o diálogo e a interação entre os estudantes. Isso pode ser feito, por exemplo, a partir de uma simples pergunta desafiadora, da solicitação de uma pergunta problema que instigue a investigação, ou simplesmente ouvindo as demandas dos estudantes. Apesar de se considerar o planejamento proposto, é necessário que toda equipe envolvida com o andamento das webconferências esteja atenta às falas dos estudantes, por meio de áudios ou do próprio chat. Assim, o docente pode ter a liberdade para tornar sua aula flexível e aberta aos questionamentos trazidos pelos estudantes, aprofundá-los, reformulá-los, trazendo novas questões. Acredita-se que os estudantes, por sua vez, ao se sentirem envolvidos e engajados pelas atividades, participarão cada vez mais. Dessa forma, poderão se familiarizar com a ferramenta, utilizando progressivamente mais recursos.

4. *Contornar os problemas técnicos* – entre as principais dificuldades na utilização das webconferências, destacam-se a velocidade de conexão, interrupções da transmissão e ruídos nas transmissões. Soma-se a esses fatores a baixa participação de estudantes. De fato, as primeiras iniciativas utilizando webconferências em propostas de ensino apresentavam inúmeros problemas técnicos associados a interrupções da transmissão e ruídos. No entanto, atualmente há inúmeros softwares modernos disponíveis para realização das conferências (Google Meet, Zoom, Microsoft Teams), e o número de usuários com acesso à internet tem aumentado progressivamente nos últimos anos, o que possibilita a ampliação da utilização desse recurso em escalas maiores e com melhor qualidade. Outro fator destacado na literatura diz respeito aos ruídos da comunicação durante as conferências. Quando vários estudantes habilitam seus dispositivos de áudio e vídeo simultaneamente, há interferência significativas na gestão das webconferências. Os alunos podem

e são fortemente aconselhados a se expressar e participar ativamente, mas é necessário que a mediação pedagógica e técnica reserve momentos específicos para isso. Como discutido, a divisão da organização das webconferências em blocos pode auxiliar na resolução dessas dificuldades.

CONSIDERAÇÕES FINAIS

A EaD ainda tem um longo caminho a trilhar para aperfeiçoamento das ferramentas utilizadas em prol dos processos de ensino e de aprendizagem. Apesar da sua significativa expansão na última década e da modernização das tecnologias de informação e comunicação, a pesquisa sobre o ensino nessa área não tem acompanhado essa modernização. Dessa maneira, neste trabalho foi realizado um levantamento bibliográfico do período de 2009 a 2020 sobre a utilização de webconferência no contexto da EaD. Foram relatados alguns elementos fundamentais para que esse recurso seja mais bem utilizado e amplamente explorado nos contextos educacionais. Porém, o trabalho está longe de esgotar o assunto, uma vez que a área ainda carece de pesquisas que se proponham a realizar avaliações sistemáticas sobre os tipos de uso realizados por docentes, tutores e mediadores em conferências a distância e o impacto no engajamento, motivação e na aprendizagem dos estudantes.

REFERÊNCIAS

ALMEIDA, C. M.; MAGUELA, V. Z. Tecnologia interativa e mediação pedagógica: experiências com a videotutoria no consórcio CEDERJ. *In*: CONGRESSO INTERNACIONAL DE EDUCAÇÃO E TECNOLOGIAS; ENCONTRO DE PESQUISADORES EM EDUCAÇÃO A DISTÂNCIA, 2018, São Carlos. *Anais* [...]. São Carlos: UFSCar, 2018. p. 1-7.

ALVES, L. Educação a Distância: conceitos e história no Brasil e no mundo. *Revista Brasileira de Aprendizagem Aberta e a Distância*, [s. l.], v. 10, n. 21, p.84-92, 2011.

ARAÚJO, D. M. I.; DIAS, R. S.; MONTEIRO, E. A. A importância do encontro presencial na EAD. *Latin American Journal of Science Education*, [s. l.], v. 2, n. 1, p. 12.041/1-12.041/4, 2015.

ASSOCIAÇÃO BRASILEIRA DE EDUCAÇÃO A DISTÂNCIA. *Censo EaD.br*: relatório analítico da aprendizagem a distância no Brasil. São Paulo: ABED, 2013.

BIELSCHOWSKY, C. Consórcio Cederj: a história da construção do projeto. *EaD em Foco*, [s. l.], v. 7, n. 2, p.9-27, 2017.

BRASIL. Ministério da Educação. *Censo da Educação Superior 2021: notas estatísticas*. Brasília, DF: INEP, 2022.

BRENNER, F. et al. Revisão sistemática da educação a distância : um estudo de caso da EaD no Brasil. *In*: CONGRESSO BRASILEIRO DE ENSINO SUPERIOR A DISTÂNCIA, 11., 2014, Florianópolis. *Anais* [...]. Florianópolis: UNIREDE, 2014. p. 1167-1181.

CAMPOS, M. et al. A webconferência como ferramenta de apoio à tutoria nos cursos da graduação CEDERJ – uma avaliação sobre o programa de capacitação e difusão de uso. *EaD em Foco*, [s. l.], v. 5, n. 1, p. 203-211, 2015.

CARVALHO, R. L. V. et al. Planejamento, organização e estruturação de webconferência: elemento mediador do processo de ensino-aprendizagem na educação a distância. *Brazilian Journal of Development*, [s. l.], v. 5, n. 7, p. 7726-7734, 2019.

DOTTA, S. et al. A mediação em aulas virtuais síncronas via webconferência. *Revista Brasileira de Informática na Educação*, [s. l.], v. 22, n. 1, p. 57-66, 2014.

DOTTA, S. et al. Análise das preferências dos estudantes no uso de videoaulas: uma experiência na educação a distância. *In*: CONGRESSO BRASILEIRO DE INFORMÁTICA NA EDUCAÇÃO, 1.; WORKSHOP DE INFORMÁTICA NA ESCOLA, 19., 2013, Campinas. *Anais* [...]. Campinas: Unicamp, 2013.

DOTTA, S. et al. *Curso*: uso da webconferência em educação a distância. [S. l.]: Capes, 2012. E-book.

DOTTA, S.; BRAGA, J.; PIMENTEL, E. Condução de aulas síncronas em sistemas de webconferência multimodal e multimídia. *In*: SIMPÓSIO BRASILEIRO DE INFORMÁTICA NA EDUCAÇÃO, 23., 2012, Manaus. *Anais* [...]. Manaus: Ufam, 2012. p. 26-30.

GARONCE, F. V. *Os papéis docentes nas situações de webconferência* – um estudo de caso acerca da ação educativa presencial conectada. 2009. Tese (Doutorado em Educação) – Universidade de Brasília, Brasília, 2009.

GARONCE, F.; SANTOS, G. L. Transposição midiática: da sala de aula convencional para a presencial conectada. *Educação & Sociedade*, [s. l.], v. 33, n. 121, p. 1003-1017 2012.

HECKLER, V.; OLIVEIRA, M. V. Adobe Connect: Sistema de webconferência potencializando ações pedagógicas no Ensino a Distância. *In*: CONGRESSO INTERNACIONAL DE EDUCAÇÃO A DISTÂNCIA DA UFPEL, 1., 2010, PELOTAS. *Anais* [...]. Pelotas: UFPel, 2010.

MARTINS, A. S. R.; QUINTANA, A. C.; QUINTANA, C. G. O uso da webconferência na disseminação e avaliação do conhecimento em EaD: relato de experiência. *Paidéi@*, [s. l.], v. 12, n. 21, p. 181-193, 2020.

MARTINS, V.; ALMEIDA, J. Educação em tempos de pandemia no Brasil: saberesfazeres escolares em exposição nas Redes. *Revista Docência e Cibercultura*, [s. l.], v. 4, n. 2, p.215-224, 2020.

MOORE, M. G.; KEARSLEY, G. *Educação a Distância:* uma visão integrada. São Paulo: Cengage Learning, 2008.

ROSSE, C. G. ARAGON, G. T.; ALVES-OLIVEIRA, M. F. Webconferência: o que diz um grupo de alunos do ensino superior a distância. *EaD em Foco*, [s. l.], v. 10, n. 1, p. 2-11, 2020.

SILVA-OLIVEIRA, G. C. Onde está a Andragogia no EAD? Aspectos andragógicos na composição de material didático para a Licenciatura em Biologia. *Latin American Journal of Science Education*, [s. l.], v. 2, n. 1, p. 12.039/1-12.039/13, 2015.

SOUZA, S. S. S.; CARVALHO, A. M. R.; ARAGON, G. T. Ensino Superior a Distância: o alcance da oferta no Rio de Janeiro. *Revista acadêmica MAGISTRO*, [s. l.], v. 2, n. 16, p. 1-17, 2017.

8

GAMIFICAÇÃO PARA PROMOÇÃO DE APRENDIZAGEM ATIVA – UMA PROPOSTA NO ENSINO DE CITOPATOLOGIA

Thiago de Souza Cruz
Daniel Fábio Salvador

O paradoxo existente entre os imigrantes e os nativos digitais é cada vez mais claro nos dias atuais. Enquanto os imigrantes digitais ainda se encontram em um paradigma educacional muito mais instrucional e tradicional, a nova geração de nativos digitais está imersa no que chamamos de cibercultura, uma cultura emergente e em constante mutação, muito mais instantânea, colaborativa e interativa. Esse abismo parece maior quando se trata do ensino da Citopatologia. Dessa forma, este capítulo tem como objetivo discutir e apresentar alguns exemplos sobre o uso da gamificação como metodologia de apoio ao ensino de Citopatologia na promoção de uma aprendizagem mais engajadora, ativa e eficiente.

GAMIFICAÇÃO

Jogos para a área de saúde, também chamados de jogos sérios, têm sido cada vez mais utilizados, nos últimos anos, para melhorar a educação de profissionais na área de saúde. Sua atuação tem sido nas mais diversas temáticas, tais como: prevenção do HIV, diagnóstico de câncer, odontologia, dor, entre outras (ROTARU, 2017).

Por volta de 2010, o pensamento de jogos e seus mecanismos para resolução de problemas de ensino já era amplamente utilizado na indústria de mídias digitais. Partindo da percepção de que videogames mantinham a atenção e o engajamento de usuários, por longos períodos de tempo, foi criado o termo gamificação em sua aplicação na área de ensino (CHRYSTAL *et al.*, 2018).

Podemos então dizer que gamificação é o uso de elementos de jogos, não necessariamente todos (SMITH, 2017), em contextos não relacionados a jogos (DETERDING, 2011), com o objetivo de promover engajamento, mudança de comportamento, competição amigável e colaboração (CHRYSTAL *et al.*, 2018). Isso pode ser utilizado nas mais diversas áreas, como serviços de utilidade pública, comércio, engenharia, medicina, bem-estar e em ambientes de ensino formal e não formal. Estudos mostram que a gamificação encoraja mudanças em comportamentos positivos que aumentam o envolvimento, engajamento e o desejo de aprendizado (SMITH, 2017).

Na educação a gamificação pode ser uma experiência de aprendizado que aumenta a motivação dos alunos por meio da criação em um ambiente de ensino que inclua também a competição, uma vez que a motivação é um elemento fundamental na condução do aluno ao sucesso de aprendizado (BICEN; KOCAKOYUN, 2018).

Diferentemente dos "jogos sérios", que possuem como único objetivo o aprendizado, ou de um jogo comum, cujo objetivo é competir para ganhar, a gamificação visa facilitar a realização de atividades e objetivos curriculares preexistentes (CHRYSTAL *et al.*, 2018). Na Figura 1, destacamos os princípios da gamificação, que são: a dinâmica, a mecânica e as emoções características de jogos.

Mecânica refere-se às maneiras de operacionalizar as peças da gamificação, como as regras, os objetivos, o contexto, o ambiente e os tipos de interações dos participantes, aplicadas no processo, cujo objetivo é proporcionar a dinâmica do funcionamento da gamificação. Já a dinâmica remete à interação do participante com os mecanismos escolhidos da experiência gamificada, ou seja, é gerada pela forma como os jogadores perseguem as mecânicas (BAYDAS; CICEK, 2019).

Figura 1 – Princípios da gamificação

Fonte: os autores

Por fim, as emoções referem-se às reações e situações mentais que ocorrem quando os jogadores entram em uma experiência gamificada, ou seja, são resultado da interação com a dinâmica e a mecânica do processo (BAYDAS; CICEK, 2019).

TEORIA DA AUTODETERMINAÇÃO

Em se tratando de estímulos à aprendizagem por meios e jogos e processos gamificados, um fundamento teórico importante para entender e explicar seus efeitos é a teoria da autodeterminação, parte importante dos estudos das ciências cognitivas, que aborda aspectos inerentes à motivação humana e à forma com que ela é incentivada. Segundo essa teoria, existem dois tipos de motivação: a motivação extrínseca, alcançada devido a recompensas externas, sem um prazer interno, e a motivação intrínseca, quando existe um prazer pessoal envolvido.

Para que a motivação intrínseca ocorra, é preciso atender a necessidades básicas humanas (Figura 2), tais como: autonomia, pertencimento e competência. Apesar de variações dos valores e comportamentos sociais existentes, acredita-se que tais necessidades são inatas e universais da natureza humana. Essas três necessidades psicológicas básicas servem para conduzir pessoas a um comportamento mais competente, fornecendo uma vantagem adaptativa.

A autonomia refere-se a um senso de iniciativa e propriedade em relação à ação incentivada por experiências de valores ou interesses, desestimuladas por ações controladas, sejam recompensas ou punições.

Figura 2 – Necessidades básicas da teoria da autodeterminação

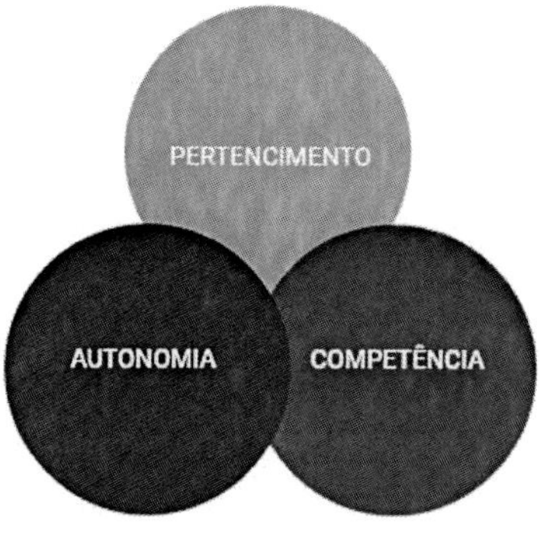

Fonte: os autores

Já a competência refere-se ao sentimento de maestria, à sensação de sucesso e crescimento. Esse sentimento é incentivado por objetivos alcançáveis, feedback e oportunidades de crescimento.

Finalmente, o pertencimento é o sentimento de conexão com o grupo, incentivado pelo respeito e cuidado. A análise de questões educacionais se dá, principalmente, nos níveis de satisfação ou frustração dessas necessidades básicas humanas.

GAMIFICAÇÃO E TEORIA DA AUTODETERMINAÇÃO

Pesquisas mostram que a gamificação pode ativar tanto a motivação intrínseca como a extrínseca para mudar comportamentos nos estudantes. O alcance das necessidades psicológicas básicas humanas, em especial a competência, com o uso de gamificação, faz com que os resultados de ensino e aprendizagem sejam alcançados, afetando, inclusive, a performance. Com relação à autonomia, observou-se que ela ocorre com o controle do processo de gamificação, pelo pertencimento, ao fazer parte do grupo, por participar da elaboração do processo ou por expor recompensas perante o grupo, e finamente pelo sentimento de maestria, quando se conquista troféus e pontos.

Também se demonstrou que os dois tipos de motivação podem ser alcançados simultaneamente com a gamificação, como quando estudantes atingem a motivação intrínseca da conquista individual de uma recompensa em jogo, associado, por exemplo, à motivação extrínseca de expor tal recompensa em redes sociais.

ENSINO DE CITOPATOLOGIA

O que esse assunto tem a ver com o ensino de Citopatologia? Primeiramente, vamos definir o termo. Citopatologia é o estudo das alterações morfológicas das células, em casos patológicos, com a utilização de microscópio; tais alterações morfológicas são mudanças suaves e graduais de uma imagem para outra, considerando o formato, o tamanho, a estrutura e o contorno da estrutura celular (DONNELLY, 2016).

As bases atuais para o ensino de Citopatologia vêm da década de 1960, com alteração da metodologia desde então (DONNELLY, 2016). Em sua maioria, os sistemas de ensino de Citopatologia apresentam o tema de forma mais tradicional e instrucional, tendo como inovador apenas a alternância entre teoria e prática (ALLEN, 2000).

Porém, com o avanço dos processos didáticos e das tecnologias educacionais, algumas alternativas surgem no apoio ao ensino, como o uso de microscópio virtual para lâminas escaneadas (ALLEN, 2000), modelos de ensino/aprendizagem eletrônico em ambiente on-line e o *e-learning* (ALLEN, 1998). Mais do que apenas recursos tecnológicos para os tradicionais processos de ensino, busca-se, com uso dessas novas metodologias, por inovações relativas ao processo de ensino aprendizagem que sejam mais eficazes e que envolvam as metodologias ativas de aprendizagem.

GAMIFICAÇÃO NO ENSINO DE CITOPATOLOGIA – UMA PROPOSTA

Embora o uso de gamificação já seja uma realidade para algumas áreas de ensino em saúde, para o ensino de Citopatologia é um campo relativamente inexplorado. Neste capítulo, vamos descrever uma proposta da implementação de uma experiência do uso de gamificação em um curso técnico de ensino em Citopatologia, como alternativa para estímulo de uma aprendizagem mais ativa e contextualizada para os estudantes.

Mecânica de jogo

Primeiramente, é necessário deixar claro que a decisão de participação dos discentes é voluntária em todo o processo. Na sequência, é estabelecida a mecânica de jogo, ou seja, as peças que serão utilizadas no processo de gamificação. Assim, devem-se criar as regras, os objetivos, o tipo de interação entre os participantes e as premiações. Neste relato de caso, utilizamos uma experiência de educação continuada para técnicos em Citopatologia, cujo objetivo era manter os participantes inteirados dos conhecimentos teóricos e práticos mais atuais.

Uma tabela de tarefas foi criada para a realidade da proposta de ensino do curso, em que cada item está relacionado a uma pontuação específica. As tarefas foram divididas em atividades coletivas e individuais. No Quadro 1, apresentamos a lista de atividades gamificadas.

Quadro 1 – Lista de atividades gamificadas

Atividades Gamificadas Individuais		
Categoria	Descrição	Pontos
Material Informativo	Compartilhar artigos, textos, vídeos, blogs, *podcasts* e reportagens virtuais, de caráter formal ou informal, relacionados à Citopatologia em ferramenta educacional.	10
	Resumir, analisar ou corrigir conceitos de artigos, textos, vídeos, blogs, *podcasts* e reportagens virtuais, de caráter formal ou informal, relacionados à Citopatologia em ferramenta educacional.	10
	Compartilhar artigos, textos, vídeos, blogs, *podcasts* e reportagens virtuais, de caráter formal ou informal, em **língua estrangeira**, relacionados à Citopatologia em ferramenta educacional.	40
Atividades Gamificadas Coletivas		
Atividades Internas de Aprendizado	Elaborar sessão microscópica multi observador	40
	Participar de sessão de educação continuada do monitoramento interno da qualidade	10

Fonte: os autores

Outro tipo de mecânica bastante recomendada na gamificação é o uso de elementos como brindes e troféus para tarefas ou níveis à medida que a pontuação for alcançada. Elementos são itens que podem ser adquiridos na gamificação, mas que não dão nenhum tipo de vantagem no processo.

Figura 3 – Boton para premiação

Fonte: os autores

Atributos, por outro lado, são itens que, ao serem adquiridos, conferem algum benefício no processo. Pode ser um exemplo de gamificação em Citopatologia o direito de acessar atlas de estudo, por um tempo definido, durante alguma avaliação.

Regras

A teoria da gamificação abraça a ideia da colaboração dos participantes na elaboração das regras, criando maior sentimento de engajamento e pertencimento nesse processo. Este relato de caso seguiu essa recomendação, tanto na criação da tabela de pontuação, como na criação das regras para a turma.

As regras se resumiam em executar as atividades da Tabela 1 e anexá-las em ferramenta de compartilhamento coletivo. Cada atividade possuía uma pontuação específica que devia ser atualizada periodicamente e disponibilizada aos participantes.

A ferramenta utilizada para o compartilhamento coletivo foi o programa Padlet (Figura 4), que permite a criação de quadros (murais) virtuais compartilhados, facilitando a organização dos projetos que podem ser customizados conforme as necessidades. Além disso, esse programa possui compatibilidade com conteúdos de diferentes formatos de arquivos e proporciona a interação de forma intuitiva, colaborativa, instantânea, multiplataforma, características das ferramentas da Web 2.0.

Figura 4 – Plataforma Padlet utilizada para disponibilização de atividades gamificadas

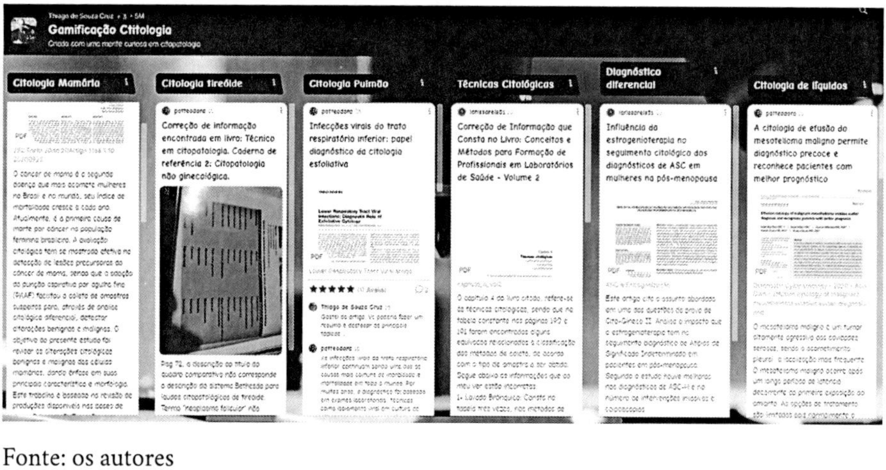

Fonte: os autores

Dinâmica

A dinâmica se dá quando os participantes utilizam a mecânica, ou seja, as tarefas do processo, para atingir os objetivos como ganhar pontos e passar de nível. O ideal é que se defina o tempo para que as tarefas possam ser executadas, a pontuação necessária para alcançar os níveis e os elementos que poderão ser trocados ao final de cada período.

Outros pontos importantes são as emoções e a competência. A emoção em ganhar uma premiação e a competência ao se destacar dentro do grupo. Para esta última, foi disponibilizado um troféu transitório em forma de microscópio ao vencedor de cada nível. Também foi definido um prêmio para o discente com maior pontuação ao final de todo o processo de gamificação.

Figura 5 – Imagem do troféu transitório em forma de microscópio

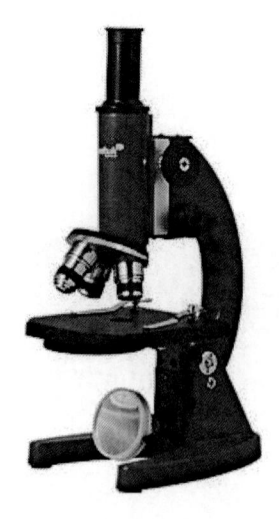

Fonte: os autores

CONSIDERAÇÕES FINAIS

A percepção geral da implementação do processo gamificado nessa proposta foi de maior engajamento dos participantes, tanto na aquisição dos botons como na manutenção e exibição do troféu em formato de microscópio. A competição para obtenção das premiações propostas gerou maior envolvimento e participação da turma de forma geral. Para alguns estudantes, o estímulo foi um pouco além das abordagens dos conteúdos mais comuns, com a realização de abordagens mais reflexivas, aplicadas e analíticas sobre os temas abordados no curso.

A gamificação busca uma alteração no comportamento; no caso da educação, esse comportamento está ligado à busca de conhecimento vinculada a ganho de pontos, sentimentos de maestria, cooperação e evolução. Esses comportamentos estiveram presentes na nossa experiência de implementação da proposta de gamificação no curso técnico de Citopatologia. A diversificação de atividades gamificadas, com uso de outros softwares, plataformas e atividades, tanto on-line como híbridas, poderia estimular ainda mais esses estudantes, aumentando o engajamento com o curso.

Abordagens que tradicionalmente são realizadas de maneira instrucional, nessa área de ensino, poderiam ser realizadas com uso de metodologias ativas de aprendizagem, como é o caso da proposta de ensino gamificado. Algumas outras possibilidades na promoção da aprendizagem ativa poderiam ser o uso de games digitais na abordagem de alguns conteúdos, o uso de sistemas de questionário eletrônico, como o *Quizlet* e *Google Forms*, além da participação ativa dos estudantes em atividades colaborativas, em fóruns de discussão on-line, para discussão de aplicações de casos clínicos em ambiente virtual de aprendizagem. Todas essas atividades têm o potencial de serem também gamificadas, utilizando os mesmos princípios aqui descritos, em que os estudantes mais participativos terão melhor desenho para o recebimento das premiações. Além disso, existe a possibilidade de se associar a gamificação ao sistema de pontuação e avaliação de desempenho da aprendizagem dos alunos da disciplina, o que pode ajudar a promover ainda mais o engajamento efetivo da turma nas atividades de ensino e aprendizagem propostas pelo professor.

REFERÊNCIAS

ALLEN, K. A. Evaluation methods for assessing cytotechnology students' screening skills. *Diagnostic Cytopathology*, [s. l.], v. 23, n. 1, p. 66-68, 2000.

ALLEN, K. A. Implementation of new technologies in cytotechnology education. *Cancer*, [s. l.], v. 84, n. 6, p. 324-327, 1998.

BAYDAS, O.; CICEK, M. The examination of the gamification process in undergraduate education: a scale development study. *Technology, Pedagogy And Education*, [s. l.], v. 28, n. 3, p. 269-285, 2019.

BICEN, H.; KOCAKOYUN, S. Perceptions of Students for Gamification Approach: Kahoot as a Case Study. *International Journal of Emerging Technologies in Learning*, [s. l.], v. 13, n. 2, p. 72, 2018.

CHRYSTAL, R. *et al*. Gamification in Action: Theoretical and Practical Considerations for Medical Educators. *Academic Medicine*, [s. l.], v. 93, n. 7, p 1014-1020, 2018.

DETERDING, S. *et al*. From game design elements to gamefulness. *In*: INTERNATIONAL ACADEMIC MINDTREK CONFERENCE ON ENVISIONING FUTURE MEDIA ENVIRONMENTS, 15., 2011, Tampere. *Proceedings* […]. Tampere: MindTrek '11, 2011.

DONNELLY, A. The 'Morph'ology of cytotechnology education. *Cytopathology*, [s. l.], v. 27, n. 5, p. 310-312, 2016.

ROTARU, D. A *et al*. *Developing gamified interactive content for medical training in cytopathology*. Santa Cruz de Tenerife: Universidad de La Laguna, 2017.

SMITH, T. gamified modules for an introductory statistics course and their impact on attitudes and learning. *Simulation & Gaming*, [s. l.], v. 48, n. 6, p. 832-854, 2017.

9

MERGULHO NA NUVEM: OFICINAS DIGITAIS DE CONSTRUÇÃO DE COMPETÊNCIAS E HABILIDADES PARA ADAPTAÇÃO AO ENSINO REMOTO EMERGENCIAL

Fernanda Campello Nogueira Ramos
Mariana Conceição Souza
Clélia Christina Mello-Silva

INTRODUÇÃO

A sociedade brasileira se viu obrigada, desde março de 2020, a modificar emergencialmente o modelo de trabalho devido ao isolamento físico imposto pela sindemia[4] de Covid-19. Atividades que, anteriormente, eram presenciais foram subitamente modificadas para o formato remoto afetando a vida de milhões de brasileiros e de suas famílias. Todo esse novo panorama enfatizou, e aumentou, problemas existentes na rotina dos profissionais do setor de educação como a lacuna na formação para o uso de tecnologias digitais e problemas existentes em sua rotina, como a falta de infraestrutura escolar e a pouca qualidade da internet em território brasileiro (LUCENA, 2016; ALMEIDA *et al.*, 2021).

Essas transformações demonstraram ainda mais os problemas que os educadores passam em sua rotina de trabalho, visto que o ambiente escolar é um reflexo dos acontecimentos e mudanças sociais (SAVIANI, 2007). Entre esses desafios, estão o baixo conhecimento acerca do uso de Tecnologias Digitais de Informação e Comunicação (Tdic) na práxis e as lacunas curriculares, as quais implicam mudanças para inserção de seu uso, entendendo a complexidade que exige disrupções nos modelos tradicionais e lineares desses currículos (FERRARINI; TORRES, 2021).

---
[4] Sindemia: neologismo que se refere a problemas que possuem origens e impactos nos âmbitos sociocultural, ambiental e sanitário de forma integrada (VEIGA-NETO, 2020).

Além dos problemas institucionais estruturais, os professores brasileiros se viram em uma situação-limite, com o aumento das horas de trabalho para dez horas diárias, em média (BAHIA, 2020). Isso ocasionou a invasão de momentos de lazer e a privacidade familiar, demonstrando a necessidade de novas competências profissionais como forma de dar continuidade ao trabalho e melhorar a qualidade de vida (VERDASCA, 2021). Após 29 meses do início das medidas restritivas e com o retorno das atividades presenciais, possibilitado pela vacinação e pela continuidade de uso de outras medidas preventivas, a necessidade do letramento digital dos educadores continua, agora visando, não somente uma extensibilidade evolutiva das atividades (VERDASCA, 2021), mas também uma mudança pedagógica contínua para esse momento transpandêmico.

Uma das principais características do trabalho dos educadores nesse período é a necessidade de procurar uma formação continuada possível, que não ocupe muito do pouco tempo livre disponível do professor. Para tal, a autonomia desse profissional sobre o que e como aprender se torna essencial, a chamada "autoformação" (PINEAU, 2017). O empoderamento desse processo por parte do educador não significa uma aprendizagem solitária, mas construída no diálogo e na interação com outras pessoas em um movimento de reação-reflexão sobre a realidade modificando a si e suas práticas profissionais (PINEAU; MICHÉLE, 1983). A autoformação possui características específicas: ela é transdisciplinar, porque perpassa por conhecimentos de uma área única; transpessoal, porque se baseia na subjetividade e nas vivências das pessoas, e transcultural, porque se baseia na bagagem cultural de cada indivíduo (GALVANI; PINEAU, 2012). Essa personalização trazida pela autoformação demonstra a necessidade de uma constância na formação profissional que vai além das esferas formais da graduação ou de pós-graduação e que permite a construção contínua de competências e novas habilidades profissionais.

A formação profissional continuada ainda é vista como um treinamento ou capacitação, baseados em uma suposta incompetência do indivíduo, quando deveria ser vista como uma construção da prática desse profissional de acordo com sua realidade (NOGUEIRA, 2007). Não pode ser algo impositivo, deve ser uma vontade orgânica do educador de construir novas competências ou melhorar as que já se tem. Como competências, este trabalho utiliza-se da base conceitual de Perrenoud (1966, 2001), que conceitua competência como a definição de estratégias para a resolução de problemas complexos de uma profissão. Todo esse caminhar da construção de competências é pautado em uma tríade composta pela aprendizagem coletiva, profissionalização interativa e desenvolvimento pessoal (PERRENOUD, 2001).

A competência pode relacionar-se com diversas temáticas incluindo as Tdic, que é o tema central deste trabalho. Tema esse que não é recente, visto que a necessidade de introdução das Tdic no ensino data da década de 1990, quando a internet se popularizou no Brasil. Como consequência, temos a transformação dos indivíduos nascidos nessa época em nativos digitais, pois foram apresentados ao funcionamento das ferramentas digitais desde a infância, desenvolvendo habilidades novas (PRENSKY, 2001). Devido à transformação social, a escola viu a necessidade de se adaptar à nova realidade, dando início à Educomunicação (SOARES, 2006), que consiste na reflexão crítica dos processos pedagógicos com o objetivo de propor novas abordagens educacionais e impedir que os alunos sejam formados em discrepância com a realidade social na qual estão inseridos (BITTENCOURT; ALBINO, 2017). Contudo, a identificação dessa necessidade não se traduziu em mudanças curriculares e práticas reais, pois a escola permanece, em sua maioria, como um ambiente de educação bancária, que utiliza os mesmos métodos de antes da chegada da internet no país (VALENTE, 2014).

Inserir as Tdic nas práticas pedagógicas representa retirar do educador o protagonismo, no processo de ensino-aprendizagem, e entregá-lo nas mãos dos aprendentes (VALENTE, 2014). Apenas utilizar-se de ferramentas digitais não representa necessariamente a quebra do paradigma da educação tradicional (SILVA, 2017). Faz-se necessária a inserção desse educador em um processo de alfabetização tecnológica (JOLY; SILVA; ALMEIDA, 2012), visto que as Tdic consistem em ferramentas, softwares e outros dispositivos on-line que permitem modificar nossa relação com o mundo (COSTA *et al.*, 2015).

A alfabetização tecnológica, ou letramento digital, pode ocorrer de diversas maneiras, incluindo oficinas. Este trabalho optou pelo uso de oficinas, pois se constituem em processos dialógicos de construção coletiva de saberes e facilitadores da reflexão crítica de realidades (SPINK; MENEGON; MEDRADO, 2014). É, por essência, um processo que propicia a construção de novas competências e habilidades com base na comunhão de experiências coletivas dos indivíduos participantes. Contudo, há de se saber que a intencionalidade e a estruturação são importantes para a construção de oficinas, que precisam ser de curta duração, no máximo de duas horas, para ser um ambiente de rapidez aprendizagem e interação, já que a rotina de trabalho dos profissionais de educação é extenuante, o que reflete na pouca disposição de tempo para formação continuada (AZEVEDO; PUGIAN; FRIEDMAN, 2018).

No início do mês de março de 2020, o Institudo Oswaldo Cruz (IOC) suspendeu as aulas presenciais seguindo as regras definidas pela legislação estadual do Rio de Janeiro, que determinou, em seu decreto n.º 46973, de 16 de março de 2020, em seu Art. 4º, parágrafo VI:

> [...] aulas, sem prejuízo da manutenção do calendário recomendado pelo Ministério da Educação, nas unidades da rede pública e privada de ensino, inclusive nas unidades de ensino superior, sendo certo, que o Secretário de Estado de Educação e o Secretário de Estado de Ciência, Tecnologia e Inovação deverão expedir em 48 (quarenta e oito horas) ato infralegal para regulamentar as medidas de que tratam o presente Decreto; (RIO DE JANEIRO (RJ), 2020).

Após essa suspensão, o IOC retornou com novas disciplinas no formato on-line, a partir do mês de junho do mesmo ano. Contudo, cada docente optou por formatos e ferramentas distintas em suas aulas, o que aumentou ainda mais a necessidade da busca, pelos discentes, de formação adicional em tecnologias digitais para tornar viável o acompanhamento das disciplinas ofertadas. Esse fato demonstrou o hiato formativo, tanto dos discentes como dos docentes, em Tdic e a necessidade de novos saberes e construção de novas competências e habilidades sobre o tema. Pensando nessa necessidade, foi elaborado um ciclo de oficinas gratuitas de construção coletiva de saberes, habilidades e competências que fosse dialógico e de curta duração. Iniciou-se pela construção da base teórica e da estrutura a ser ofertada, que resultou no planejamento de oficinas independentes, com duração de duas horas cada, e na oferta de ambientes on-line de convivência, para que o compartilhamento de vivências e experiências pudesse extrapolar o ambiente das oficinas em si. Essa série de oficinas foi intitulada "Mergulho na nuvem" e visou promover a alfabetização tecnológica de forma democrática, dialógica, de maneira autoformativa, baseada na construção coletiva de saberes e competências em ferramentas digitais.

CAMINHO METODOLÓGICO

Este estudo tem por base metodológica a Netnografia, nomenclatura dada à Etnografia realizada em ambiente virtual (principalmente em redes sociais). Todos os passos metodológicos para a técnica estão descritos no Capítulo 4 deste livro. Para o desenvolvimento do trabalho, optou-se por duas plataformas: uma rede social de amplo espectro e uma plataforma social específica para educadores. A primeira foi a plataforma de rede social Facebook®, por seu caráter essencialmente de comunidade virtual pública e de acesso popular. Além disso, permite um repositório de conteúdo e está autorizada para uso ilimitado do cliente por diversas operadoras de telefone e provedores de internet sem alterar a quantidade de franquia de internet do indivíduo, o que facilita a adesão à plataforma.

Pela popularidade da rede social Facebook, que até o ano de 2021 era a rede social mais popular entre os brasileiros, de acordo com o *Digital 2021: Global Overview Report*, relatório global anual de uso da internet (parceria entre as organizações We are social e Hootsuit), ela foi escolhida como ambiente virtual de convivência inicial. Posteriormente, a Plataforma CHA para educadores (IOC/Fiocruz) também incorporou o ciclo de oficinas em sua programação e em seu ambiente virtual. Essa plataforma acolhe educadores ativos de todo o Brasil, por meio de atividades individuais e coletivas, sendo uma delas a realização de oficinas (CAMPUS VIRTUAL FIOCRUZ, 2021).[5]

As bases teóricas foram fincadas nas competências profissionais elaboradas por Perrenoud (1966, 2001), pois, mesmo com todas as mudanças sociais ocorridas desde a publicação inicial desse autor, ainda são utilizadas como base para trabalhos que tratam de competências profissionais. Das dez competências abordadas pelo autor, quatro foram utilizadas como base conceitual para o Mergulho e estão descritas a seguir.

ORGANIZAR E ANIMAR SITUAÇÕES DE APRENDIZAGEM

Mais do que apenas uma descontração no formato, o estímulo à interação com afetividade propicia o aprender a aprender e promove a construção de novos saberes. Por exemplo, o tom mais ameno e descontraído pode ser utilizado para desconstruir a necessidade de obrigatoriedade de um procedimento padrão (PERRENOUD, 1969, p. 213). A descoberta e reinvenção desse indivíduo foi pensada por meio da interação (DIAS, 2010, p. 77).

---

[5] A plataforma é encontrada no endereço on-line: https://campusvirtual.fiocruz.br/gestordecursos/hotsite/cvf-node-30225-submission-3829.

GERIR A PROGRESSÃO DE APRENDIZAGEM

Os indivíduos não podem ser colocados todos dentro de uma caixa classificatória, como se todos fossem iguais e partissem das mesmas bases, conhecimentos e princípios. Há de se desprender da vontade inerente ao homem de nomear e classificar tudo o que o cerca para não cair na armadilha paradigmática da caixa preta, conforme aponta o trecho a seguir:

> [...] a obrigatoriedade de resultados não tem sentido senão na perspectiva extremamente simplificadora segundo a qual uma classe seria uma caixa-preta onde se identificariam os "inputs" e os "outputs": controlaríamos todos os inputs que não estivessem ligados à qualificação e à consciência profissionais do professor, e restaria uma relação pura entre esses últimos fatores e os resultados dos alunos. Se as teorias e os métodos permitirem um dia esse tipo de decomposição, isso levará ainda muitas décadas e a posição dos problemas terá mudado. No momento, na melhor das hipóteses, isso ainda é uma problemática de pesquisa. (PERRENOUD, 1969, p. 208).

SERVIR-SE DAS NOVAS TECNOLOGIAS

Essa competência vai além de apenas aprender novas ferramentas em si, impacta a gestão de problemas e situações complexas por parte dos educadores. Refere-se à construção da capacidade de suprir as necessidades, utilizando as vivências e experiências personalizadas desses profissionais, como evidência (DIAS, 2010, p. 74).

Em síntese, a competência é uma combinação de conhecimentos, motivações, valores e ética, atitudes, emoções e outros componentes de caráter social e comportamental que, em conjunto, podem ser mobilizados para gerar uma ação eficaz num determinado contexto particular. Ela permite gerir situações complexas e instáveis, que exigem distanciamento, metacognição, tomada de decisão e resolução de problemas (DIAS, 2010, p. 74).

GERIR SUA PRÓPRIA FORMAÇÃO CONTÍNUA

Essa competência-base relaciona-se ao empoderamento do educador de seu próprio caminhar de ensino-aprendizagem, possibilitando que ele gerencie o que e como aprender de forma autônoma. Porém, há de se atentar ao fato de que o caminhar de construção dessa competência baseia-se essencialmente no desempenho individual do profissional, que é diretamente ligado ao comportamento individual, já que a competência é um olhar amplo que estimula a autonomia no processo de aprender a aprender e na interação durante esse processo (DIAS, 2010, p. 74).

Para a coleta de dados netnográficos e dos discursos dos sujeitos, foram utilizadas as próprias ferramentas dos ambientes, em que os participantes podiam se expressar livremente e cujo registro escrito das impressões de cada participante fosse atemporal e espontâneo. Para tal, definiu-se a utilização das ferramentas de comentários, curtidas e compartilhamentos (Facebook®) e do fórum da Plataforma CHA para Educadores. As oficinas organizadas contaram com a figura do facilitador (indivíduo responsável pela mediação do caminhar da oficina) que se une à do relator, utilizando a memória, sem se limitar a ela somente, para registro posterior da narrativa dos participantes, base da etnografia como suporte de registro (FERRO, 2015). As funções de relator, observador e mediador das oficinas do Ciclo da Plataforma CHA para Educadores estão descritas em um documento que formaliza esses procedimentos na plataforma e foram utilizadas como estratégia para ampliar a coleta da narrativa dos sujeitos (MOURA; LIMA, 2014).

As principais temáticas, no caso ferramentas digitais, organizadas inicialmente para as oficinas dos ciclos são: Documentos Google, Formulários Google e aplicativos/sites que propiciem dinâmicas para o ensino remoto síncrono e assíncrono. Todos esses temas sempre baseados em seu uso educacional (aulas remotas e/ou pesquisa) e na melhoria do fluxo de trabalho diário dos profissionais de educação. Para tal, foram planejados dois ciclos, um para cada ambiente virtual utilizado, constituídos de três oficinas cada, sendo uma para cada tema. Para a definição da duração e da quantidade máxima de participantes, foi realizado um levantamento primário dos itens a serem abordados em cada tema escolhido. O formato definido para realização da oficina foi a utilização de projeção da tela do facilitador, realizada por videochamada utilizando as ferramentas Zoom ou Google Meet. A projeção de tela é uma opção que visa propiciar uma aprendizagem significativa dos participantes por meio do uso de multimídia (MAYER, 2001). Segundo o princípio da continuidade temporal da teoria cognitiva da aprendizagem multimídia, o conhecimento é mais bem adquirido quando feito por meio de vídeo e palavras faladas, de forma simultânea, em vez de feito apenas com palavras (ARAÚJO; SOUZA; LINS, 2015). Outra importante decisão tomada se refere à atmosfera da informalidade, seguindo o princípio da personalização de Mayer (ARAÚJO; SOUZA; LINS, 2015), segundo o qual o aprendizado se torna mais eficaz e significativo quando a comunicação por áudio se dá no estilo de conversa informal.

Um ponto relevante da metodologia das oficinas é a definição de seu tamanho. Também é importante definir o limite de participantes, e estipulou-se a quantidade máxima de 25 pessoas por oficina, visando garantir a interação e a liberdade de participação dos integrantes. Outro ponto fundamental é a não gravação de imagens ou áudios para não causar timidez ou retraimento pontual dos participantes e, consequentemente, gerar um aumento da interação e aprendizagem.

Para tornar as oficinas experiências mais leves e fluidas para o profissional de educação participante, foram elaboradas bases organizacionais de conteúdo a ser abordado em um modelo de documento on-line participativo e público, que ficou à disposição antes, durante e depois das oficinas, com o roteiro, dicas e links para ferramentas, vídeos temáticos ou aplicativos sempre relacionados ao tema das oficinas. No que tange ao andamento das experiências, propositalmente foi utilizado um tom descontraído e informal, visando trazer leveza e conseguir a interação e participação das pessoas, mesmo após, muitas vezes, de um dia inteiro de trabalho remoto.

Antes de iniciar cada oficina proposta, é necessária a criação ou delimitação dos ambientes virtuais propostos e sua adequação (guardando as particularidades já citadas). Na plataforma Facebook®, foi criada uma página com a identidade visual do projeto, denominada Mergulho na Nuvem (Figura 1). Foram adicionados à página conteúdos iniciais de descrição da proposta e de divulgação das oficinas. Já no que tange à plataforma Campus Virtual da Fiocruz, foi necessária a imersão da pesquisadora no funcionamento e na equipe de elaboração e planejamento da Plataforma, visando entender melhor seu funcionamento e as bases teóricas, filosóficas e práticas do projeto. Além do contato com os participantes que lá estavam e da observação do que buscavam.

Figura 1 – Identidade visual do Mergulho na nuvem: oficinas digitais

Fonte: Ramos (2021)

Definiu-se que a coleta da narrativa dos participantes, após as oficinas, seria realizada semanalmente na plataforma Facebook®. Na Plataforma CHA, as coletas seriam feitas por meio das mensagens coletadas no ambiente original da plataforma e por meio de um formulário de avaliação enviado aos participantes. Também foi viabilizado um fórum para registro de comentários. No Facebook®, os dados são públicos e não necessitam de aval do Comitê de Ética. A eficácia da abordagem foi avaliada por observação dos posts, comentários, curtidas e disponibilização de formulário avaliativo on-line público. Já nas oficinas realizadas no ambiente da Plataforma CHA para Educadores, os participantes assinaram um Termo de Consentimento Livre e Esclarecido, permitindo o uso de seus discursos em oficinas temáticas. O Projeto possui autorização do Comitê de Ética do Instituto Oswaldo Cruz (IOC/Fiocruz) com o número CAAE 32236620.8.0000.5248, parecer 4.050.148). Os participantes foram nomeados com P (de participante) e numerados de forma crescente.

Quanto à análise dos discursos, foi utilizada a Análise de Discurso Mediada por Computador (ADMC), que é uma ferramenta da Netnografia adaptada dos estudos de comunicação e linguagem (HERRING, 2002). Inicialmente, os discursos são divididos em duas classificações de influência: ambiental e social (HERRING, 2007). É importante destacar que a ADMC é baseada na análise subjetiva e pessoal do pesquisador sem perder a função de ser um indicativo direto do comportamento e pensamentos dos sujeitos pesquisados (ADADE; BARROS; COSTA, 2018).

AS OFICINAS

Foram realizados 2 ciclos, totalizando seis oficinas: 3 no formato autônomo (baseadas pelo grupo na rede social Facebook) e 3 pela Plataforma CHA para Educadores, totalizando 12 horas e 77 participantes totais, assim divididos: 37 do ciclo Facebook e 40 do ciclo Plataforma CHA.

Os dois ciclos ocorreram via plataformas e períodos distintos. Enquanto o ciclo Facebook ocorreu entre os meses de outubro e dezembro de 2020, o ciclo Plataforma CHA para Educadores ocorreu entre os meses de março e abril de 2021. A diferença também se deu nos horários e dias de semana: nas oficinas no Facebook, os próprios participantes escolheram os dias e horários em enquetes públicas via grupo da rede Facebook: já no ciclo na Plataforma CHA para Educadores, o dia e o horário foram fixos, mas baseados em enquete feita anteriormente pelo Mergulho no Facebook.

Ciclo de oficinas 1 – Facebook

Conforme abordado anteriormente, o primeiro ciclo de oficinas ocorreu com base no grupo de Facebook do Mergulho na nuvem. Esse grupo conta, atualmente, com 65 integrantes (no mês de setembro de 2021) e serve de base para notícias de oficinas do projeto, interações entre os participantes e publicações de temas relacionados ao uso de ferramentas digitais e ensino remoto.

O grupo teve seu pico de acessos/dia no período de ocorrência das oficinas abordadas neste trabalho (outubro a dezembro de 2020) com ápice de 36 membros (dos 65 totais) em interação frequente no ambiente. Em julho de 2021, o grupo seguia com frequência de 15 membros interagindo por dia e com baixa quantidade de interações via postagens de usuários. Esse fato mostra o cenário que caracteriza a utilização do grupo como um "banco de informações" sobre as oficinas, e não como o intuito inicial de altas interações e compartilhamento de realidades dos membros. Os picos de interações se deram durante a ocorrência de enquetes ou divulgação de chamadas de oficinas.

A primeira oficina do ciclo Facebook foi "Primeiro 'Tchibum'", em uma referência lúdica ao barulho que se faz ao mergulhar, no dia 14 do mês de outubro de 2020. Com conteúdo determinado no planejamento inicial, foram abordados o conceito de nuvem e as ferramentas Google Drive e Documentos Google. A oficina contou com a participação de 13 participantes (e dois facilitadores), e sua duração foi de duas horas. Foram permitidas, a todo o momento, interações via áudio/vídeo e via texto no chat disponibilizado pela plataforma Google Meet (ferramenta de videochamada utilizada). O conteúdo foi abordado na sua integralidade (em formato de *tour* exploratório por meio do compartilhamento de tela), com estimulação da participação livre e do compartilhamento de experiências. Sempre com foco no uso educacional (trabalhos/pesquisas/aulas colaborativas, uso de nuvem como repositório para alunos, uso de ferramentas de acessibilidade, entre outros).

A segunda oficina do ciclo autônomo (Facebook) foi intitulada "Um novo mergulho" e ocorreu na data de 21 do mês de outubro de 2020, contando com a participação de 14 pessoas e dois facilitadores. Nesse encontro, realizado pela plataforma de videochamada Zoom e com duração de duas horas, foi realizado o processo de facilitação do uso da ferramenta Formulário Google (Google Forms). Foram abordados os itens de funcionamento, de compartilhamento, a versão de testes e provas para uso educacional, possibilidades de uso para confecção de documentos institucionais com necessidade de assinaturas on-line e pesquisas acadêmicas.

Na última oficina desse ciclo, intitulada "Especial de fim de ano", realizada no dia 17 de dezembro de 2020, foram abordados aplicativos e sites para uso educacional; contou com dez participantes e mais dois facilitadores. Os presentes puderam mergulhar nos seguintes assuntos: banco de imagens on-line, conceito de imagem vetorial, direitos de imagem, aplicativos e sites de transcrição de áudio para texto. No fim, foi disponibilizado um formulário público (via Formulários Google) de acesso livre para preenchimento e respostas de todos os participantes, caracterizando documento público, que ficou disponível para preenchimento até o dia 31 de dezembro de 2021.

Ciclo de oficinas 2 – Plataforma CHA para Educadores

No mês de janeiro de 2021, o projeto "Mergulho na nuvem" foi integrado à área de formação continuada da Plataforma CHA para Educadores e, após reuniões de planejamento, foram disponibilizadas datas entre os meses de março e abril do mesmo ano. Foram acordadas três questões: 1. o ciclo de oficinas ocorreria em alternância com o curso de curta duração intitulado Ensino remoto — caminhos e conexões, disponibilizado para os educadores cadastrados na plataforma; 2. haveria inscrições prévias dos participantes e 3. a divulgação seria ampla, não se limitando ao Campus Virtual da Fiocruz e aos canais de comunicação com os inscritos, mas se utilizaria também de mensagens para grupos no aplicativo de mensagens WhatsApp e por e-mail.

As artes de divulgação foram elaboradas por uma das autoras do presente capítulo, com a autorização da equipe de coordenadores do CHA. A chamada de cada oficina foi divulgada por e-mail para todos os participantes cadastrados na Plataforma CHA, no grupo público do mergulho e da plataforma CHA e em grupos públicos com temática de educação (com temáticas acerca de professores, formação continuada, ensino híbrido, ensino remoto, entre outros), em um total de 140 grupos públicos hospedados na rede social Facebook. A mudança na maneira de divulgar se deu como estratégia de ampliação tanto para o público do CHA como do próprio Mergulho.

Seguindo o planejamento inicial, foram abordadas as mesmas ferramentas do primeiro ciclo, mas em ordem diferente, para ser um complemento ao minicurso citado anteriormente. Portanto, as oficinas de Formulários Google e de aplicativos de uso educacional foram invertidas. A primeira oficina do presente ciclo, intitulada "Primeiras braçadas", abordou os conceitos de nuvem e Google Drive, a ferramenta Documentos Google e seu uso educacional. Foi realizada no dia 3 de março de 2021 e contou com a participação de dez pessoas.

Na segunda oficina desse ciclo, intitulada "Mergulho exploratório", realizada no dia 24 de março de 2021, foram abordados alguns aplicativos para uso educacional, como: aplicativos de edição de vídeo com uso de animações (Video Scribe, Powtoon e Prezi), aplicativo de confecção de jogos on-line (Kahoot), plataforma de design gráfico (Canva), aplicativos de edição básica de vídeo (Windows Movie Maker e EaseUs). Além disso, foi abordada a confecção de QR Code para uso em aulas on-line, material didático, por meio do uso do software Canva e a dinâmica de separação em grupos por videochamada, por meio da plataforma Zoom. A terceira e última oficina do ciclo CHA, intitulada "Nadando em águas profundas", foi realizada, no dia 14 de abril de 2021, e abordou o funcionamento da ferramenta Formulários Google (Google Forms) e seu uso educacional (visando à elaboração de testes, questionários, provas com correção automática, pesquisas acadêmicas e elaboração de documentos colaborativos on-line).

Dados netnográficos das oficinas: interações dos participantes

A utilização da Netnografia como metodologia possibilitou a imersão no conteúdo discursivo, fruto da interação entre os participantes, e a análise deles acerca da interação social e com o meio (virtual).

No Facebook, as interações e opiniões foram realizadas de forma orgânica pelo caráter da página do Mergulho inserida nessa rede social. Foram interações diretas, via comentários nas postagens, e indiretas, via curtidas e compartilhamentos, que demonstram igual interesse sobre os temas. Já na Plataforma CHA para Educadores, foi disponibilizado um fórum on-line para possibilitar as mesmas interações, mas os educadores não o utilizaram para esse fim, e não houve interação por meio desse instrumento. Esse fato provavelmente se deu pelo caráter de uso da plataforma CHA como de acesso a serviços aos educadores.

Quanto às interações na rede social, isso possibilitou, unido às oficinas, uma aproximação maior entre os participantes reduzindo, inclusive, os efeitos do distanciamento social presencial, assim como ocorrido em um trabalho similar de Aragão, Gubert e Viana (2021). Isso ocorreu devido ao viés de solidariedade acerca de um tema geral que as comunidades virtuais têm (FARIAS *et al.*, 2018), sendo aqui esse tema geral o uso das TDIC na Educação. As tecnologias foram claramente retratadas, por exemplo, em outros exemplos na literatura: como instrumentos de reflexão (COSTA *et al.*, 2017) e de extensão de pensamento (PAPERT, 2000) sobre as práticas em ensino. A reflexão é inerente ao trabalho do professor, que precisa continuamente revisar seu trabalho e modificar suas práticas de acordo com as necessidades de seus alunos (CHRISTOV, 1999). Adequar a prática à realidade dos educandos aos quais se destina gera uma aproximação entre esses e a figura do professor, favorecendo o interesse no processo de ensino-aprendizagem por propiciar que os alunos consigam visualizar o que se aprende como parte de sua realidade (LANDGRAF-VALERIO, 2012).

Sobre as interações ocorridas no Facebook, pode-se destacar o maior número de postagens e comentários, após a realização das oficinas, e os comentários feitos pelos usuários, nesse caso, educadores participantes. Com o passar do tempo e a ocorrência das oficinas, alguns participantes sentiram-se mais à vontade para interagir e expor suas próprias realidades no uso das ferramentas digitais, tanto as abordadas nos ciclos como as não abordadas, mas que faziam parte da rotina dos educadores. Segue um exemplo público de postagem criada por um participante e a interação decorrente:

> **Postagem base**
> P7– Quais artefatos online de trabalho vocês fazem uso no cotidiano? De que forma?
> Pergunto para saber o que estudar e/ou realizar/criar juntos.
> **Interações decorrentes**
> P8– Eu uso Google Drive e todo o pacote dele de editor de texto, planilha e etc. Tb (sic) uso no computador WhatsApp app (tem pra mac) zoom e telegram. E google meet. Uso muito o pdf expert para ler os textos. Para editar imagens o pixelmator pro. Uso o google agenda para todos os meus compromissos e aulas.
> P7– pdf expert é só uma variação de leitor de pdf, certo? Em nada difere dos outros que existem, né? Pixelmator não conheço. Por quê você o utiliza? Que tipo de imagem você faz?

> P9– PDF expert é um editor de pdf, eu consigo editar um pdf, juntar vários em um arquivo etc. E é pra MAC OSX, pixelmator eu uso para editar imagem vetorial, fazer banner, tratar uma imagem, recortar uma foto etc. eu (sic) gosto dele pq é bem completo, trabalha com layers e é mais barato e simples que um Photoshop.
> P7– Fique interessado em conhecer esse Pixelmator.
> P10– Podemos fazer uso (experienciar) muitas destas interfaces que o R. e a F. até agora destacaram... em especial as menos conhecidas e usadas por nós! Talvez até mesmo o superusado Zoom gratuito pode oferecer recursos que ainda não exploramos.
> P11– Uso Teams, Whereb (sic), Skype, Google Meet, Zoom, Zotero, Mendeley,
> Telegrama (sic), Whatsapp, One drive, google drive.
> P7– Caramba, P11. Desconheço o que sejam hereby (sic) e Mendeley. Zotero já ouvir (sic) o nome, mas não sei o que de fato é. Telegrama ou Telegram? Em todo o caso, no segundo ingressei há muito pouco tempo, mas não uso. Não sei os recursos. Teams também.
> P12– Eu uso o Google Drive e o OneDrive.
> P13– Estou usando muito os recursos Google, principalmente o Google Docs, drive e de apresentações (são ótimos para trabalhar e se comunicar com grupos de trabalho), zoom e meet para reuniões, e uso muito o Canva para fazer postagens para o
> Instagram.
> P14– O que mais tenho usado é o meet e o zoom para reuniões.

Podemos verificar que, sem que os facilitadores necessitassem puxar a interação realizando postagens, os próprios membros interagiam aprendendo uns com os outros. Eles apresentaram novas dicas de ferramentas e compartilharam suas vivências e experiências pessoais acerca do trabalho emergencial remoto, o que já era, por si só, o objetivo das oficinas. Por meio desses relatos, podemos verificar que esses profissionais fazem uso diário de diversas ferramentas digitais, incluindo algumas das constantes nos temas das oficinas. Além disso, conseguimos identificar outras ferramentas ou softwares utilizados que poderiam servir como base para a realização de novas oficinas, buscando sempre temáticas inseridas na realidade de trabalho destes participantes.

FORMULÁRIOS AVALIATIVOS

Conforme descrito na metodologia, foram utilizados, nos dois ciclos, formulários avaliativos das oficinas de caráter público, por meio da ferramenta Formulários Google.

As perguntas foram exatamente as mesmas nos dois casos, mas a responsividade ocorreu totalmente diferente. No caso do Facebook, o formulário ficou disponível para preenchimento até o dia 16 de janeiro de 2021, contudo as respostas continuam de forma permanente no ambiente Facebook, públicas pelo mesmo link de acesso. O formulário avaliativo possui 13 perguntas divididas em três seções: a primeira sobre a proposta e metodologia das oficinas, a segunda sobre o andamento e a realização e a terceira consistia em um espaço para opiniões finais (sugestões, críticas ou quaisquer comentários).[6]

O formulário do ciclo Facebook foi respondido por 11 participantes, e verificou-se que todos os respondentes se mostraram muito satisfeitos quanto à proposta de espaço não formal de ensino por meio do compartilhamento de experiências (que incluem metodologia, organização, condução e objetivo propostos). Quanto às temáticas, a maioria se mostrou muito satisfeita conforme quantidades a seguir: oito (oficina 1), sete (oficina 2) e seis (oficina 3). Ainda sobre os temas abordados, os participantes demonstraram preferência por softwares que possam transpor o trabalho presencial que o educador já fazia para o ambiente virtual, e não uma mudança de pedagogia. Esse dado foi verificado pela preferência dos respondentes desse ciclo pelos temas Documentos Google e Google Drive (seis dos 11 participantes). Foi ainda corroborado pela pergunta acerca de temas que deveriam retornar em outras oficinas, em que oito responderam que gostariam que o tema Documentos Google retornasse.

Sobre novos temas, foram sugeridos: ferramentas de busca on-line, espelhamento de tela de celular no computador, QR Code, Técnicas de pesquisa, Excel, Bancos de dados, Formatação ABNT, editor de imagens e Canva. Esse dado continua demonstrando que os educadores participantes desse ciclo ainda preferem temas que facilitem o trabalho que já fazem, e não que modifiquem de fato sua práxis pedagógica.

Por fim, foram coletadas algumas respostas pessoais dos participantes, com o intuito de melhorar o entendimento sobre os dados recolhidos e sua análise. Dessas demonstrações, destaca-se o comentário "Parabéns pela iniciativa, foi excelente compartilhar e participar desses momentos." Essa fala mostra a eficácia da proposta das oficinas de serem um espaço de construção de competências e habilidades em grupo, por meio do compartilhamento de vivências e experiências. Local em que todos aprendem

---

[6] O ambiente no Facebook pode ser acessado pelo link: https://www.facebook.com/groups/ummergulhonanuvem/?ref=share.

com as vivências coletivas compartilhadas, e não com a figura do professor como expositor e única fonte de conhecimento. Mesmo com o uso de dois facilitadores, o processo de aprendizagem foi coletivo.

Outro comentário a ser destacado para análise mais profunda foi a do participante P9:

> *Apesar de participar só das últimas duas oficinas, achei muito proveitoso para minha profissão de professora, e também para futuras pesquisas que eu vier a fazer. A última oficina sobre transcrição de texto me permitiu ajudar minha irmã, por exemplo, que estava transcrevendo tudo na mão.*

Esse discurso demonstra o alcance da proposta inicial contida na metodologia, ou seja, a oficina foi um meio de propiciar a construção de novas habilidades, por meio de um processo autoformativo. O participante conseguiu não só construir conhecimentos e compartilhar vivências, mas também construir uma nova habilidade e uma nova competência para uma terceira pessoa, que não participou do ciclo de oficinas em questão.

Quanto ao formulário destinado ao ciclo de oficinas via Plataforma CHA para Educadores, houve pouca adesão. Apenas seis, dos 38 participantes totais desse ciclo, responderam ao formulário avaliativo. Nesse caso, os respondentes se mostraram todos muito satisfeitos com a proposta das oficinas, as temáticas e a conduta dos facilitadores mediadores.

Quanto às temáticas, as oficinas agradaram, em sua totalidade, aos participantes; o tema que mais agradou foi o Formulários Google (e seu uso educacional), diferentemente do primeiro ciclo, cujo resultado foi o conceito de nuvem, Google Drive e Documentos Google. Contudo, o grupo demonstrou a mesma tendência do ciclo anterior de transposição para o ambiente virtual das práticas realizadas no modelo presencial. Essa diferença do primeiro formulário reflete o tipo de indivíduo participante das oficinas nos dois ciclos: no primeiro, a maioria era de educadores pós-graduandos, e no segundo a maioria era de educadores de escola básica. Portanto, os educadores de escola se interessaram mais pelo formulário on-line, pois facilita o processo de avaliação dos alunos e a rotina de correção de provas e testes. Quanto à repetição de temas, os participantes demonstraram preferência pelos aplicativos de uso educacional que podem gerar dinâmicas diferentes em sala de aula, o que demonstra a vontade de modificar sua práxis pedagógica, inserindo as Tdic no processo de ensino-aprendizagem.

Foi possível verificar, também, alguns comentários recolhidos no formulário que corroboram dados já apresentados e trazem outros panoramas.

> *Acho muito importante o respeito com os aprendizes, o reconhecimento das suas limitações e dificuldades, a vontade de contornar esses fatores para que o aprendizado seja eficaz, a forma participativa como as oficinas se dão, o clima leve e descontraído, horizontal. Todos são tratados da mesma forma e tem (sic) a mesma voz. Ressalto ainda serem gratuitas, o que neste momento de crise é muito importante! Espero por novas oportunidades de aprendizado!* (P13)
>
> *Se puder gravar as oficinas pra qdo (sic) não puder assistir agente (sic) pegar depois em algum lugar* (P16)
>
> *Gostei muito de participar de todas, mas a oficina 2 teve muito conteúdo importante, sugiro dividir em duas oficinas diferentes para aproveitarmos mais.* (P17)

Destaca-se o comentário acerca da solicitação da disponibilização das oficinas de forma assíncrona (gravada) que não ocorreu nos ciclos aqui retratados para evitar um bloqueio na interação constante dos participantes de cada oficina. O comentário pontua exatamente a proposta metodológica das oficinas com o uso de linguagem, ambiente descontraído e participação coletiva na construção de novas habilidades e competências ("horizontal"). Entretanto, ao mesmo tempo, demonstra a inserção do educador no paradigma da relação aprendiz x professor ("respeito com os aprendizes") mesmo que as oficinas sejam, de fato, baseadas na construção coletiva e não formal.

ANÁLISE DE DISCURSO MEDIADA POR COMPUTADOR EM RELAÇÃO ÀS OFICINAS DO MERGULHO NA NUVEM NOS DOIS AMBIENTES VIRTUAIS

A Análise de Discurso Mediada por Computador (ADMC) foi a principal metodologia utilizada para a análise dos discursos coletados e dos ambientes. Essa metodologia está descrita no capítulo sobre Netnografia citado anteriormente. Quanto à influência ambiental, das nove subclassificações de Perrenoud (1966, 2001) foram utilizadas seis, a saber: sincronicidade, modo, persistência, postagens, citação e formato. Já quanto à influência social, dos nove itens classificatórios, foram escolhidos cinco para este trabalho: participantes, propósito, atividades, assunto e tom.

Seguindo os itens avaliativos elencados na parte de metodologia do presente capítulo, iniciou-se a avaliação ambiental (com o meio) pela característica de sincronicidade dos discursos. Nesse caso, quanto aos discursos proferidos nos ambientes criados, não há necessidade de sincronicidade, pois os comentários ficam disponíveis de forma permanente, o que possibilita a interação de outros participantes a qualquer momento e que o próprio autor do comentário possa voltar com novos olhares e continuar contribuindo na formação de novos discursos e interações. Prosseguindo na análise, outro ponto classificatório é intitulado "modo" e se refere à análise da forma com a qual os comentários foram feitos. Nesse caso, nos dois ambientes, os comentários foram classificados como "mensagem por mensagem", pois um participante só consegue ver o discurso de outro quando o emissor publica sua mensagem completa. Não é possível, portanto, interagir antes que um raciocínio seja publicado por completo.

O próximo item, "citação", é atendido nos dois ambientes justamente pelo fato de discursos atenderem ao item "persistência", que demonstra a durabilidade dos comentários nos ambientes, o que possibilita que um usuário interaja com comentários posteriores citando diretamente o(s) autor(es). Esse fato permite que os sujeitos interajam tanto antes das oficinas como depois, com novos olhares e discursos formados pelo compartilhamento de vivências na ocorrência das oficinas e pela maturação das competências criadas ao longo do tempo. O último item "formato" foi atendido apenas no ambiente Facebook, pois houve interação entre os participantes desse ambiente fora das oficinas. Já no ambiente da Plataforma CHA, o fórum destinado à interação foi subutilizado, sem registros de interações entre os participantes.

A análise de influência social, neste trabalho, demonstrou, em um primeiro momento, a participação majoritária de mulheres como sujeitos. No caso do ambiente Facebook, a característica social mais evidente foi o fato de que os participantes eram educadoras mulheres (45 dos 62 totais) e na faixa etária predominante de 25-34 anos (17 das 45 mulheres totais). Outra importante informação é a de que os participantes eram majoritariamente pós-graduandos (43 dos 62 integrantes). Resultado devido ao fato de o projeto ter nascido, primariamente, como um meio de suprir a lacuna dos discentes e docentes do Programa de Pós-graduação em Ensino em Biociências e Saúde do Instituto Oswaldo Cruz. Como só foi aberto a outros profissionais de educação posteriormente, isso refletiu na maioria na participação. Já na Plataforma CHA para Educadores, pelo caráter de o ambiente de atendimento ser restrito a professores da educação básica, esse comportamento de dados foi confirmado com os 38 participantes sendo professores. Nesse caso, os participantes foram, em quase sua totalidade, formado por mulheres (36 dos 38 participantes). Analisando a totalidade dos participantes dos dois ciclos, os indivíduos declaradamente do gênero feminino representaram 88 das 100 pessoas totais, o que demonstra a tendência social que ainda persiste do caráter feminino predominante nas atividades de Educação (INEP, 2020).

Os discursos obtiveram propósitos tanto pessoais como profissionais, visto que a própria proposta da pesquisa era baseada no compartilhamento de vivências e experiências profissionais. Ainda que alguns educadores participantes tenham rompido o paradigma da educação bancária, entendendo e se disponibilizado a construções coletivas de competências e desenvolvimento de habilidades, observamos os que permaneceram ligados à figura de um guia concentrador de conhecimento. Isso demonstra que ainda hoje, assim como no trabalho de Alves e Silva (2020), o professor precisa se desvincular do ideal de difusor de saberes e se colocar no papel de mediador do processo de construção de conhecimentos oriundos dos alunos. O discurso foi classificado como adequado socialmente, pois permaneceu alinhado à temática de uso das Tdic na prática docente. O tom dos discursos foi informal, mostrando a eficácia da proposta do Mergulho de ser um ambiente informal e descontraído. Somente no ambiente Facebook, houve debate e cooperação acerca da temática, como preconiza a análise de influência social. O tom informal e os discursos coletados demonstraram uma aproximação virtual dos indivíduos mesmo quando inseridos em um período de isolamento físico causado pelas restrições oriundas dos governos regionais. Esse fato demonstra uma ruptura do tempo e espaço favorecendo a convivência e o compartilhamento, assim como ocorreu na pesquisa de Aragão, Gubert e Viana (2021), que tratou do uso da internet para ensino-aprendizagem durante o mesmo período.

Quanto à aprendizagem por oficinas, verificou-se que esse formato é uma boa opção devido a objetividade, rapidez e possibilidade de construção de novas competências mediante a reflexão do educador acerca de sua práxis pedagógica. Isso também ocorreu no trabalho de Pinto e Vianna (2005), que atestaram a eficácia do uso de oficinas para revisão da metodologia profissional de educadores. Como as oficinas retratadas neste capítulo não foram separadas por nível de conhecimento prévio, demonstrou-se que, por meio do formato de construção coletiva, as vivências e experiências anteriores diferentes foram de extrema importância impactando positivamente a aprendizagem geral. Esse fato contraria outros dados publicados na literatura como em Farias et al. (2018), que apontam o impacto negativo dos diferentes níveis de conhecimento do uso de ferramentas digitais na aprendizagem dos indivíduos que detinham pouco (ou nenhum) conhecimento prévio.

Verifica-se também, com os dados coletados, a necessidade de uma formação continuada que não se limite a uma busca pontual pela resolução dos problemas que o ensino remoto ou híbrido trouxe. É necessária uma verdadeira literacia digital para que o educador saia da posição de imigrante digital (PRENSKY, 2001), com foco no aluno, tornando o processo de ensino-aprendizagem interessante (FREIRE, 2015). Nesse caso, as oficinas foram uma acertada decisão proporcionando um processo de iniciação de construção de novas competências de forma rápida, objetiva e calcada no diálogo e nas experiências individuais. Também se chegou a essa conclusão em outros trabalhos que utilizaram o formato de oficinas para formação em ferramentas digitais, como os trabalhos de Espírito Santo e Rodrigues (2020) e Alves e Silva (2020).

CONSIDERAÇÕES FINAIS

Neste capítulo, pudemos verificar que é possível propiciar a construção de habilidades e competências em um ambiente leve/descontraído, com linguagem acessível, de forma rápida (oficinas), gratuita e com construção coletiva, baseada em vivências e experiências pessoais dos participantes. Toda essa conjunção demonstra a necessidade de uma formação continuada, não tradicional, em ferramentas digitais. Essa formação não pode se restringir ao momento de isolamento físico em que vivemos durante a sindemia da Covid-19, como consequência do trabalho remoto emergencial. É preciso construir novas competências a serem utilizadas pelos profissionais de educação para a melhoria do seu processo educacional ou de fluxo de trabalho, também em formatos de trabalho híbrido (semipresencial) ou presencial. Como a sociedade é constantemente mutante, a educação também precisa ser, para se adequar a novos tempos, novas possibilidades, novas habilidades e continuar a ser o caminho de melhoria social e construção de cidadãos.

Os resultados aqui descritos demonstram a eficácia da proposta de oficinas como formação continuada de profissionais de educação quanto ao uso das Tdic no trabalho remoto e da importância de basear-se na construção de competências e no estímulo à autoformação destes indivíduos. Os profissionais da educação necessitam empoderar-se de suas escolhas de onde, como e o que aprender, visando ao desenvolvimento de habilidades e olhares personalizados à sua realidade.

Quanto à metodologia empregada, o uso da Netnografia e da ADMC foram essenciais, pois concederam liberdade à autora para realizar a pesquisa em um momento baseado em incertezas advindas da pandemia de Covid-19. Os dados coletados e analisados nesses formatos demonstraram ser fidedignos à realidade dos sujeitos abarcados quando da temporalidade da realização das atividades.

Este trabalho demonstrou, também, a necessidade do contínuo olhar para a formação continuada em ferramentas digitais para esses profissionais. Contudo, ainda há lacunas quanto à naturalização das Tdic como parte pedagógica, pois, como demonstrado nos resultados, há uma tendência de transposição do formato de trabalho e da pedagogia do chão de escola para o ambiente remoto. Como consequência, as Tdic funcionam como uma espécie de muleta profissional na rotina do educador, o que o distancia da realidade de seus educandos, que costumam ser nativos digitais. Importante destacar também que, apesar de o isolamento físico ter sido imperativo no momento pandêmico, os participantes conseguiram estar juntos virtualmente, compartilhando experiências e convivência coletiva.

REFERÊNCIAS

ADADE, D. R.; BARROS, D. F.; COSTA, A. de S. M. da. A Netnografia e a análise do discurso mediada por computador (AMDC) como alternativas metodológicas para investigação de fenômenos da Administração. *Sociedade, Contabilidade e Gestão*, Rio de Janeiro, v. 13, n. 1, p. 1-19, an./abr. 2018.

ALMEIDA, G. S.; SOUZA, J. B. de; NASCIMENTO CARVALHO, J. E. do; MELO, D. S. de. Tecnologias Digitais na Educação e sua Importância para a Prática Docente. *Revista de Ensino, Educação e Ciências Humanas*, [s. l.], v. 22, n. 5, p. 714-719, 2021.

ALVES, E. J.; SILVA, B. D. da. Capítulo 8: Estratégia de formação e professores com foco no desenvolvimento das competências digitais. *In*: HARDAGH, C. C.; FOFONCA, E.; CAMAS, N. P. V. (org.). *Processos formativos, ambientes imersivos e novos letramentos*: convergências e desdobramentos. Curitiba: Editora Collaborativa, 2020. p. 124-140.

ARAGÃO, J. M.; GUBERT, F. A.; VIANA, N. F. Netnografia e pesquisa em enfermagem em ambiente virtual: experiência com adolescentes no facebook. *Enferm Foco*, [s. l.], v. 12, n. 2, p. 319-25, 2021.

ARAÚJO, C.; SOUZA, E. H. de; LINS, A. F. Contribuições Tecnológicas para Formação e Desenvolvimento Profissional do Professor de Matemática. *In*: CONGRESSO NACIONAL DE EDUCAÇÃO, 1., 2014, Campina Grande. *Anais* [...]. Campina Grande, 2014.

AZEVEDO, M. C.; PUGGIAN, C.; FRIEDMAN, C. V. P. Oficinas de curta duração sobre webquests no ensino de matemática: um dos pilares da proposta integrada para a formação continuada de professores de matemática. *Revista do Programa de Pós-graduação em Humanidades, Culturas e Artes*, [s. l.], v. 2, n. 18, p. 69-87, 2018.

BAHIA, N. P. Pandemia!!! E agora? Reflexões sobre o cotidiano escolar. *A Dist Ncia. Cadernos CERU*, [s. l.], v. 31, n. 1, p. 116-125, 2020.

BITTENCOURT, P. A. S.; ALBINO, J. P. O uso das tecnologias digitais na educação do século XXI. *Revista Ibero-Americana de Estudos em Educação*, Araraquara, v. 12, n. 1, p. 205-2014, 2017.

CHRISTOV, L. H. S. Educação continuada: função essencial do coordenador pedagógico. *In*: GUIMARÃES, A. A.; MATE, C. H.; BRUNO, E. B. G.; VILELA, F. C. B.; ALMEIDA, L. R.; CHRISTOV, L. H. S.; SARMENTO, M. L. M.; PLACCO, V. M. N. S. *O coordenador pedagógico e a educação continuada*. São Paulo: Edições Lloyola, 1998. v. 4, p. 9-12.

COSTA, F. A.; VIANA, J.; TRÉZ, T.; GONÇALVES, C.; CRUZ, E. Desenho de atividades de aprendizagem baseado no conceito de aprender com tecnologias. *In*: CONFERÊNCIA INTERNACIONAL DE TIC NA EDUCAÇÃO-CHALLENGES, 10., 2017, Braga. *Anais* [...]. Braga: Universidade do Minho, 2017.

COSTA, S. *et al*. Tecnologias digitais como instrumentos mediadores da aprendizagem dos nativos digitais. *Revista Quadrimestral de Associação Brasileira de Psicologia Escolar e Educacional*, São Paulo, , v. 19, p. 603-610, 2015.

DIAS, I. S. Competências em Educação: conceito e significado pedagógico. *Revista Semestral da Associação Brasileira de Psicologia Escolar e Educacional*, São Paulo, v. 14, n. 1, p. 73-78, 2010.

DIGITAL 2021: Global Overview Report. We are social and Hootsuit, 2021.

ESPÍRITO SANTO, F. D.; RODRIGUES, R. R. de. Educação em tempo de pandemia: oficina on-line de remixagem de recursos educacionais abertos como estratégia de ensino na formação inicial de professores de ciências e biologia. *In*: CONGRESSO INTERNACIONAL DE EDUCAÇÃO E TECNOLOGIAS;

ENCONTRO DE PESQUISADORES EM EDUCAÇÃO A DISTÂNCIA, UFSCAR, online, *Anais* [...]. 2020.

ESTEVES, M. Construção e desenvolvimento das competências profissionais dos professores. *Sísifo*. Revista de Ciências da Educação, [s. l.], v. 8, p. 37-48, 2009.

FARIAS, F. L. O. *et al*. Práticas Pedagógicas Colaborativas utilizando Ferramentas Digitais: Um Relato de experiência na formação de educadores. *In*: WORKSHOP DE INFORMÁTICA NA ESCOLA, 2018, [s. l.]. *Anais* [...]. [S. l.: s. n], 2018. p. 489-498. ISSN 2316-6541.

FERRARINI, R.; TORRES, P. L. Currículo interdisciplinar potencializado pelo uso de tecnologias digitais. *Revista e-Curriculum*, [s. l.], v. 19, n. 3, p. 1342-1367, 2021.

FERRO, A. P. R. A Netnografia como metodologia de pesquisa: um recurso possível. *Educação, Gestão e Sociedade*: revista da Faculdade Eça de Queirós, [s. l.], ano 5, n. 19, p. 2179-9636, 2015.

FREIRE, P. *Pedagogia dos sonhos possíveis*. São Paulo: Paz e Terra, 2015.

GALVANI, P.; PINEAU, G. Experiências de vida e formação docente: religando os saberes – um método reflexivo e dialógico. *In:* MORAES, M. C.; ALMEIDA, M. da C. de (org.). *Os sete saberes necessários à educação do presente*: por uma educação transformadora. Rio de Janeiro: Wak Editora, 2012. p. 205-226.

HERRING, S. C. A faceted classification scheme for computed-mediated discourse. *Language@Internet*, [s. l.], 2007.

HERRING, S. C. Computer mediated communication on the internet. *Em*: Annual Review os Information Science and Technology, [s. l.], v. 36, n. 1, p. 109-168, 2002.

INSTITUTO NACIONAL DE ESTUDOS E PESQUISAS EDUCACIONAIS ANÍSIO TEIXEIRA. *Censo Escolar 2020*: divulgação de resultados. Brasília, DF: Inep, 2020.

JOLY, M. C. R.; SILVA, B. D. da; ALMEIDA, L. da S. Avaliação das competências docentes para utilização das tecnologias digitais da comunicação e informação. *Revista Currículo sem fronteiras*, [s. l.], v. 12, n. 3, p. 83-96, set./dez. 2012.

LANDGRAF-VALERIO, C. L. Letramento digital: o blog como estratégia de formação de professores. *Revista Tecnologias na Educação*, [s. l.], v. 4, n. 7, p. 1-11, 2012.

LUCENA, S. Culturas digitais e tecnologias móveis na educação1. *Educar em Revista*, [s. l.], p. 277-290, 2016.

MAYER, R. *Multimedia learning*. New York: Cambridge University Press, 2001.

MOURA, A. F.; LIMA, M. A. A reinvenção da roda: Roda de conversa, um instrumento metodológico possível. *Revista Temas em Educação*, [s. l.], v. 23, n. 1, p. 98-106, 2014.

NOGUEIRA, M. de O. Profissão docente e propostas de formação continuada: considerações sobre os processos de desqualificação do trabalho do professor. *Revista de Educação PUC-Campinas*, Campinas, n. 23, p. 113-122, nov. 2007.

PAPERT, S. Change and resistance to change in education. Taking a deeper look at why School hasn't changed. *In*: FUNDAÇÃO CALOUSTE GULBENKIAN (ed.). *Novo conhecimento*: nova aprendizagem. Lisboa: Fundação Calouste Gulbenkian, 2000. p. 61-70.

PERRENOUD, P. Dez novas competências para uma nova profissão. Pátio. *Revista pedagógica*, [s. l.], v. 17, p. 8-12, 2001.

PERRENOUD, P. Formation continue et obligation de compétences dans le métier d'eenseignant. Tradução de Luciano Lopreto. *Revita L'Educateur*, [s. l.], 1966.

PINEAU, G. *A Autoformação no decurso da Vida*. [S. l.]: Cetrans, 2017.

PINEAU, G.; MICHÈLE, M. *Produire sa vie*: auto formation et autobiographie. Paris: Saint Martin, 1983.

PINTO, S. P.; VIANNA, D. M. A ação reflexão na formação continuada de professores, *In*: NARDI, R.; BORGES, O. V Encontro Nacional de Pesquisadores de Ensino de Ciências, *Atas*. Bauru: [s. n.], 2005.

PRENSKY, M. Digital natives, digital immigants part 2: Do they real think differently? *One Horizon*: The strategic planning resource for education professionals, [s. l.], v. 9, n. 6, p. 1-6, Nov./Dec. 2001.

RAMOS, F. C. N. *Mergulho na Nuvem*: Formação continuada em ferramentas digitais para profissionais de educação no âmbito do ensino remoto devido ao COVID-19. 2021. Dissertação (Mestrado Acadêmico em Ensino em Biociências e Saúde) – Instituto Oswaldo Cruz, Rio de Janeiro, 2021.

SAVIANI, D. *História das ideias pedagógicas no Brasil*. Campinas: Autores Associados, 2007.

SILVA, J. B. da. O Contributo Das Tecnologias Digitais Para O Ensino Híbrido: O rompimento Das Fronteiras Espaço-Temporais Historicamente Estabelecidas E

Suas Implicações No Ensino. *Artefactum* – Revista De Estudos Em Linguagem E Tecnologia Ano IX– N° 02/2017.

SILVA, B.; RIBEIRINHA, T. Cinco lições para a educação escolar no pós-covid-19. *Revista Interfaces Científicas* – Educação, Aracajú, 2020.

SOARES, D. *Educomunicação* – O que é isto. São Paulo: Gens – Instituto de Educação e Cultura, 2006. p. 1-12.

SPINK, M. J.; MENEGON, V. M.; MEDRADO, B. Oficinas como estratégia de pesquisa: articulações teórico- metodológicas e aplicações ético-políticas. *Revista Psicologia & Sociedade*, [s. l.], v. 26, n. 1, p. 32-43, 2014.

VALENTE, J. A. A comunicação e a educação baseada no uso das Tecnologias digitais de informação e comunicação. *Revista UNIFESO* – Humanas e Sociais, [s. l.], v. 1, n. 1, p. 141-166, 2014.

VEIGA-NETO, A. Mais uma Lição: sindemia covídica e educação. *Educação & Realidade*, Porto Alegre, v. 45, n. 4, e109337, 2020.

VERDASCA, J. A escola em tempos de pandemia: narrativas de professores School in times of pandemic: teacher narratives. *Saber & Educar*, [s. l.], n. 29, p. 1647-2144, jan. 2021.

10

A COMUNIDADE VIRTUAL DE APRENDIZAGEM PARA PROFESSORES COLABORABIO – UM LONGO PERCURSO DE PESQUISA, DESENVOLVIMENTO E AVALIAÇÃO

Maurício R. M. P. Luz
Daniel Fábio Salvador
Neusa Helena da Silva Pires Martins

APRESENTAÇÃO

Neste texto relataremos a origem, a construção e a utilização preliminar de uma Comunidade Virtual de Aprendizagem (CVA), o ColaboraBio, desenvolvido por nosso grupo de pesquisa desde 2016. Lembramos aos leitores e às leitoras que o conceito de CVA já foi abordado em um dos capítulos da primeira parte desta coletânea. A intenção agora é relatar a experiência de criação e desenvolvimento de uma CVA com foco específico em professores de Ciências e Biologia.

UM LONGO PERCURSO

Para apresentar a proposta do ColaboraBio, é importante conhecermos os percursos acadêmicos dos principais responsáveis por sua concepção (autores e autora deste texto). Maurício Luz é pesquisador no Instituto Oswaldo Cruz (onde obteve seu doutorado em Biologia Celular e Molecular) e foi professor de Ciências e Biologia das redes pública federal e privada no Rio de Janeiro por 16 anos. Durante a maior parte do tempo em que atuou na educação básica, trabalhou no Colégio de Aplicação da UFRJ (CAp UFRJ). O CAp UFRJ é também campo de formação inicial de professores de diversas áreas, entre elas a Biologia. Por isso, durante os anos em que lá trabalhou, manteve contato permanente com alunos de licenciatura. Dentre os muitos ganhos decorrentes desse contato, destaca-se o aprendizado constante proporcionado por licenciandos e licenciandas de Biologia. Esse aprendizado enriqueceu sua prática e o colocou em contato com métodos e conhecimentos atualizados de diversos campos da Ciência. Por esse motivo, entre outros, acreditamos que o contato e o compartilhamento permanente de reflexões e propostas de ensino entre docentes em todas as etapas da formação e da carreira são estratégias fundamentais para o aprimoramento e a conscientização profissional de todos. Investigar essa temática sempre foi e sempre será um forte componente de nossas linhas de pesquisa. No entanto, a carreira docente é também marcada por um excesso de trabalho, não raro com diversos vínculos empregatícios. Essa conjunção torna muito difícil desenvolver colaborações fora de nossas redes pessoais de contatos. No nosso caso, a dificuldade de criação desses "espaçotempos" colaborativos se constitui numa preocupação permanente e nos motivou a pesquisar as CVAs como alternativas.

O início da colaboração com o Dr. Daniel Salvador, no campo das Tecnologias Educacionais, foi o primeiro e mais importante passo na direção da criação do ColaboraBio. Daniel Salvador é professor associado doutor da Fundação Cecierj, desde 2006, onde trabalha diretamente com a criação de ações formais e informais de formação inicial e continuada de professores de Biologia e Ciências. O foco central da Fundação Cecierj é a interiorização da formação de docentes no estado do Rio de Janeiro, ofertando diversos programas de formação em formatos on-line e ou semipresencial para professores. Diante desse rico campo de atuação em ações extensionistas, de pesquisa e ensino, o professor Daniel Salvador iniciou, em 2010, sua atuação como pesquisador com foco em pesquisas na área de tecnologias educacionais para o Ensino de Ciências e Saúde, passando, a partir de 2015, a integrar o quadro de professores orientadores do programa de Pós-graduação em Ensino em Ciências e Saúde do IOC-Fiocruz (PPG-EBS).

Iniciamos nossas pesquisas conjuntas sobre o tema em 2010, incorporando diversos colegas e alunos do PPG-EBS ao longo do percurso. Inicialmente, investigamos o uso de ferramentas de internet por docentes de Ciências e Biologia da educação básica (ROLANDO *et al.*, 2013). Naquela época, ficou evidente que docentes recorriam a uma grande variedade de ferramentas de internet. As principais eram o e-mail, o download de arquivos e as redes sociais. Essas ferramentas eram utilizadas, sobretudo, para fins de estudo (e-mail e download) e socialização (redes sociais) e muito raramente para o ensino — essencialmente, a partir do acesso a uma plataforma on-line denominada Ning (da qual falaremos adiante), em busca de recursos didáticos ou trocas de experiências com pares. Resultados muito similares foram obtidos com docentes de Química da educação básica, embora o uso didático de ferramentas, como vídeos de internet (baixados ou não) e de blogs, já evidenciasse maior apropriação do uso da internet para fins de ensino (ROLANDO *et al.*, 2015).

Objetivando identificar fatores que contribuiriam para o estabelecimento de um espaço colaborativo virtual para docentes de Ciência e Biologia da educação básica do Estado do Rio de Janeiro, voltamo-nos para o estudo da participação de docentes da educação básica em uma CVA desenvolvida para esses profissionais pela equipe do Dr. Daniel Salvador, estruturada a partir de professores cursistas que realizam formação em cursos de extensão da Fundação Cecierj. Essa CVA era baseada na plataforma Ning, denominada "Rede de professores de ciências e Biologia do Estado do Rio de Janeiro" (RPCB-RJ). A RPCB-RJ foi objeto de diversos estudos, por isso a apresentaremos com mais detalhes.

A plataforma Ning Networking permitia a criação de redes sociais individualizadas com administração independente: cada usuário poderia criar sua própria rede e/ou aderir às redes de usuários com os quais partilhasse interesses. Ao contrário de redes sociais de cunho generalista, que condicionam a rede social à interação pessoal, o Ning focalizava o compartilhamento de interesses específicos. O acesso inicial era realizado por meio de um ambiente virtual coletivo, e não de uma página pessoal de cada usuário. Os participantes contavam com ferramentas projetadas para a interação e colaboração, incluindo funcionalidades como os fóruns, criação de blogs, de grupos e compartilhamentos de materiais de diversos tipos. Esses recursos estavam disponíveis para os participantes da RPCB-RJ. Embora fosse uma rede aberta a professores, o cadastramento era obrigatório. Além disso, os convites para participação na RPCB-RJ se davam no âmbito de cursos de formação continuada on-line, visando apresentar essa nova iniciativa à comunidade docente do Estado do Rio de Janeiro (principalmente). Essa participação inicial na CVA se constituía em uma das atividades dos cursos, ainda que não fosse obrigatória. Finalmente, a RPCB-RJ era uma CVA não moderada: não havia qualquer controle por parte dos gestores em relação ao uso, às finalidades desse uso ou ao conteúdo das participações. Em síntese, dizemos que a RPCB-RJ era uma rede autogerida acessível e disponível para livre utilização apenas por docentes de Ciências e Biologia da EB.

O conjunto de estudos realizados sobre a RPCB-RJ gradativamente evidenciou achados importantes sobre o uso de CVAs que foram descritos em publicações ao longo dos últimos anos. Destacaremos apenas aqueles resultados que contribuíram diretamente para a concepção das versões do ColaboraBio, foco deste texto. Mais de 200 docentes da EB se cadastraram e participaram ativamente da RPCB-RJ durante um período de apenas 30 dias (ROLANDO et al., 2014). Esses professores e professoras realizaram, em média, cerca de seis participações na comunidade, um número que excedia amplamente o mínimo de três participações solicitado pelos gestores do curso. Além disso, o uso das ferramentas e funcionalidades da CVA teve como principais finalidades o "estudo" (aquisição de conhecimentos sobre temas de Ciências e Biologia) e o "uso didático" (discussão de temas relacionados ao ensino de Ciências e Biologia). De fato, essas duas finalidades correspondiam a 86% das utilizações das ferramentas. O uso para outras finalidades, inclusive a socialização, tão frequente nas demais redes, foi extremamente reduzido. Dentre as dez principais ferramentas disponíveis na CVA, a mais amplamente utilizada foi a postagem de mensagens em fóruns. O compartilhamento de recursos, como fotos e links, veio em seguida, embora fosse substancialmente menos frequente. Participantes da RPCB-RJ raramente criavam fóruns na CVA, preferindo participar daqueles preexistentes. Os fóruns disponíveis na RPCB-RJ que mais motivaram a participação foram os classificados como "didáticos". Esses dados, em conjunto, evidenciaram o interesse pela proposta de utilização da RPCB-RJ e a adesão a ela, ou seja, uma comunidade virtual docente voltada para fins de aprendizagem, se devia sobretudo à discussão da didática específica de suas disciplinas (ROLANDO et al., 2014).

Os resultados descritos até aqui resultaram da participação de professores em uma CVA (RPCB-RJ) associada inicialmente a cursos de formação continuada para professores oferecidos inteiramente a distância. Sabe-se, de acordo com dados disponíveis, principalmente na literatura internacional, que a evasão nesses cursos pode ser elevada, chegando a 40%, ainda que fatores, como certificação, compensação financeira ou redução de carga de trabalho, possam minorar esse problema (KUBITSKEY et al., 2012, STILLER; BACHMAYER, 2017). Nenhuma dessas compensações estava disponível nos cursos oferecidos. Isso nos motivou a investigar a evasão em cursos desse tipo no Brasil e associação com a caracterização da adesão de longo prazo dos participantes da RPCB-RJ. O primeiro estudo mostrou que a evasão se situava em torno de 50% dos inscritos, independentemente do tema e da duração dos cursos (LUZ *et al.*, 2018). Determinamos também que a participação na RPCB-RJ era intensa durante os cursos, mas se reduzia rapidamente após seu encerramento, apesar de uma avaliação extremamente positiva da CVA RPCP-RJ pelos participantes (LUZ *et al.*, 2019). Entrevistas telefônicas ou por e-mail revelaram, nesses dois estudos independentes, que as causas para evasão e baixa participação autônoma na CVA RPCB-RJ eram muito similares e relacionadas às características intrínsecas ao trabalho docente: falta de tempo devido a problemas familiares ou de saúde e agenda de trabalho sobrecarregada (LUZ *et al.*, 2018, 2019). Problemas tecnológicos de acesso à internet também se mostraram relevantes nos dois casos. Esses dados foram complementados por outro estudo de grande porte e longo prazo, no qual caracterizamos a participação de 1118 docentes na RPCB-RJ ao longo de três anos (SALVADOR *et al.*, 2017). Observamos, por exemplo, que houve quase 172 mil visualizações de páginas no período, ou seja, cerca de 60 mil visualizações por ano. É comum e frequente, portanto, que se navegue pela CVA sem participar diretamente dela, possivelmente acessando participações de outros membros. Ou seja, o alcance de uma CVA como a CPCB-RJ é subestimado quando consideramos apenas as participações que nela ficam registradas (postagens em fóruns, compartilhamentos etc.), ainda que as participações efetivas diminuam à medida que a CVA se expande. Essa conclusão é reforçada quando se considera que houve acessos à CVA originados de 260 municípios brasileiros. De certo modo, a RPCB-RJ passou a ser vista também como espaço para consulta aos conteúdos já disponibilizados. Observamos ainda que o acúmulo de novos espaços de discussão (fóruns e blogs) pode ter contribuído para certa pulverização das discussões e para a redução na participação, uma vez que novos espaços foram abertos para tratar de temas já abordados em outros. As funcionalidades do Ning, que limita a visualização inicial aos últimos dez fóruns no qual houve postagens, também parecem ter limitado a participação, dando visibilidade a espaços recém-criados e com poucos conteúdos.

Podemos agora resumir os principais resultados apresentados até então, de modo que possamos relacioná-los posteriormente à estrutura proposta para a primeira versão do ColaboraBio. Docentes de Ciência/Biologia da EB aderiram a RPCB-RJ e participaram dela, uma CVA autônoma (sem moderação por pesquisadores ou outros profissionais). Nessa CVA, notamos uma marcante preferência pela participação em fóruns, com destaque para aqueles preexistentes e voltados para temas de cunho didático. Essa participação era intensa, durante a realização dos cursos, mas diminuía drasticamente após seu encerramento, por razões intrínsecas às condições do trabalho docente e devido às características de uma CVA de grande porte como a RPCB-RJ. Assim, ficou claro que a mobilização de grandes números de participantes para integrar a CVA, a partir de cursos de formação continuada, gerava uma intensa atividade na CVA, o que era positivamente avaliado. Porém, diversos fatores, incluindo a expansão (talvez excessiva) e a ausência de moderação pelos gestores nesse processo, faziam com que a RPCB-RJ não se sustentasse como espaço colaborativo autônomo no longo prazo.

Cabe recordar ainda que nossa proposta original era a criação de espaços colaborativos disponíveis para professores e estudantes de licenciatura inspirado em experiências prévias em uma escola de aplicação. A pesquisa com licenciandos se iniciou com a integração da professora Neusa Martins ao grupo de pesquisa. Ela se interessou por pesquisar o uso de tecnologias educacionais desde a graduação, que cursou na modalidade de semipresencial da Fundação Cecierj. Seu interesse se fortaleceu após a disciplina Tecnologias Educacionais para o Ensino de Biologia e Ciências. Neusa dedicou seu mestrado a investigar se e como a participação em CVAs possibilita a colaboração entre licenciandos e professores. Atualmente, ampliou seu foco e se dedica a compreender fatores que contribuem para a colaboração on-line no desenvolvimento de materiais didáticos. Em sua pesquisa de mestrado, investigou o uso de ferramentas de internet por alunos de um curso de Licenciatura em Biologia semipresencial, numa abordagem similar àquela utilizada com docentes. Martins *et al.* (2015) mostraram que, conforme esperado, esse público fazia uso intenso das ferramentas de internet nas atividades intrínsecas aos seus cursos. O mais interessante, porém, foi que algumas ferramentas de comunicação (blogs) e de redes sociais (Facebook) eram comumente utilizadas para o estudo de temas biológicos não conectados com as disciplinas do curso, ou seja, de interesse pessoal de cada estudante (MARTINS *et al.*, 2015). Isso indica que, talvez, pelo fato de serem "nativos digitais" e fazerem uso rotineiro e intensivo da internet, estudantes buscam explorar as demais potencialidades dessas ferramentas para sua formação.

Com intensa participação de todos os membros, nosso grupo de pesquisa realizou investigações pontuais para identificar as atividades e ferramentas que motivariam estudantes de licenciatura e docentes a participar de uma CVA. Alguns resultados inéditos e importantes dessas investigações serão brevemente apresentados a seguir.

Um questionário composto de dez itens, associado a uma escala de likert de 10 pontos, foi enviado a docentes e estudantes de licencatura de

Biologia. Nesse tipo de escala, cada respondente assinala um valor para indicar sua concordância com uma determinada afirmativa o extremo superior da nossa escala era definido como "concordo plenamente" e o inferior como "discordo totalmente". A partir dessas escalas, foram calculados escores médios (com valor máximo igual a 10). Um total de 398 licenciandos e 566 docentes responderam ao questionário, o que representou uma taxa de resposta de 45%, valor muito bom considerando que se tratava de um questionário enviado pela internet. O primeiro item de interesse para o presente trabalho solicitava que os respondentes ranqueassem em ordem de importância um conjunto de 11 recursos didáticos a serem disponibilizados em uma eventual CVA. Constatamos que algumas das expectativas de professores e licenciandos eram bastante distintas. Estudantes de licenciatura atribuíram menos importância (escore médio de 4,6) à disponiblização de planos de aula na CVA, enquanto para docentes esses materiais foram considerados os de maior importância (8,2). Por outro lado, licenciandos mostraram interesse por roteiros de aulas práticas e jogos educativos (7,5 e 5,0, respectivamente) superior ao de professores (6,9 e 4,3, respectivamente). Outras funcionalidades, como a disponibilização de imagens, links, vídeos e demais recursos educativos, foram consideradas igualmente importantes por ambos os grupos. Embora as bases dessas diferenças não tenham sido investigadas, nossa hipótese é de que podem estar relacionadas à necessidade de planejamento de atividades mais frequentes na prática diária de docentes. Já entre estudantes que ainda não iniciaram sua prática profissional, pode haver maior expectativa de realizarem atividades diferenciadas. No entanto, fica evidente o interesse de ambos os grupos por acesso a recursos didáticos diversificados disponibilizados por seus pares em uma CVA.

Um segundo item de interesse solicitava que os respondentes ranqueassem, em ordem de importância, diversas ferramentas de comunicação da internet potencialmente disponíveis em uma CVA. Nesse caso, o valor máximo do escore era igual a sete e o mínimo um. Como não houve diferenças significativas entre os dados obtidos com licenciandos e docentes, apresentaremos os escores médios considerando os dois grupos. Houve grande interesse por fóruns de vários tipos, ainda que fosse um pouco maior por fóruns didáticos (4,4), em relação àqueles voltados para conteúdos biológicos (4,0). A disponibilidade de espaços colaborativos para construção de propostas de ensino (4,5) também foi destacada como uma funcionalidade de grande importância.

A concepção da primeira experiência colaborativa para docentes e licenciandos se baseou no fato de os fóruns serem as ferramentas de uso preferencial para ambos. Assim, optamos pela criação de três fóruns de discussão no âmbito da RPCB-RJ, abertos para docentes e estudantes de licenciatura e voltados para temas de ensino: Jogos e Games para o Ensino em Biociências; O Ensino de Nutrição e Tecnologias Educacionais para Ensino de Ciências. O acesso a esses fóruns foi aberto a todos os participantes anteriores da nossa CVA, mas contou também com o recrutamento de docentes em serviço e licenciandos participantes de cursos de formação on-line. Os fóruns foram iniciados por um usuário institucional, a fim de evitar respostas direcionadas ao criador do fórum e incentivar o debate de ideias entre os participantes. Esse estudo foi descrito em detalhes por Martins (2016). Ressaltaremos aqui os resultados inéditos que, mais uma vez, contribuiram decisivamente para a concepção do ColaboraBio. No período de estudo, contamos com um total de 345 participantes, dos quais 138 licenciandos e 207 docentes, que realizaram um total de 2374 participações. Os participantes dos três fóruns estudados a princípio não tinham acesso à situação profissional de seus pares (docentes ou licenciandos), de modo que as interações ocorriam sem qualquer caráter hierárquico explícito. Nosso objetivo principal era investigar se ocorriam colaborações produtivas entre estudantes de licenciatura e docentes em serviço e, caso ocorressem, quais seriam suas características.

A organização dos fóruns em sequências cronológicas de postagens possibilita que os participantes interajam livremente entre si. Permite também que se identifique quem gerou cada postagem, licenciando(a) ou docente, e a quem ela foi dirigida. Notamos que as interações ocorreram em todos os sentidos possíveis entre estudantes de licenciatura e docentes, ainda que predominassem as interações entre esses útltimos, por serem mais numerosos (Figura 1). Essas postagens eram essencialmente de dois tipos: contribuições e comentários. As "contribuições" traziam novas informações em relação à temática discutida. Já os "comentários" não apresentavam novas informações, apenas respondiam, comumente com elogios ou incentivos, a uma postagem anterior.

Figura 1 – Tipos de postagens realizadas pelos particpantes com diferentes perfis na RPCB-RJ

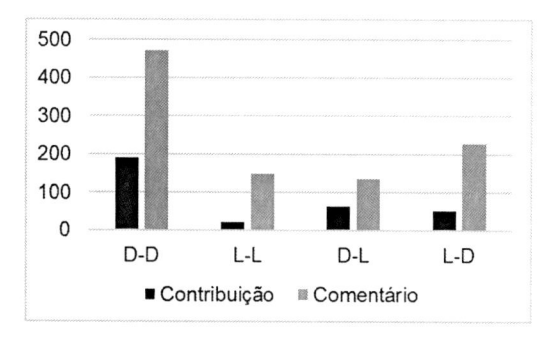

[Gráfico de barras: Contribuição e Comentário para D-D, L-L, D-L, L-D]

Legenda: D, Docentes em serviço; L, Licenciandos
Fonte: os autores

As "contribuições" podiam ser de dois tipos. As "práticas" continham explicitamente descrições de propostas de ensino, sugestões de usos de recursos diversos (inclusive tecnológicos) no ensino. As outras contribuições foram classificadas como "reflexivas", uma vez que continham afirmações ou poderações, embasadas ou não na literatura e/ou na própria experiência, para debater as temáticas em dicussão. Na Figura 2, podemos observar que tanto licenciandos como docentes realizaram contribuições reflexivas e práticas dirigidas a participantes de ambos os grupos, indicando que as duas categorias de participantes recebiam aportes diversificados da outra. Esses dados corroboraram, ainda que em caráter preliminar, nossa hipótese de que espaços virtuais de colaboração, envolvendo docentes e estudantes de licenciatura, podem contribuir para a formação desses dois grupos, e não apenas de licenciandos, como se poderia esperar dada a maior experiência profissional dos docentes.

Figura 2 – Tipos de contrbuições compartilhadas pelos particpantes com diferentes perfis na RPCB-RJ

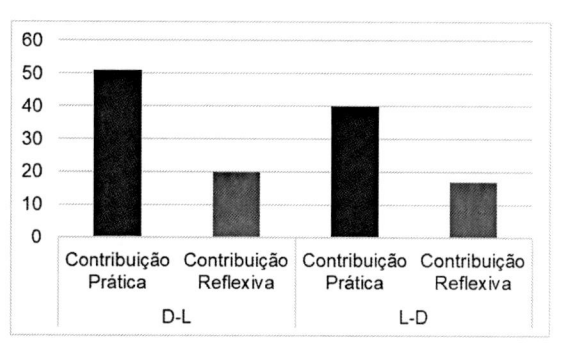

[Gráfico de barras: Contribuição Prática e Contribuição Reflexiva para D-L e L-D]

Legenda: D, Docentes em serviço; L, Licenciandos
Fonte: os autores

Ao caracterizarmos o fluxo de trocas ocorridas nos fóruns, percebemos que o grande número de participantes dificultou a manutenção de diálogos sobre um mesmo tema entre os mesmos interlocutores. De fato, o elevado número de postagens tornava difícil para um participante localizar o diálogo anterior, e as discussões sobre assuntos distintos (ainda que relacionados ao tema central dos fóruns) eram iniciadas e interrompidas. No entanto, uma exceção marcante a essa fragmentação dos diálogos foi observada no fórum sobre ensino de nutrição, sobretudo em relação às participações de docentes (MARTINS *et al.*, 2020). Resumidamente, nesse fórum ocorreram frequentes discussões relativas à preocupação das professoras com a saúde nutricional de seus alunos. Quando interrompida, essa discussão, sem caráter estritamente didático, era espontaneamente retomada em postagens subsequentes. Ficou evidente que as professoras se apropriaram de um fórum originalmente voltado para discussões de cunho pedagógico e transformaram-no em um ambiente virtual, no qual compartilhavam percepções e experiências sobre as expectativas sociais excessivas relativas ao seu papel na construção de hábitos alimentares saudáveis pelos alunos. Esse estudo talvez indique a importância de CVAs incluírem espaços complementares para discussão de assuntos relacionados à profissão docente.

Finalmente, ficou claro que a aderência aos fóruns, ao longo do tempo, foi pequena, uma vez que a quantidade de postagens decrescia rapidamente, tal como observado nas CVAs voltadas exclusivamente para docentes (Figura 3).

Figura 3 – Número de participações realizadas na RPCB-RJ durante um período de nove meses (dados obtidos por meio do Google Analytics)

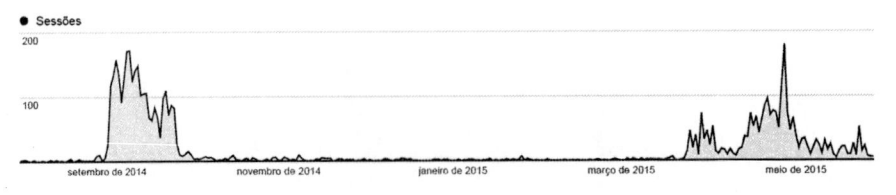

Fonte: os autores

Esse conjunto de experiências e de resultados foi considerado suficiente para que iniciássemos a estruturação de CVAs não hierarquizadas abertas para docentes e licenciandos, porém moderadas pelos gestores da proposta. Assim, surgiram as várias versões do ColaboraBio que apresentaremos nas próximas seções.

CONCEITOS FUNDAMENTAIS QUE NORTEIAM O COLABORABIO

O processo de construção e reformulação do ColaboraBio se baseou em definições e escolhas tomando por base alguns pressupostos, muitos deles derivados diretamente de nossas pesquisa e destacados nas seções anteriores. Porém, esses pressupostos foram considerados à luz das transformações tecnológicas que ocorrem constantemente e com grande velocidade. Em síntese, o ColaboraBio deveria integrar funcionalidades de "mídia social" com outras de "repositório/portal" organizado. As mídias sociais permitem a formação de grupos e as discussões entre seus membros. Já os repositórios guardam, de forma organizada, as produções de participantes. No entanto, não existem programas ou aplicativos para dispositivos móveis com ambas as funcionalidades integradas. Os aplicativos de mídias sociais são concebidos com funcionalidades voltadas para trocas relativamente superficiais e, em geral, públicas. Já os repositórios têm poucas funcionalidades colaborativas.

Em relação à funcionalidade de repositórios, cabem algumas considerações importantes. Os recursos de ensino, sobretudo audiovisuais, de maior interesse para os professores podem ser facilmente localizados na internet por meio de motores de busca simples (Google, por exemplo). No caso de animações e vídeos, o acervo disponível em repositórios on-line associados a motores de busca (por exemplo, YouTube) é virtualmente infinito. Esse amplo acervo é permanentemente renovado e muitas vezes avaliado por meio de comentários. Seu uso por docentes está bem relatado e tem sido objeto de estudos e no Brasil no mundo. Criar repositórios de recursos produzidos por terceiros traz ainda problemas graves em relação aos direitos autorais. Nossas experiências anteriores mostraram que professores compartilham nas CVAs imagens próprias, de terceiros ou obtidas na internet (ROLANDO *et al.*, 2014). Embora eventualmente esses recursos possam estar sendo utilizados nas aulas sem atribuição de direitos, compartilhá-los é uma prática ilegal. É impossível moderar esse tipo de compartilhamento, devido ao grande volume de postagens e às dificuldades de gestores e dos próprios participantes em determinar a autoria de cada recurso. Mesmo quando a autoria é determinada, a obtenção de autorização para uso educacional é trabalhosa. Além disso, a criação do Educapes[7] tornou disponível um repositório público, gratuito e com acervo crescente de recursos educativos. Entendemos, por esses motivos, que a criação de um repositório de recursos educacionais de terceiros seria redundante. No entanto, vale lembrar que os links para bons recursos disponíveis nos repositórios existentes na internet podem ser compartilhados em espaços no ColaboraBio, disseminando seu acesso entre participantes.

O ColaboraBio passou a ter duas funcionalidades principais, que entendemos serem complementares. Em primeiro lugar, ela pode se constituir em um espaço para a construção compartilhada de conhecimentos, oferecendo condições para trocas organizadas entre professores em serviço/formação continuada com aqueles em formação inicial (licenciandos) (MARTINS, 2016). O ColaboraBio, portanto, visa fomentar a formação de grupos colaborativos heterogêneos.

Porém, os dados relativos à aderência de participantes a CVAs autogeridas com ingresso maciço periódico indicam que é necessário outro tipo de recrutamento de participantes. Relatos na literatura mostraram que CVAs com equipes de mediadores ativos e grupos menores de participantes se sustentam ao longo de períodos relativamente mais longos, embora a participação intensa da equipe de pesquisadores seja fundamental para isso (BRACHEL; EL-HANI; GRECA, 2011, 2013). A longo prazo, nosso objetivo é criar uma CVA da qual docentes e licenciandos se apropriem gradativamente (o ColaboraBio). Nossa meta é oferecer suporte para que assumam o protagonismo, inclusive, da mediação das colaborações que ali ocorrerem. Entendemos que esse objetivo é ousado, devido à sobrecarga de trabalho característica do fazer docente, por isso, deve ser alcançado gradualmente a partir de experiências de pequeno porte. A estrutura e a dinâmica de interações do ColaboraBio visam assegurar condições para que essa construção ocorra.

Notamos que espaços de discussão preexistentes mobilizavam mais os participantes do que a criação de novos. Porém, entendemos que essa possibilidade de criação de espaços deveria permanecer disponível, ainda que sujeita à mediação pela equipe gestora, evitando, com isso, as duplicidades temáticas que causam seu esvaziamento. Repetidas vezes

---

[7] Para mais informações, acessar https://educapes.capes.gov.br/.

descrevemos que grandes contigentes de usuários acessando a comunidade simulataneamente e sem objetivo específico bem definido acaba comprometendo suas próprias possibiliades de colaboração e diálogo organizado. Optamos então por um modelo de recrutramento de pequenos grupos colaborativos com apoio de mediadores (grupo de pesquisa). Essa mediação os agrupará e acompanhará em atividades de fundo didático com objetivos bem definidos ligados ao ensino de Ciências e Biologia. No novo ColaboraBio, há condições para a inserção de novos participantes, de maneira gradual e mediada, de modo que tanto o caráter autoral como o colaborativo possam ser construídos gradativamente a partir dos diferentes pontos de partida e motivados pelos interesses de participantes. Espera-se que a incorporação de usuários na gestão do ColaboraBio pelos usuários possa ocorrer, ao longo do tempo, devolvendo a eles, ao menos parcialmente, a autogestão.

Por fim, articulamos as funcionalidades de colaboração ao interesse docente por repositórios de materiais didáticos. Supomos que, a partir da autoria colaborativa bem focalizada, poderão ser produzidos materiais didáticos que, em seguida, serão compartilhados no repositório do próprio ColaboraBio. Estudos de pequeno porte com uma versão piloto dessa nova CVA identificaram problemas e potencialidades desse modelo geral que propusemos, como resumiremos a seguir.

EXPERIÊNCIA PILOTO

A primeira versão completa do ColaboraBio utilizava o software Jolma Social para atividades colaborativas. Naquela versão, as funcionalidades colaborativas incluíam fóruns, mensagens e repositórios de arquivos (com possibilidade de comentários). Um grupo heterogêneo, composto de estudantes de licenciatura em Ciências Biológicas, professoras da educação básica e pesquisadores de nosso grupo, utilizou esse ColaboraBio como ferramenta complementar às suas atividades colaborativas presenciais. Segundo os participantes, o software escolhido se mostrou limitado em muitos aspectos: lentidão de acesso, dificuldades em organização de repositório de arquivos, necessidade de login e demora na comunicação de novas postagens aos demais membros do grupo. O grupo passou a utilizar o aplicativo de mensagens instantâneas de celular WhatsApp para a comunicação e o Dropbox (versão gratuita) para arquivos. A necessidade de usar dois aplicativos distintos para as funcionalidades desejadas foi relatada como fator complicador, gerando eliminações de versões de arquivos em uso quanto conflitos, devidos a atividades simultâneas realizadas sobre um mesmo arquivo (problema parcialmente resolvido com o uso da versão paga do próprio Dropbox, o que implicou custos para a manutenção da CVA). Essa opção por aplicativos complementares reduziu drasticamente o acesso ao ColaboraBio, que passou a ser utilizado essencialmente para comunicação com a equipe de pesquisa. Segundo os integrantes do grupo, o uso do WhatsApp somente se mostrou confiável, porque havia relação prévia e presencial entre seus componentes. Esse aplicativo teria sido objeto de resistência no caso de os participantes serem desconhecidos entre si.

Em decorrência dessas e de outras observações, o Jolma Social foi substituído por uma interface simplificada da plataforma Moodle para atividades colaborativas. A estrutura da CVA foi alterada para que somente os usuários cadastrados tivessem acesso rápido à área colaborativa. Todos os usuários (cadastrados ou não) passaram a ter acesso direto somente ao conteúdo disponível para download, organizado de forma mais acessível (ver adiante). O grupo retomou o uso do ColaboraBio e concluiu a elaboração de um caso investigativo sobre o fenômeno da transição nutricional para um jogo educacional elaborado previamente por nosso grupo de pesquisa ("Caso Brasil" do Jogo "Fome de Q?"). Esse caso investigativo recebeu tratamento gráfico profissional e atualmente encontra-se disponível para download pelos participantes do ColaboraBio. Esses resultados foram importantes, pois o grupo dispensou o uso de aplicativos ou softwares alternativos. Pode-se dizer, portanto, que o ColaboraBio foi utilizado em um ciclo completo de colaboração. No entanto, algumas dificuldades permanecem. Entre elas, está a versão muito limitada de aplicativos para acesso ao Moodle, o que obriga participantes usuários de dispositivos móveis (sobretudo smartphones) a realizar o acesso por meio de navegadores de internet. O ColaboraBio recebeu novo tratamento gráfico, tornando-o mais atraente, e sofreu pequenas reestruturações para tornar a navegação mais rápida.

A VERSÃO ATUAL DA CVA: A COLABORABIO[8]

Nesta seção, apresentaremos a estrutura da versão final do Colabora-Bio, na qual buscamos incorporar e articular todos os achados de pesquisa

---

[8] Para mais informações, acessar www.colaborabio.com.br

acumulados ao longo de nosso percurso e experiências com as versões anteriores. Na Figura 4, está a tela inicial da plataforma. Destacaremos a seguir as principais características e funcionalidades do site. Sugerimos, porém, aos leitores e às leitoras que interajam com a CVA, uma vez que a descrição em texto de uma estrutura dinâmica e ramificada de uma comunidade virtual não é simples.

O logo elaborado representa, de modo integrado, as principais características do ColaboraBio: colaboração (formigas e abelhas), autoria (mão redigindo o próprio logo) e Biologia (seres vivos diversos). A rede na base remete às próprias redes sociais e comunidades virtuais. Todos os panos de fundo foram criados com base em imagens biológicas (cromossomos, células etc.). A seta 1 indica o menu "dropdown" a partir do qual todas as seções disponíveis na página inicial (home) estarão sempre disponíveis para visitantes em todas as páginas e seções da CVA, permitindo a mudança de seção e o login rápido aos usuários cadastrados.

Figura 4 – Página inicial do ColaboraBio

Fonte: os autores

Aproveitamos a produção prévia de nosso grupo e nossos colaboradores no campo da avaliação de materiais paradidáticos, em especial jogos e atividades investigativas, para "povoar" o repositório de nossa CVA com materiais didáticos já testados e utilizados em salas de aula brasileiras. Disponilizamos para download os jogos de tabuleiro "Célula Adentro" (SPIEGEL *et al.*, 2008,) e "Fome de Q?" (ROSSE *et al.*, 2021), além de uma atividade investigativa sobre as funções dos nutrientes presentes em alimentos (LUZ; OLIVEIRA,

2008). Disponibilizamos também textos de divulgação científica de autoria de membros de nosso grupo de pesquisa em colaboração com pesquisadores de diversas instituições brasileiras. Nossos colaboradores produziram ainda planos de atividades para o MOOCs e outras ações educativas do governo estadual. Esses planos foram disponiblizados para download após tratamento gráfico cuidadoso, de modo a torná-los mais atraentes. A página inicial do ColaboraBio destaca, portanto, três seções: Jogos, Divulgação Científica e Planos de Ação (termo genérico que permitirá incluir futuramente outras produções, tais como roteiros de práticas, excursões, planos de aulas etc.). Criamos, com isso, um ambiente amigável, no qual o(a) visitante pode interagir com o ColaboraBio de diferentes maneiras, por exemplo, como um site distributivo apenas, por meio do download de materiais. É possível, porém, ampliar esse uso, com base em funcionalidades colaborativas. Espera-se que essa relação com o ColaboraBio e sua equipe seja estabelecida a partir de diferentes motivações. Cada um dos materiais didáticos disponíveis para download está associado a funcionalidades de colaboração e autorais. Essas possibilidades estão definidas em três níveis de complexidade crescentes, que podem ou não ser usados sequencialmente e/ou de modo complementar. Para acesso aos três níveis colaborativos, o(a) usuário(a) deve realizar cadastro simples no ColaboraBio. A participação será moderada pela equipe gestora da CVA. Essa gestão inclui restrições ao ingresso de indivíduos sem vínculo com a docência (exceções serão avaliadas pelos moderadores), à criação excessiva de propostas (inclusive com superposição temática), bem como a excessiva quantidade de membros em um grupo colaborativo (o que compromete as possibilidades de diálogo e colaboração efetiva). Esses níveis estão brevemente descritos a seguir.

1º Nível – "Teste em sua sala" (Figura 5) – utilização sistemática, em sala de aula, de materiais instrucionais disponíveis para download no ColaboraBio. Nesse caso, com o material, são disponibilizados instrumentos simples de acompanhamento e avaliação utilizados por nossa equipe em pesquisas anteriores. Esse nível de colaboração inicial é caracterizado por menor atividade autoral do(a) professor(a) e maior suporte direto do ColaboraBio, por meio de discussões e fornecimento de materiais adicionais, a partir de solicitações de participantes.

Figura 5 – Ambiente de acesso ao 1º Nível de Colaboração e Recursos associados a ele

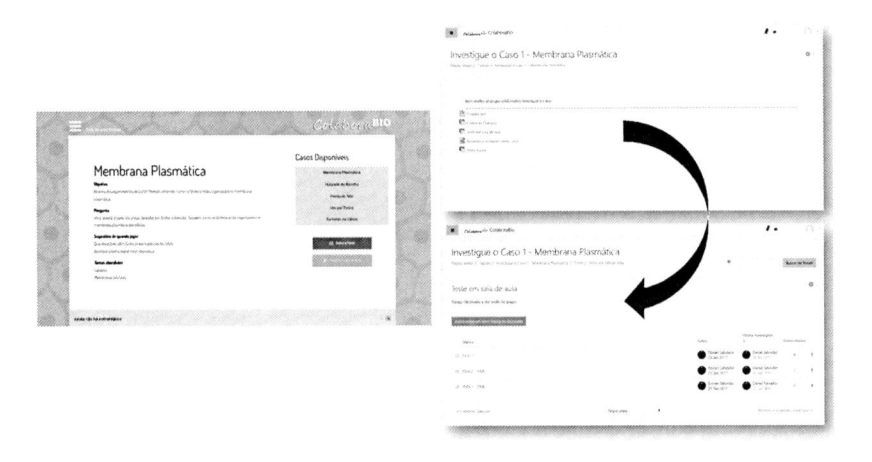

Fonte: os autores

2º Nível – "Criando Caso" – essa funcionalidade implica a produção de materiais adicionais/complementares para algumas atividades já disponíveis. O principal elemento já disponível para para viabilizar essa atividade são os jogos educativos. De fato, os dois jogos ("Célula Adentro" e "Fome de Q?") disponibilizados têm caráter modular. Isso porque cada um deles contém dois componentes principais. O primeiro é um conjunto de objetos básicos de uso comum (tabuleiro, caderno de regras etc.); o segundo é um conjunto de casos investigativos independentes entre si. Os casos são apresentados como um conjunto de cartas (carta problema e dez pistas), e os problemas propostos devem ser resolvidos pelos estudantes enquanto jogam, utilizando o tabuleiro e as regras comuns a todos eles. Por esse caráter modular (elementos comuns e "casos" independentes), os(as) participantes(as) podem desenvolver colaborativamente "casos" novos para jogos cujas características gerais já foram previamente avaliadas (Figura 6).

Figura 6 – Ambiente de acesso ao 2º Nível de Colaboração e Recursos associados a ele. Há botões similares com termos diferentes. "Criando Caso", para jogos; "Seja o Autor", para DC e "Crie um novo Plano", para Planos de Ação. Setas indicando fórum e repositório de arquivos

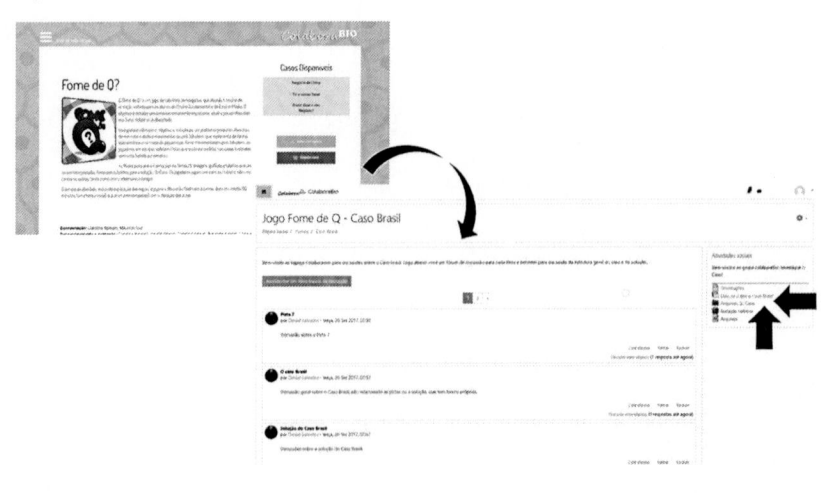

Fonte: os autores

3º Nível – produção e avaliação de materiais inteiramente novos ou reformulação de materiais de autoria própria (novos membros da CVA) em colaboração com seus pares e integrantes de nossa equipe.

Esses materiais poderão ser textos de divulgação científica, jogos ou planos de ação. As funcionalidades colaborativas nesse nível dependerão das propostas. O acesso se dará após preenchimento de proposta em formulário específico, que será analisado pela equipe do ColaboraBio. Essa pré-análise foi considerada essencial para evitar problemas de edições anteriores.

Em todos os três níveis descritos estarão disponíveis recursos colaborativos que permitem ao professor estabelecer parcerias com a equipe do ColaboraBio. Adicionalmente, visitantes e participantes cadastrados poderão registrar comentários sobre todos os materiais disponíveis. Após moderação, essas participações se tornarão públicas na comunidade. Ou seja, cada comentário ficará disponível no formato de *post* de blog com possibilidade de interação pública para trocas de experiências.

Recentemente, um novo ambiente para socialização entre professores e licenciandos foi integrado ao ColaboraBio, o Wordpress. ColaboraBio, que conta com fóruns para interação, repositórios de arquivos e ferramentas de construção colaborativa (Wiki). Esse espaço representa uma alternativa tecnológica para a formação de pequenos grupos para colaborações, sobretudo nos níveis dois e três.

Cabe ressaltar ao leitor e à leitora que nossas experiências, nesse novo ambiente, foram perpassadas pelas limitações e sobrecargas impostas aos docentes e discentes resultantes do período de pandemia de Covid-19. Para além de todos os reconhecidos impactos negativos sobre a saúde pública mundial, a comunidade de educação lidou especificamente com as demandas inesperadas do ensino remoto emergencial, que lhe impôs o uso intempestivo e maciço das tecnologias educacionais.

Ainda assim, participaram desse novo ambiente seis grupos colaborativos, compostos de no máximo 15 membros e integrados necessariamente por docentes em diferentes fases de suas carreira e licenciandos. O número inicial aparentemente elevado de participantes visou permitir a permanência, a médio prazo, de um número razoável de colaboradores ao longo do processo, uma vez que uma alta evasão era esperada. Nenhum dos integrantes dos grupos teve contato presencial, e toda a colaboração ocorreu on-line, sem qualquer forma de certificação aos participantes. Desde o início, pretendíamos compreender se era possível estabelecer a criação de uma rede totalmente virtual com fins pedagógicos, para que investigássemos as trocas surgidas nesse espaço, focando os membros agregadores e suas caracteristicas. Embora ainda esteja em curso, e apesar dos percalços decorrentes da pandemia, os resultados iniciais são estimulantes. Esperamos descrevê-los em detalhes em breve em nossas publicações.

CONSIDERAÇÕES FINAIS

Descrevemos aqui o percurso que nos conduziu da investigação sobre o uso da internet para fins de formação por docentes e estudantes e licenciatura até a construção de uma CVA, o ColaboraBio. A estrutura atual da comunidade reflete as informações obtidas e os conhecimentos construídos colaborativamente ao longo desse percurso. Longe de ser linear, essa trajetória foi perpassada, como todas as ações educativas e pesquisas que incluem as tecnologias de informação e comunicação, pelas esperadas, ainda que imprevisíveis, transformações que nelas ocorrem interruptamente. Surgiram novos modos de utilização da internet para fins educativos. Comunidades e redes sociais surgiram, se ampliaram e se extinguiram. Correntes e tendências pedagógicas foram propostas e aperfeiçoadas. De certo modo, o esforço para construção e manutenção em atividade de uma CVA colaborativa para docentes exemplifica mais uma ilustração das palavras ditas pela Rainha Vermelha, em *Alice Através do Espelho*, de autoria de Lewis Carrol: *"É preciso correr o máximo possível, para permanecermos no mesmo lugar."*. E é nesse lugar, o ColaboraBio[9], que esperamos por vocês, leitores e leitoras desse modesto relato.

REFERÊNCIAS

CHARBEL, N.; EL-HANI, C. N.; GRECA, I. M. Participação em uma comunidade virtual de prática desenhada como meio de diminuir a lacuna pesquisa-prática na educação em Biologia. *Ciência & Educação*, [s. l.], v. 17, n. 3, p. 579-601, 2011.

CHARBEL, N.; EL-HANI, C. N.; GRECA, I. M. ComPratica: A Virtual Community of Practice for Promoting Biology Teachers' Professional Development in Brazil. *Res Sci Educ*, [s. l.], v. 43, p. 1327-1359, 2013. DOI: 10.1007/s11165-012-9306-1.

KUBITSKEY, B. W.; VATH, R. J.; JOHNSON, H. J.; FISHMAN, B. J.; KONSTANTOPOULOS, S.; PARK, G. J. Examining study attrition: Implications for experimental research on professional development. *Teaching and Teacher Education*, [s. l.], v. 28, n. 3, 418-427, 2012. DOI: http://doi.org/10.1016/j.tate.2011.11.008.

---

[9] Para mais informações, acessar www.*ColaboraBio*.com

LUZ, Maurício; DE OLIVEIRA, Maria de Fátima Alves. Identificando os nutrientes energéticos: uma abordagem baseada em ensino investigativo para alunos do ensino fundamental. *Revista Brasileira de Pesquisa em Educação em Ciências*, [s. l.], v. 8, n. 2, 2008.

LUZ, M. R. M. P.; Characterization of the Reasons Why Brazilian Science Teachers Drop Out of Online Professional Development Courses. *The International Review of Research in Open and Distributed Learning*, [s. l.], v. 19, n. 5, 2018. DOI: 10.19173/irrodl.v19i5.3642.

LUZ, M. R. M. P.; SALVADOR, D. F.; ROLANDO, L. G. R. Teachers Access to a Brazilian Virtual Learning Community Over Time: Why They do Not Come Back. *Ead Em Foco*, [s. l.], v. 9, e804, 2019.

MARTINS, N. H. P. *O potencial de Fóruns de discussão em Comunidades Virtuais de Aprendizagem como ferramenta de colaboração entre licenciandos e professores de Biologia*. 2016. Dissertação (Mestrado em Ensino de Biociência s e Saúde) – Instituto Oswaldo Cruz, Rio de Janeiro, 2016.

MARTINS, N. H. S. P.; SALVADOR, D. F.; LUZ, M. R. M. P. O mal-estar docente nas discussões sobre ensino nutrição: falas de professores da educação básica em fóruns virtuais. *Trabalho, Educação e Saúde*, [s. l.], v. 18, n. 3, e00286118, 2020. DOI: 10.1590/1981-7746-sol00286.

MARTINS, N. H. S. P. *et al*. Perfil de Uso das Ferramentas de Internet por Alunos de Licenciatura em Biologia na Modalidade Semipresencial. *EAD em Foco*, [s. l.], v. 5, n. 1, p. 155-169, 2015. DOI: http://dx.doi.org/10.18264/eadf.v5i1.290.

ROLANDO, L. G. R. *et al*. Learning with their peers: Using a virtual learning community to improve an in-service Biology teacher education program in Brazil. *Teaching and Teacher Education*, [s. l.], v. 44, p. 44-55, 2014. DOI: http://dx.doi.org/10.1016/j.tate.2014.07.010.

ROLANDO, L. G. R. *et al*. Integração entre Internet e Prática Docente de Química. *Rev. Virtual Quim.*, [s. l.], v. 7, n. 3, 864-879, 2015.

ROSSE, C. G. M.; CHAVES, L. M. S.; LUZ, M. R. M. P. Avaliação de estratégias cooperativas de ensino: afinal, competir é fundamental? *In*: MORAIS, A. de; BARBOSA, L. M.; BATAGLIA, P. U. R.; MORAIS, M. L. de. (org.). *Aprendizagem cooperativa*: fundamentos, pesquisas e experiências educacionais brasileiras. 1. ed. Marília: Cultura Acadêmica, 2021. p. 191-213.

SALVADOR, D. F. *et al.* Comunidade virtual de aprendizagem para professores de Biologia e Ciências – Avaliação da utilização e desafios. *Revista Electrónica de investigación en educación en ciencias (en linea)*, [s. l.], v. 12, p. 12-22, 2017.

SPIEGEL, Carolina N. *et al.* Discovering the cell: an educational game about cell and molecular biology. *Journal of Biological Education*, [s. l.], v. 43, n. 1, p. 27-36, 2008.

STILLER, K. D.; BACHMAIER, R. Dropout in an online training for trainee teachers. *European Journal of Open, Distance and e-Learning*, [s. l.], v. 20, n. 1, p. 80-94, 2017. DOI: https://doi.org/10.1515/eurodl-2017-0005.

11

STATUS ATUAL DO USO DO YOUTUBE PARA A COMUNICAÇÃO DA BIOTECNOLOGIA: UMA REVISÃO SISTEMÁTICA

Greysa Saraí Barrios León
Gustavo Henrique Varela Saturnino Alves
Laura Alves Guimarães
Lucianne Fragel Madeira
Helena Carla Castro

INTRODUÇÃO

A biotecnologia está presente em todos os setores da vida contemporânea. Uma definição ampla desse campo é proposta por Malajovich (2004, p. 2), que define esse ramo da biologia como "[...] uma atividade baseada em conhecimentos multidisciplinares, que utiliza agentes biológicos para fazer produtos úteis ou resolver problemas". Com uma definição tão ampla como essa, o campo da biotecnologia pode agrupar atividades suficientemente diversas para abranger as áreas de desenvolvimento em Engenharia, Química, Medicina, Economia, Microbiologia etc. (MALAJOVICH, 2004 p. 2) — ver Quadro 1.

Embora a biotecnologia tenha desempenhado um papel importante no desenvolvimento da sociedade, muitas confusões e equívocos estão atualmente em torno dela. Essa realidade fica ainda mais evidente quando falamos de áreas, como agricultura, indústria de alimentos e setor da saúde. Dentro desses setores, atividades, como a criação de animais e plantas geneticamente modificadas ou o desenvolvimento de vacinas, têm sido alvo de ataques, por falta de conhecimento coletivo e disseminação de equívocos. Como consequência, na sociedade atual, existem muitas pessoas que são contra atividades, como a criação de organismos transgênicos ou a fabricação de vacinas, classificando-as como não naturais e perigosas para a saúde humana (MCHUGHEN; WAGER, 2010; GEOGHEGAN; O'CALLAGHAN; OFFIT, 2020).

Sem dúvida, o papel da divulgação científica sobre a biotecnologia tornou-se recentemente mais do que evidente, uma vez que a comunicação da ciência funciona como a arma mais eficaz para combater a desinformação e as *fake news* (FREIRE, 2021). Infelizmente, dentro da biotecnologia, existem muitas controvérsias, como as relacionadas a vacinas e alimentos transgênicos, que não podem ser eliminadas simplesmente por meio de mais divulgação científica. Em vez disso, é preciso que a comunicação da biotecnologia seja realizada de forma eficaz, mostrando todos os pontos do panorama e das mãos de profissionais da área que gerem confiança e credibilidade nas pessoas. Assim, é possível compartilhar o conhecimento adquirido em prol do crescimento científico e da conscientização da sociedade (WEITZE; PÜHLER, 2013).

Quadro 1 – Produtos e serviços para os quais a biotecnologia é utilizada em diferentes setores

SETOR	TIPO DE PRODUTO OU SERVIÇO
Energia	Coleta de etanol, biogás e outros combustíveis (a partir de biomassa).
Indústria	Produção e coleta de butanol, acetona, glicerol, ácidos, vitaminas, de inúmeras enzimas para indústrias etc.
Meio ambiente	Recuperação de petróleo, biorremediação (tratamento de águas residuais e resíduos, eliminação de poluentes).
Agricultura	Desenvolvimento de fertilizantes, silagem, biopesticidas, biofertilizantes, mudas de plantas livres de doenças, mudas de árvores para reflorestamento. Criação de plantas com novas características incorporadas (transgênicas): maior valor nutricional, resistência a pragas e condições adversas de cultivo (seca, salinidade etc.).
Indústria alimentícia	Desenvolvimento de produtos para consumo diário (como queijos e bebidas lácteas), bebidas (cervejas, vinhos e destilados) e aditivos diversos (monoglutamato de sódio, adoçantes etc.). Desenvolvimento de alimentos de origem transgênica com novas propriedades.
Pecuária	Desenvolvimento de embriões, animais com novas características (transgênicos), vacinas e medicamentos para uso veterinário.
Saúde	Produção de antibióticos e medicamentos para diversas doenças, hormônios, vacinas, reagentes e testes diagnósticos, novos tratamentos etc.

Fonte: adaptado de Malajovich (2004)

A humanidade vive atualmente a era da Web 2.0, também conhecida como "web popular" (KAMEL BOULOS; WHEELER, 2007), em que os usuários não apenas leem e recebem conteúdo, mas também podem criar e publicar conteúdo enquanto interagem em redes interconectadas; assim, a Web 2.0 é a "Web centrada nas pessoas" (KAMEL BOULOS; WHEELER, 2007). Com o surgimento dessa nova era, os meios digitais passaram a ter um papel central na comunicação da biotecnologia, não só como recurso para obtenção de informação, mas também como meio de interação que permite construir confiança entre quem difunde a informação e quem a ouve. Atualmente, existem muitas plataformas interativas nessa Web 2.0, incluindo redes sociais, como Facebook, Instagram e YouTube (WEITZE; PÜHLER, 2013). Dentre essas redes, o YouTube é uma das mais destacadas e populares. De fato, a publicação de vídeos on-line ganhou muita popularidade entre o público internacional, a ponto de o YouTube se posicionar na vanguarda das redes sociais audiovisuais contemporâneas (VIZCAÍNO-VERDÚ; DE-CASAS-MORENO; CONTRERAS-PULIDO, 2020).

Em 14 de fevereiro de 2022, o YouTube completou 17 anos desde sua criação, em 2005, por Chad Hurley, Steve Chen e Jawed Karim, ex-funcionários do PayPal (OLIVA MARAÑÓN, 2012). Essa plataforma tornou-se a maior rede de distribuição de vídeo da atualidade. É o segundo site mais visitado do mundo, sendo superado apenas pelo Google. Muriel-Torrado e Gonçalves (2007 p. 103) citam o YouTube como fonte e dizem que "[...] a companhia, que oferta 76 idiomas diferentes e apresenta versões locais em 88 países, calcula ter um de cada três usuários da internet assistindo aos seus vídeos". Além disso, é a segunda rede social com mais usuários ativos, depois apenas do Facebook, por isso, possui um alto número de usuários cadastrados e conteúdo publicado. De fato, estima-se que aproximadamente 79% da população mundial da internet tenha sua própria conta ativa no YouTube. Ademais, estima-se que os usuários cadastrados assistam a 1 milhão de horas de vídeo todos os dias, concentrando 37% do tráfego global de internet móvel, contra 10% registrados pelo Facebook, Instagram e WhatsApp (DE SANTIS-PIRAS; JARA COBOS, 2020).

Devido a essa crescente popularidade e ao grande número de usuários cadastrados na plataforma do YouTube, essa rede social pode ser um excelente recurso para divulgar a biotecnologia de modo a gerar confiança e empatia. Uma pesquisa sobre empresas espanholas de biotecnologia e telecomunicações confirmou que o uso de redes sociais como o YouTube afeta positivamente a transferência de conhecimento, e esse conhecimento ajuda as empresas a melhorar as habilidades de pesquisa e desenvolvimento (SÁNCHEZ *et al.*, 2017). Há um uso crescente do YouTube por jovens para aprender mais sobre temas científicos. O potencial do uso de vídeos, em vez de textos acadêmicos densos, para atrair o público jovem para temas científicos, levou o YouTube a ser utilizado como "um novo canal de ciência" por grupos de cientistas da América do Norte e Europa (MURIEL-TORRADO; GONÇALVES, 2017). Definitivamente, o surgimento das redes e mídias sociais está construindo uma nova esfera pública para a disseminação do conhecimento, incluindo o conhecimento relacionado à área da biotecnologia (WEITZE; PÜHLER, 2013).

O YouTube tem muitas vantagens para a divulgação da biotecnologia. Em primeiro lugar, é uma plataforma gratuita e fácil de usar. Ao concluir o processo de registro, os usuários podem começar a criar e enviar seu próprio conteúdo. Além disso, para compartilhar os vídeos enviados por outras pessoas, não é necessário registro, embora seja necessário fazer o upload dos vídeos. Por fim, o YouTube também permite a inserção de um vídeo em uma página web externa aos seus servidores, o que permite que blogueiros e criadores de sites tenham o vídeo em suas páginas (OLIVA MARAÑÓN, 2012). Tendo em vista todas as vantagens e oportunidades de usar o YouTube na divulgação científica, esta revisão sistemática foi elaborada com o objetivo de localizar, avaliar e resumir as informações disponíveis em espanhol, inglês e português relacionadas ao uso dessa rede social como ferramenta de comunicação da biotecnologia. Esse tipo de revisão foi escolhido, porque permite, ao mesmo tempo, fornecer respostas informativas e baseadas em evidências e que outros pesquisadores repitam a metodologia utilizada e reproduzam este estudo (DICKSON; CHERRY; BOLAND, 2017).

METODOLOGIA

Como em qualquer outra revisão desse tipo, tal qual em uma revisão integrativa, uma série de etapas deve ser seguida. A primeira delas é identificar o tema a ser abordado, gerar uma hipótese e definir a questão ou problema de pesquisa (CASARIN *et al.*, 2020). Nesta revisão, partimos da hipótese de que o YouTube é uma plataforma que pode ser utilizada para a comunicação da biotecnologia e, a partir dela, foi levantada a seguinte questão de pesquisa: "Qual é o status atual do uso do YouTube como ferramenta na comunicação da biotecnologia?". A segunda etapa consistiu na escolha das bases de dados a serem utilizadas e no estabelecimento dos critérios de inclusão e exclusão dos estudos a serem considerados na revisão (CASARIN *et al.*, 2020). Os critérios de inclusão foram: artigos de pesquisa relacionados ao assunto, de acesso livre e publicados nos últimos 15 anos. Esses critérios foram escolhidos considerando que qualquer pessoa pode acessar os artigos de acesso aberto, para ler os documentos selecionados e reproduzir essa pesquisa sem nenhum inconveniente.

Além disso, os artigos de pesquisa passam por rigorosa revisão de terceiros antes de serem aprovados para publicação. O YouTube foi criado, em 2005, e demorou alguns anos para ser reconhecido pelo público (ALMEIDA, 2010), por isso, foram escolhidos os artigos publicados a partir de 2007. Por outro lado, artigos duplicados e artigos não relacionados ao tema investigado, textos incompletos, teses, debates, entrevistas, resenhas, comentários e dissertações foram excluídos. As bases de dados selecionadas foram: Periódicos Capes, Electronic Scientific Library Online (SciELO) e PubMed. Para todas essas bases de dados, foram utilizadas as seguintes palavras-chave: YouTube AND biotecnología; YouTube AND biotecnología AND divulgación; YouTube AND biotecnologia AND divulgação; YouTube AND biotechnology AND dissemination. Como não foram obtidos resultados na plataforma SciELO com essas buscas, as palavras-chave "Youtube AND science AND communication" e "YouTube AND divulgação" também foram utilizadas apenas nessa base de dados.

Feita a busca, procedeu-se à leitura dos títulos e resumos, a fim de descartar os artigos que não atendiam aos critérios de inclusão selecionados. Assim, foram excluídos um total de 339 artigos, procedendo-se à leitura na íntegra de um total de 35 artigos. Dos artigos selecionados para leitura completa, apenas 17 estavam relacionados ao tema da pesquisa. Eles foram incluídos na revisão e divididos em duas categorias: artigos diretamente relacionados ao YouTube e biotecnologia e artigos relacionados ao YouTube e outras áreas da ciência (Figura 1).

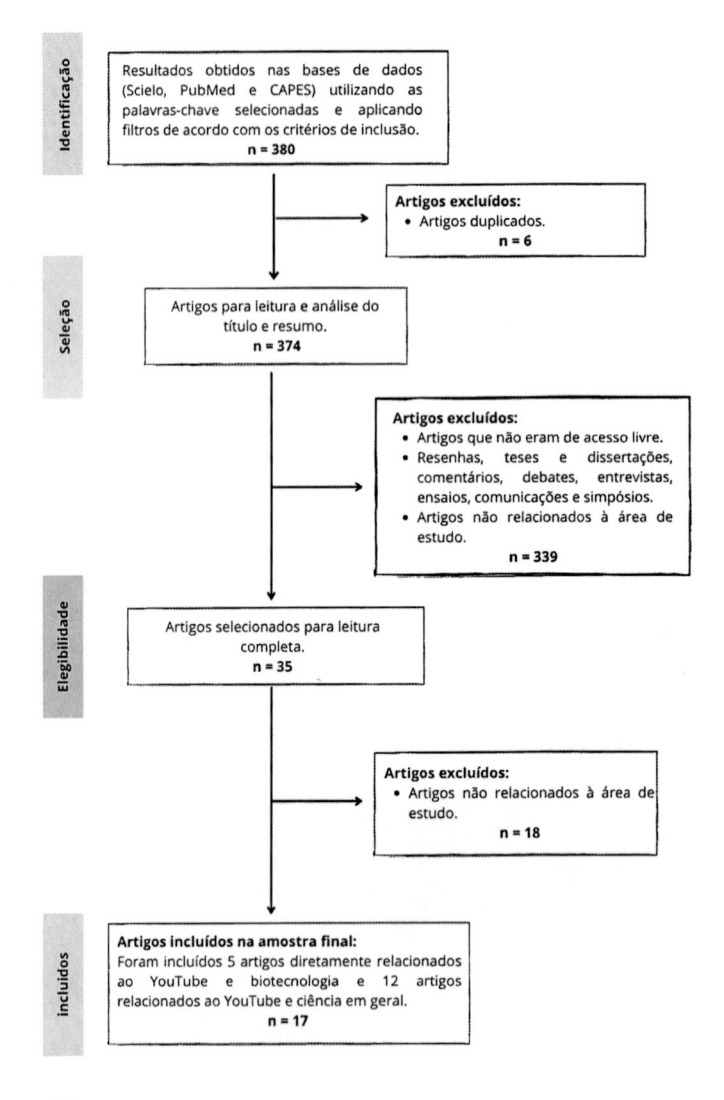

Figura 1 – Fluxograma do processo de seleção dos artigos incluídos no estudo

Identificação

Resultados obtidos nas bases de dados (Scielo, PubMed e CAPES) utilizando as palavras-chave selecionadas e aplicando filtros de acordo com os critérios de inclusão.
n = 380

Artigos excluídos:
- Artigos duplicados.
n = 6

Seleção

Artigos para leitura e análise do título e resumo.
n = 374

Artigos excluídos:
- Artigos que não eram de acesso livre.
- Resenhas, teses e dissertações, comentários, debates, entrevistas, ensaios, comunicações e simpósios.
- Artigos não relacionados à área de estudo.
n = 339

Elegibilidade

Artigos selecionados para leitura completa.
n = 35

Artigos excluídos:
- Artigos não relacionados à área de estudo.
n = 18

Incluídos

Artigos incluídos na amostra final:
Foram incluídos 5 artigos diretamente relacionados ao YouTube e biotecnologia e 12 artigos relacionados ao YouTube e ciência em geral.
n = 17

Fonte: os autores

RESULTADOS

Após a aplicação dos critérios de seleção, cinco trabalhos diretamente relacionados ao uso do YouTube em algum tema de biotecnologia (como vacinas, por exemplo) foram elegíveis para serem incluídos nesta revisão. De cada artigo selecionado, foram extraídos os seguintes dados: ano de publicação, site de busca (Capes, SciELO ou PubMed), autores, título do trabalho, objetivos da pesquisa e principais resultados e conclusões obtidas (Quadro 2).

Também foram selecionados 12 artigos. Eles abordam o uso do YouTube para divulgação de temas que não estão relacionados à biotecnologia, mas tratam de alguns temas da ciência em geral. Isso foi feito para ter melhores perspectivas sobre o uso dessa rede social na comunicação do conhecimento acadêmico, a fim de projetar as perspectivas para o uso do YouTube na comunicação da biotecnologia. Para esse caso, foram extraídos de cada artigo selecionado os seguintes dados: ano de publicação, site de busca (CAPES, SciELO ou PubMed), autores, título do trabalho, objetivos da pesquisa, principais resultados, conclusões obtidas e área da ciência em que o uso do YouTube é aplicado (Quadro 3).

Quadro 2 – Dados obtidos de trabalhos diretamente relacionados ao YouTube e à biotecnologia

ANO/ SITE DA BUSCA	REFERÊNCIAS	TÍTULO	OBJETIVOS	RESULTADOS E CONCLUSÕES
2019/ Periódico Capes	García-jiménez et al. (2019)	Experiencia práctica: socialización de conceptos, aplicaciones y beneficios de la biotecnología en Costa Rica	Avaliar a efetividade do projeto "Biotecnologia para todos: Socialização de conceitos, aplicações e benefícios", que socializa os conceitos, aplicações e benefícios da biotecnologia entre educadores, grupos formadores de opinião e produtores nos setores agrícolas e alimentar.	O projeto foi qualificado como "muito bom", obtendo uma receptividade superior a 80%.

ANO/ SITE DA BUSCA	REFERÊNCIAS	TÍTULO	OBJETIVOS	RESULTADOS E CONCLUSÕES
2016/ Periódico Capes	Harrison *et al.* (2016)	Using YouTube to Disseminate Effective Vaccination Pain Treatment for Babies	Avaliar o alcance e o impacto de um vídeo do YouTube direcionado ao consumidor demonstrando o uso de estratégias eficazes de redução da dor durante a vacinação infantil.	Doze meses após a postagem, o vídeo teve 65.478 visualizações, 68 comentários, 245 curtidas, 17 não curtidas e 90 compartilhamentos. A duração média do tempo de visualização foi de 65% do vídeo. O uso de vídeos do YouTube para disseminação do conhecimento tem um alcance extenso, porém é difícil avaliar o impacto em comportamentos e práticas.
2018/ Periódico Capes	Donzelli *et al.* (2018)	Misinformation on vaccination: A quantitative analysis of YouTube videos	Explorar a mensagem disponível nos vídeos do YouTube publicados entre 2007 e 2017 de vídeos italianos sobre vacinação e seus efeitos colaterais em crianças.	A maioria dos vídeos analisados foi a favor das vacinas. No entanto, vídeos negativos foram mais pontuados em termos de "curtidas". Esses achados sugerem que as instituições públicas devem estar mais engajadas em estabelecer uma presença na web para fornecer informações, respostas, histórias e vídeos confiáveis para responder às perguntas do público sobre vacinação.

ANO/ SITE DA BUSCA	REFERÊNCIAS	TÍTULO	OBJETIVOS	RESULTADOS E CONCLUSÕES
2017/ Periódico Capes	Covolo et al. (2017)	What arguments on vaccinations run through YouTube videos in Italy? A content analysis	Explorar a mensagem disponível nos vídeos do YouTube sobre vacinação.	Um total de 123 vídeos foram selecionados. Os vídeos pró-vacinação foram 62 (50%), antivacinação 28 (23%), neutros ou sem posição clara a favor ou contra a vacinação 33 (27%). Os vídeos de pró-vacinação tiveram um número maior de visualizações. No entanto, os vídeos antivacinação foram mais curtidos pelos espectadores, além de serem mais compartilhados.
2020/ Periódico Capes	Erviti, Codina e León (2020)	Pro-Science, Anti-Science and Neutral Science in Online Videos on Climate Change, Vaccines and Nanotechnology	Encontrar evidências empíricas da representação de posturas pró-ciência, anticiência e neutras em vídeos on-line.	As posições pró-ciência ou neutras são predominantes nos três tópicos de nosso estudo. As vacinas acabam sendo a questão científica que mais causa controvérsia, com 8,2% dos vídeos posicionados contra conhecimento científico estabelecido. Uma postura anticientífica é mais frequente em conteúdos gerados por usuários do que em vídeos divulgados por outros tipos de produtores.

Fonte: os autores

Quadro 3 – Dados obtidos de trabalhos diretamente relacionados ao YouTube e à ciência em geral

ANO/ SITE DE BUSCA	REFERÊNCIAS	TÍTULO	OBJETIVOS	RESULTADOS E CONCLUSÕES	CAMPO
2020/ Periódico Capes	Yurdaisik (2020)	Analysis of the Most Viewed First 50 Videos on YouTube about Breast Cancer	Investigar a qualidade e a veracidade dos primeiros 50 vídeos mais visualizados relacionados ao câncer de mama.	De todos os vídeos, 35% incluíam imagens reais e 15%, animadas. Dos vídeos, 14% foram enviados por médicos, 26% por canais de saúde, 20% por pacientes, 10% por canais de notícias, 2% por herbalistas, 2% por canais de blogs e 2% por canais de ativismo sem fins lucrativos. A qualidade geral dos vídeos visualizados foi considerada ruim. Os profissionais de saúde devem ser incentivados a enviar vídeos relacionados ao câncer de mama com informações precisas para promover pacientes à triagem e encaminhá-los adequadamente.	Ciências da Saúde

ANO/ SITE DE BUSCA	REFERÊNCIAS	TÍTULO	OBJETIVOS	RESULTADOS E CONCLUSÕES	CAMPO
2018/ PubMed	Bora et al. (2018)	Are internet videos useful sources of information during global public health emergencies? A case study of YouTube videos during the 2015–16 Zika virus Pandemic	Avaliar vídeos do YouTube sobre o vírus Zika disponíveis durante a recente pandemia do Zika.	No geral, 70,3% dos vídeos eram informativos, enquanto 23,8% e 5,9% dos vídeos eram enganosos e relacionados a experiências pessoais, respectivamente. Uma parte considerável dos vídeos era enganosa. Eles eram mais populares (do que vídeos informativos) e poderiam espalhar informações erradas. Vídeos de fontes confiáveis, como universidades/organizações de saúde, eram escassos.	Ciências da Saúde
2021/ Periódico Capes	Jamleh et al. (2021)	Evaluation of YouTube videos for patients' education on periradicular surgery	Avaliar o conteúdo de vídeos do YouTube relacionados à cirurgia perirradicular disponíveis para educação dos pacientes.	A maioria dos vídeos foi fornecida por indivíduos (57%). Os elementos mais discutidos foram mídia de apoio (100%) e etapas do procedimento (90,5%), seguidos de indicações e contra indicações (45,2%). As informações sobre cirurgia perirradicular, nos vídeos do YouTube, não são compreensivas, e os pacientes não devem confiar no YouTube como a única fonte de informação e sintomas (31%). Nenhum dos vídeos incluídos discutiram o custo ou prognóstico do procedimento.	Ciências da Saúde

ANO/ SITE DE BUSCA	REFE- RÊN- CIAS	TÍTULO	OBJETI- VOS	RESULTADOS E CONCLUSÕES	CAMPO
2013/ Periódico Capes	Sugimoto et al. (2013)	Scientists Popularizing Science: Characteristics and Impact of TED Talk Presenters	Reunir dados sobre as características dos apresentadores e vídeos do TED e analisar a relação entre essas características e o impacto subsequente do vídeo.	Os apresentadores eram predominantemente do sexo masculino e não acadêmicos. Vídeos de autoria masculina foram mais populares e mais curtidos quando visualizados no YouTube. Vídeos de apresentadores acadêmicos foram mais comentados do que vídeos de outros e mais curtidos no YouTube, embora houvesse pouca diferença na frequência com que eram vistos.	Ciências em geral
2021/ Periódico Capes	Tran et al. (2021)	Social Media Insights During the COVID-19 Pandemic: Infodemiology Study Using Big Data	Entender a atenção do público em relação à pandemia (de dezembro de 2019 a novembro de 2020) por meio de sete tipos de fontes: Facebook, Instagram, YouTube, blogs, sites de notícias, fóruns e sites de comércio eletrônico.	As páginas da comunidade no Facebook foram a fonte de maior engajamento do público. As fontes com maior eficiência média de interação por artigo foram as fontes governamentais. No YouTube, foram encontradas 20.599 menções à covid. Houve uma correlação positiva entre o total de menções colecionáveis nas mídias sociais e novos casos diários de infecção por covid-19.	Ciências da Saúde

ANO/ SITE DE BUSCA	REFE- RÊN- CIAS	TÍTULO	OBJETI- VOS	RESULTADOS E CONCLUSÕES	CAMPO
2021/ Periódico Capes	Ruzi, Lee e Smith (2021)	Testing how different narrative perspectives achieve communication objectives and goals in online natural science videos	Testar a relação de um apresentador sobre a história científica que está sendo contada (ou seja, a perspectiva narrativa) e sua relação com a forma com que as pessoas reagem e respondem à mídia científica on-line	Quando os participantes assistiram a um vídeo em que um cientista apresentou sua própria pesquisa, perceberam o locutor como tendo mais experiência do que um apresentador terceirizado e como mais confiável. Ver um cientista apresentando seu próprio trabalho também humanizou a pesquisa. No geral, manipular a perspectiva narrativa da fonte de um único esforço de comunicação de vídeo on-line é eficaz para impactar os resultados objetivos imediatos relacionados às per- cepções do porta-voz, mas se esses objetivos podem influenciar positivamente as metas de longo prazo requer mais investigação.	Ciências em geral

ANO/ SITE DE BUSCA	REFERÊNCIAS	TÍTULO	OBJETIVOS	RESULTADOS E CONCLUSÕES	CAMPO
2016/ Periódico Capes	Bessi *et al.* (2016)	Users Polarization on Facebook and YouTube	Realizar um estudo comparativo sobre como os mesmos conteúdos (vídeos) são consumidos no Facebook e no YouTube em uma amostra de 12 milhões de usuários, com foco em vídeos de Ciência e Conspiração.	Existem fortes correlações sobre como os usuários gostam, comentam e compartilham vídeos no Facebook e no YouTube. Apesar dos diferentes algoritmos de promoção de conteúdo, a informação reverbera de forma semelhante. Os padrões de comentários dos usuários são preditores precisos para a formação de ambientes em que uma pessoa só encontra informações que refletem seu próprio ponto de vista.	Ciências em geral
2017/ SciELO	Martínez-Guerrero (2017)	Uso de redes sociales en las revistas científicas de la Universidad de Los Andes, Venezuela	Oferecer um diagnóstico sobre a participação nas redes sociais (Facebook, Twitter, YouTube e LinkedIn) de 90 revistas científicas da Universidad de los Andes.	Apenas 22,3% das publicações periódicas analisadas são membros de pelo menos uma das redes sociais estudadas. Além disso, algumas das redes sociais não têm atividade constante, portanto o número de assinantes é baixo, e seu alcance é limitado.	Ciências em geral

ANO/ SITE DE BUSCA	REFERÊNCIAS	TÍTULO	OBJETIVOS	RESULTADOS E CONCLUSÕES	CAMPO
2020/ Periódico Capes	Parabhoi et al. (2020)	YouTube as a source of information during the Covid-19 pandemic: a content analysis of YouTube videos published during January to March 2020	Analisar o aumento da prevalência de vídeos do YouTube relacionados ao coronavírus, ou à covid-19, e suas características.	A maioria dos vídeos continha informações gerais, com apenas 4,01% com foco nos sintomas e 11,17% no tratamento e resultados. Além disso, a maioria (n=229) era de vídeos curtos com menos de dez minutos de duração. Os vídeos fornecidos pelo governo e profissionais de saúde representaram 6,87% e 5,74% % da amostra, respectivamente. Os canais de notícias enviaram 71,63% dos vídeos.	Ciências da Saúde
2020/ Periódico Capes	Szmuda et al. (2020)	YouTube as a source of patient information for Coronavirus Disease (COVID-19): A content-quality and audience engagement analysis	Avaliar a qualidade do conteúdo e o envolvimento do público de vídeos do YouTube relacionados ao vírus SARS (síndrome respiratória aguda grave)-CoV-2 que causa a doença de coronavírus 2019 (covid-19), durante a fase inicial da pandemia.	A qualidade dos vídeos do YouTube sobre a covid-19 era ruim. Houve excelente confiabilidade entre os dois avaliadores (coeficiente de correlação intraclasse = 0,96). Do total, 55% dos vídeos discutiram prevenção, 49% discutiram sintomas, e 46% discutiram a disseminação do vírus. A maioria dos vídeos foi enviada por canais de notícias (50%) e canais de educação (40%).	Ciências da Saúde

ANO/ SITE DE BUSCA	REFERÊNCIAS	TÍTULO	OBJETIVOS	RESULTADOS E CONCLUSÕES	CAMPO
2021/ Periódico Capes	Buitrago e Martín-García, (2021)	YouTube Doctors Confronting COVID-19: Scientific–Medical Dissemination on YouTube during the Outbreak of the Coronavirus Crisis	Encontrar uma abordagem de educação e divulgação científica sobre a covid-19 presente no contexto espanhol do YouTube, com foco na análise de conteúdo de textos audiovisuais gerados por criadores das áreas médica e biomédica.	Os resultados da pesquisa informam a existência de um grupo de profissionais da área médica e biomédica que, após o surgimento da covid-19, se envolveu na construção de um discurso alternativo em torno da crise sanitária e sua evolução que busca um alto padrão de qualidade visual, rigor científico e habilidade educacional.	Ciências da Saúde
2015/ Periódico Capes	Nagpal et al. (2015)	YouTube videos as a source of medical information during the Ebola hemorrhagic fever epidemic	Analisar a fonte e a qualidade das informações médicas sobre a Febre Hemorrágica Ebola (EHF) divulgadas no YouTube e as características do vídeo que influenciam o comportamento do espectador.	Vídeos do YouTube que apresentam sintomas clínicos de doenças infecciosas durante epidemias têm maior probabilidade de serem incluídos no grupo de alta relevância e influenciarem o comportamento dos espectadores.	Ciências da Saúde

Fonte: os autores

DISCUSSÃO

Terminado o processo de busca e seleção de artigos, o primeiro ponto evidente é a falta de informações que discutam explicitamente a eficácia e o uso do YouTube para a comunicação da biotecnologia. Embora tenha muita informação na web sobre o YouTube como canal de comunicação, poucos trabalhos abordam diretamente o uso dessa ferramenta no campo da biotecnologia. Ao mesmo tempo, a maioria dos trabalhos que investigam a comunicação no YouTube de algum tema relacionado a essa área está direcionada ao setor saúde, especificamente ao tema da vacinação (HARRISON *et al.*, 2016; DONZELLI *et al.*, 2018; COVOLO *et al.*, 2017; ERVITI; CODINA; LEÓN, 2020).

Nos estudos de Donzelli *et al.* (2018) e de Covolo *et al.* (2017), os vídeos com mais "curtidas" e compartilhamentos foram relacionados à divulgação de notícias falsas ou imprecisas relacionadas à vacinação; portanto, as informações que geram controvérsias sobre vacinas estão amplamente presentes na web e talvez possam influenciar o comportamento das pessoas. De fato, há vários anos, a vacinação se tornou uma das questões mais controversas. Atualmente, é crescente o número de pessoas que acreditam que as vacinas trazem riscos à saúde e, portanto, se recusam a ser vacinadas ou vacinar seus filhos (ABOREDEN, 2015).

Embora vários estudos tenham mostrado que os vídeos a favor da vacinação são mais vistos, comparados aos que são contra vacinas e distribuem informações falsas, esses últimos recebem um maior número de interações (DONZELLI *et al.*, 2018; COVOLO *et al.*, 2017; ERVITI; CODINA; LEÓN, 2020). Talvez, uma razão para isso seja porque as pessoas se empolgam com as curtidas e os comentários que uma publicação pode ter. De fato, de acordo com a pesquisa realizada por Bessi *et al.* (2016), é possível prever a formação de grupos polarizados no YouTube a partir dos padrões de comentários deixados pelos usuários. Dessa forma, os usuários são polarizados em grupos de acordo com suas próprias crenças e consomem conteúdos condizentes com ela (BESSI *et al.*, 2016).

Outro aspecto que merece destaque é que, em vários dos estudos selecionados (tanto os relacionados à biotecnologia como os que não são), a maioria dos vídeos que divulgam informações falsas são conteúdos gerados por usuários (DONZELLI *et al.*, 2018; ERVITI; CODINA; LEÓN, 2020; YURDAISIK, 2020; BORA *et al.*, 2018; JAMLEH *et al.*, 2021; PARABHOI *et al.*, 2020). Um aspecto que foi observado, em vários estudos incluídos nesta revisão, é que há pouca presença de instituições (como universidades, laboratórios, centros de pesquisa etc.) ou profissionais no YouTube que divulguem continuamente informações verdadeiras (DONZELLI et al., 2018; YURDAISIK, 2020; BORA et al., 2018; PARABHOI et al., 2020). Muitas instituições sequer possuem um canal ativo na plataforma (MURIEL-TORRADO; GONÇALVES, 2017; MARTÍNEZ-GUERRERO, 2017).

Há registros de que o YouTube é utilizado para diferentes fins no nível acadêmico (DE SANTIS-PIRAS; JARA COBOS, 2020). Por exemplo, há alguns anos, existem revistas científicas que permitem o upload de arquivos de vídeo de resumos de artigos e material complementar (SPICER, 2014). Ademais, as instituições de ensino superior reconhecem o YouTube como uma importante mídia social e tem sido amplamente reconhecido como uma ferramenta de aprendizagem e ensino (DE SANTIS-PIRAS; JARA COBOS, 2020). Apesar de muitos educadores e instituições terem adotado o uso das mídias sociais (JOOSTEN; PASQUINI; HARNESS, 2013) e de existir um consenso em reconhecer o YouTube como a plataforma de vídeo on-line gratuita mais utilizada (DE SANTIS-PIRAS; JARA COBOS, 2020), os resultados dos artigos incluídos nesta revisão sugerem que as instituições devem ter um papel mais ativo nessa rede. Dessa forma, informações mais precisas e confiáveis podem ser fornecidas sobre temas de biotecnologia, principalmente aqueles que causam mais controvérsia, como é o caso das vacinas (DONZELLI et al., 2018).

Não se sabe por que há essa falta de atividade no YouTube por parte das instituições, embora uma explicação possa ser que manter um canal requer investimento de tempo e pessoal dedicado à tarefa. Além disso, uma das chaves para ter um canal no YouTube não é simplesmente estar presente, é preciso planejamento estratégico e conhecimento das necessidades dos usuários; pensar nos objetivos da instituição e usar métricas para saber se o canal está na direção certa (MURIEL-TORRADO; GONÇALVES, 2017). É necessário também que os canais permaneçam ativos para não perder inscritos (MARTÍNEZ-GUERRERO, 2017). Claro que são necessários mais estudos para aprofundar as razões por trás da falta de atividade no YouTube por parte das instituições, especialmente aquelas dedicadas à biotecnologia. Instituições e profissionais devem começar a ter uma presença ativa na internet e gerar confiança nos usuários. Uma maneira de construir essa confiança e credibilidade pode ser permitir que cientistas associados falem sobre seu trabalho. Como diz a pesquisa de Ruzi, Lee e Smith (2021), quando um profissional apresenta sua própria pesquisa, o trabalho apresentado é mais humanizado, e os usuários percebem o locutor como tendo mais expertise e mais confiança.

Outro aspecto que merece destaque é o fato de que a maioria dos vídeos estudados nos artigos selecionados tem curta duração. Isso provavelmente ocorre, porque, em um mundo rico em informações, o fator limitante no consumo de conteúdo é a atenção do consumidor (WELBOURNE; GRANT, 2016). Talvez, por isso, a maioria dos vídeos que enviados ao YouTube tem curta duração, como tem sido demonstrado em diversos estudos (WELBOURNE; GRANT, 2016; CHENG; DALE; LIU, 2008). Além disso, os regulamentos da plataforma estipulam que a duração máxima dos vídeos para usuários não verificados não deve exceder 15 minutos (CÓMO, 2022), o que também ajuda a explicar por que muitos vídeos não excedem essa duração.

Além disso, foi observado, em alguns dos artigos incluídos nesta revisão, que há muito conteúdo novo sendo postado no YouTube. A maioria dos vídeos estudados nesses artigos foi publicada por novos canais (PARABHOI et al., 2020; SZMUDA et al., 2020). Isso faz sentido, porque, segundo dados estatísticos, cerca de cem horas de vídeo são carregadas na plataforma do YouTube a cada minuto, e um bilhão de novos usuários é registrado a cada mês (GULATI; CHAKRABORTY, 2014). Portanto, há uma grande quantidade de novas informações constantemente carregadas no YouTube. Diante disso, fica evidente a necessidade de empresas e organizações envolvidas com biotecnologia e outras áreas do conhecimento terem uma presença ativa em redes sociais, como o YouTube. Só assim se pode combater a farta informação falsa que circula nesses meios de comunicação.

CONCLUSÃO

A situação atual do uso do YouTube para a comunicação de biotecnologia não é animadora. Há uma carência de informações nesse sentido, e os principais estudos que tratam um pouco de biotecnologia e do YouTube investigam, principalmente, temas polêmicos (como vacinas). Somado a isso, a falta de presença ativa de instituições e profissionais da área deixa o caminho aberto para que informações falsas sobre biotecnologia sejam disseminadas com mais rapidez e facilidade. No futuro imediato, as instituições e os profissionais precisam ter um papel mais ativo na internet e compartilhar informações regularmente. Quando essa hora chegar, deve-se levar em conta o uso de vídeos curtos e a presença de cientistas falando sobre seu próprio trabalho. Não há dúvida de que ainda há um longo caminho a percorrer sobre o uso do YouTube e a disseminação de informações relacionadas à biotecnologia.

REFERÊNCIAS

ABOREDEN, N. G. The Controversy of Vaccinations. *The Kabod*, [s. l.], v. 1, n. 2, p. 8, 2015.

ALMEIDA, J. C. de. *Fontes de informação científica*: o caso Youtube. 2010. 76 f. Trabalho de Conclusão de Curso (Bacharelado em Biblioteconomia) – Universidade Federal de Pernambuco, Recife, 2010.

BESSI, A. *et al.* Users polarization on Facebook and Youtube. *PloS one*, [s. l.], v. 11, n. 8, p. 1-24, 23 ago. 2016.

BORA, K. *et al.* Are internet videos useful sources of information during global public health emergencies? A case study of YouTube videos during the 2015-16 Zika virus pandemic. *Pathogens and global health*, [s. l.], v. 112, n. 6, p. 320-328, 28 ago. 2018.

BUITRAGO, Á.; MARTÍN-GARCÍA, A. YouTube Doctors Confronting COVID-19: Scientific–Medical Dissemination on YouTube during the Outbreak of the Coronavirus Crisis. *International Journal of Environmental Research and Public Health*, [s. l.], v. 18, n. 21, p. 11229, 26 out. 2021.

CASARIN, S. T. *et al.* Tipos de revisão de literatura: considerações das editoras do Journal of Nursing and Health. *Journal of Nursing and Health*, [s. l.], v. 10, n. 5, p. 1-10, 30 out. 2020.

CHENG, X.; DALE, C.; LIU, J. Statistics and social network of YouTube videos. *In*: INTERNATIONAL WORKSHOP ON QUALITY OF SERVICE, 16., 2008, Enschede, Netherlands. *Anais* [...]. Enschede: IEEE, 2008. p. 229-238. Disponível em: https://doi.org/10.1109/IWQOS.2008.32. Acesso em: 11 jun. 2022.

CÓMO subir videos de más de 15 minutos. *Ayuda de YouTube*. San Bruno, CA, 2022. Disponível em: https://support.google.com/youtube/answer/71673?hl=es-419-&coGENIE.Platform%3DAndroid. Acesso em: 1 maio 2022.

COVOLO, L. *et al.* What arguments on vaccinations run through YouTube videos in Italy? A content analysis. *Human vaccines & immunotherapeutics*, [s. l.], v. 13, n. 7, p. 1693-1699, 17 abr. 2017.

DE SANTIS-PIRAS, A.; JARA COBOS, V. Comunicación estratégica de la ciencia con YouTube: el papel del comunicador/científico. *In:* TORRES-TOUKOUMIDIS, A.; DE SANTIS-PIRAS, A. (org.). *YouTube y la comunicación del siglo XXI.* Quito, Equador: Editora CIESPAL, 2020. p. 117-137. Disponível em: http://dspace.ups.edu.ec/handle/123456789/19292. Acesso em: 11 jun. 2022.

DICKSON, R.; CHERRY, G.; BOLAND, A. Carrying out a systematic review as a Master's Thesis. *In:* BOLAND, A.; CHERRY, G.; DICKSON, R. (org.). *Doing a systematic review*: a student's guide. 2. ed. [S. l.]: Sage, 2017. p. 1-21.

DONZELLI, G. et al. Misinformation on vaccination: A quantitative analysis of YouTube videos. *Human vaccines & immunotherapeutics*, [s. l.], v. 14, n. 7, p. 1654-1659, 10 maio 2018.

ERVITI, M. C.; CODINA, M.; LEÓN, B. Pro-science, anti-science and neutral science in online videos on climate change, vaccines and nanotechnology. *Media and Communication*, [s. l.], v. 8, n. 2, p. 329-338, 25 jun. 2020.

FREIRE, N. P. Scientific dissemination immunizes against misinformation. *Ciência & saúde coletiva*, [s. l.], v. 26, p. 4810-4810, 15 nov. 2021.

GARCÍA-JIMÉNEZ, E. et al. Experiencia práctica: socialización de conceptos, aplicaciones y beneficios de la biotecnología en Costa Rica. *Revista de Biología Tropical*, [s. l.], v. 67, n. 2, p. 26-35, 2019.

GEOGHEGAN, S.; O'CALLAGHAN, K. P.; OFFIT, P. A. Vaccine safety: myths and misinformation. *Frontiers in microbiology*, [s. l.], v. 11, p. 372, 17 mar. 2020.

GULATI, K.; CHAKRABORTY, S. P. Big Data: Survey, Technologies, Opportunities and Challenges. *The Scientific World Journal*, [s. l.], v. 2014, p. 18, 2014.

HARRISON, D. et al. Using YouTube to disseminate effective vaccination pain treatment for babies. *PLoS One*, [s. l.], v. 11, n. 10, p. 1-10, 3 out. 2016.

JAMLEH, A. et al. Evaluation of YouTube videos for patients' education on peri-radicular surgery. *PLoS one*, [s. l.], v. 16, n. 12, p. 1-10, 10 dez. 2021.

JOOSTEN, T.; PASQUINI, L.; HARNESS, L. Guiding social media at our institutions. *Planning for Higher Education*, [s. l.], v. 41, n. 2, p. 125, 15 jan. 2013.

KAMEL BOULOS, M. N.; WHEELER, S. The emerging Web 2.0 social software: an enabling suite of sociable technologies in health and health care education. *Health Information & Libraries Journal*, [s. l.], v. 24, n. 1, p. 2-23, 28 fev. 2007.

MALAJOVICH, M. A. *Biotecnologia*. 2. ed. São Paulo: Axcel Books do Brasil Editora, 2004. 312 p. Disponível em: https://www.academia.edu/36412650/MARIA_ANTONIA_MALAJOVICH_BIOTECNOLOGIA_Segunda_Edi%C3%A7%C3%A3o_2016. Acesso em: 11 jun. 2022.

MARTÍNEZ-GUERRERO, C. A. Uso de redes sociales en las revistas científicas de la Universidad de Los Andes, Venezuela. *E-Ciencias de la Información*, [s. l.], v. 8, n. 1, p. 32-52, jan./jun. 2017.

MCHUGHEN, A.; WAGER, R. Popular misconceptions: agricultural biotechnology. *New biotechnology*, [s. l.], v. 27, n. 6, p. 724-728, 31 dez. 2010.

MURIEL-TORRADO, E.; GONÇALVES, M. Youtube nas bibliotecas universitárias brasileiras: quem, como e para o que é utilizado. *Perspectivas em Ciência da Informação*, [s. l.], v. 22, n. 4, p. 98-113, out./dez. 2017.

NAGPAL, S. J. S. *et al*. YouTube videos as a source of medical information during the Ebola hemorrhagic fever epidemic. *Springerplus*, [s. l.], v. 4, n. 457, p. 1-5, 28 ago. 2015.

OLIVA MARAÑÓN, C. Comunicación 2.0, visibilidad e interactividad: fundamentos de la imagen corporativa de las Universidades Públicas de Madrid en YouTube. *Fonseca, Journal of Communication*, [s. l.], v. 5, n. 5, p. 114-135, 2012.

PARABHOI, L. *et al*. YouTube as a source of information during the Covid-19 pandemic: a content analysis of YouTube videos published during January to March 2020. *BMC medical informatics and decision making*, [s. l.], v. 21, n. 1, p. 1-10, 30 ago. 2021.

RUZI, S. A.; LEE, N. M.; SMITH, A. A. Testing how different narrative perspectives achieve communication objectives and goals in online natural science videos. *PloS one*, [s. l.], v. 16, n. 10, p. 1-22, 13 out. 2021.

SÁNCHEZ, M. A. *et al*. La Influencia de las redes sociales virtuales en la difusión de información y conocimiento: Estudio de PyMES. *Revista Ibero Americana de Estratégia*, [s. l.], v. 16, n. 4, p. 69-90, 2 set. 2017.

SPICER, S. Exploring video abstracts in science journals: An overview and case study. *Journal of Librarianship and Scholarly Communication*, [s. l.], v. 2, n. 2, p. 1-14, 2014.

SUGIMOTO, C. R. *et al*. Scientists popularizing science: characteristics and impact of TED talk presenters. *PloS one*, [s. l.], v. 8, n. 4, p. 1-8, 30 abr. 2013.

SZMUDA, T. *et al*. YouTube as a source of patient information for coronavirus disease (Covid-19): a content-quality and audience engagement analysis. *Reviews in Medical Virology*, [s. l.], v. 30, n. 5, p. 1-8, 15 jun. 2020.

TRAN, H. T. T. *et al*. Social media insights during the COVID-19 pandemic: Infodemiology study using big data. *JMIR Medical Informatics*, [s. l.], v. 9, n. 7, p. 1-19, 16 jul. 2021.

VIZCAÍNO-VERDÚ, A.; DE-CASAS-MORENO, P.; CONTRERAS-PULIDO, P. Divulgación científica en YouTube y su credibilidad para docentes universitarios. *Educación XX1*, [s. l.], v. 23, n. 2, p. 283-306, 7 jun. 2020.

WEITZE, M.; PÜHLER, A. Improving biotechnology communication. *Biotechnology Journal*, [s. l.], v. 8, n. 9, p. 970-972, 26 jun. 2013.

WELBOURNE, D. J.; GRANT, W. J. Science communication on YouTube: Factors that affect channel and video popularity. *Public understanding of science*, [s. l.], v. 25, n. 6, p. 706-718, 19 fev. 2016.

YURDAISIK, I. Analysis of the most viewed first 50 videos on YouTube about breast cancer. *BioMed Research International*, [s. l.], v. 2020, p. 7, 27 maio 2020.

12

UM CURSO PARA CHAMAR DE NOSSO – INTRODUÇÃO À DIVULGAÇÃO CIENTÍFICA

Catarina Chagas

Luisa Massarani

Como cidadãs, temos convicção de que é direito de todos os brasileiros ter acesso ao conhecimento científico. Como divulgadoras, sabemos que, para isso, é importante o engajamento da comunidade de pesquisadoras e pesquisadores brasileiros. Dessa combinação nasceu o desejo de comunicar, ao maior número possível de cientistas, a importância e o potencial transformador da divulgação científica.

Essa comunicação pode se dar de muitas formas, de conversas informais até apresentações em congressos científicos ou cursos oferecidos Brasil afora. Por isso, quando, em 2018, o então vice-presidente de Educação, Informação e Comunicação da Fundação Oswaldo Cruz (VEPEIC-Fiocruz) Manoel Barral Neto propôs a realização de disciplinas transversais — oferecidas a todos os cerca de 40 programas de pós-graduação da instituição —, logo soubemos que estávamos diante de uma oportunidade ímpar.

Comprometida, ao longo de seus mais de 120 anos, em levar informação de qualidade à população brasileira — trajetória reconhecida pelo Prêmio José Reis em 2015 —, a Fiocruz demonstrava, com a proposta de uma disciplina transversal em divulgação científica, o desejo de tornar essa atividade um dos pilares da formação de seus pesquisadores. A iniciativa foi pioneira entre as instituições de pesquisa brasileiras.

Desde o princípio, firmou-se a ideia de oferecer a disciplina, intitulada Introdução à Divulgação Científica, de maneira remota, por meio do Campus Virtual Fiocruz, assegurando o acesso de estudantes de todas as unidades da fundação espalhadas pelo Brasil. O curso foi desenvolvido em parceria entre a Fiocruz e o Instituto Nacional de Comunicação Pública da Ciência e Tecnologia (INCT-CPCT).

A primeira turma foi lançada no segundo semestre de 2018. Desde então, a disciplina vem sendo oferecida anualmente a todos os programas de pós-graduação da Fiocruz, usualmente para uma turma com cerca de cem alunos.

Além disso, em julho de 2019, foi lançada uma versão de Introdução à Divulgação Científica como Curso On-line Aberto e Massivo (ou MOOC, sigla proveniente do inglês Massive Open Online Course)[10]. O mesmo conteúdo oferecido aos pós-graduandos da Fiocruz tornou-se, assim, disponível gratuitamente a toda a comunidade científica brasileira e, de forma ampla, a qualquer interessado em divulgação científica.

O curso tem sido também oferecido para algumas turmas especiais, como, em 2019, voltado à Bahia, em parceria com a Fiocruz Bahia e com cerca de cem cientistas e pós-graduandos de outras universidades e instituições do estado, que incluiu atividades presenciais. Também em 2019, foi oferecida uma turma especial em colaboração com a Fundação Centro de Ciências e Educação Superior à Distância do Estado do Rio de Janeiro (Fundação Cecierj), que utilizou os conteúdos do curso MOOC para ministrar um curso para professores do estado.

Apesar do crescente interesse dos cientistas brasileiros — em especial os mais jovens — em aproximar a ciência da sociedade, essa comunidade ainda carece de recursos formativos sobre o tema em língua portuguesa e em sintonia com a realidade do país. O MOOC Introdução à Divulgação Científica foi um passo importante para preencher essa lacuna e, em seus três primeiros anos de atividade — os dados foram colhidos em junho de 2022 —, foi acessado por mais de 25 mil pessoas.

O sucesso do curso on-line e a demanda por material de consulta sobre divulgação científica no Brasil culminaram, ainda, na publicação, em 2020, do livro *Manual de Sobrevivência para Divulgar Ciência e Saúde*, de Catarina Chagas e Luisa Massarani (Editora Fiocruz).[11]

REFLETINDO SOBRE O NOSSO PÚBLICO

Todo processo comunicativo precisa fazer a ponte entre emissor e receptor — de preferência, uma ponte que se navega nos dois sentidos, gerando diálogo. Nesse caso, as emissoras éramos nós: jornalistas de formação, com anos de experiência na divulgação científica em meios de

---

[10] Uma versão do curso em formato MOOC está disponível em: https://campusvirtual.fiocruz.br/gestordecursos/hotsite/divulgacao-cientifica-mooc

[11] Mais informações sobre o livro em: https://books.scielo.org/id/qv9kk.

comunicação, museus de ciência e instituições de pesquisa; mas também pesquisadoras curiosas sobre a interação entre ciência e sociedade, a percepção pública da ciência e da tecnologia e a recepção das diferentes atividades de divulgação científica pelas suas respectivas audiências.

Na outra ponta, nossos interlocutores: pesquisadoras e pesquisadores brasileiros[12], especialmente aqueles em início de carreira. Cientistas em construção na era da desinformação, cuja voz encontra a concorrência desleal das *fake news* amplamente disseminadas em redes sociais. Ansiosos por, apesar dos desafios crescentes impostos pela realidade do país, continuar avançando suas áreas de conhecimento, e cada vez mais conscientes, pelo mesmo contexto, da necessidade de uma aproximação com a sociedade brasileira.

Um estudo com 956 cientistas brasileiros, bolsistas de Produtividade do Conselho Nacional de Desenvolvimento Científico e Tecnológico (CNPq), revelou que a comunidade de pesquisadores do país vê com bons olhos a divulgação científica, por meio dos veículos de comunicação: parte dos participantes acredita, inclusive, que a interação com a mídia pode ajudar no acesso ao financiamento de pesquisas e na publicação de artigos em periódicos científicos (MASSARANI; PETERS, 2016). Por outro lado, o mesmo estudo sugere que uma parcela importante dos cientistas brasileiros ainda era — pelo menos à época da pesquisa — tímida em usar as redes sociais como ferramenta de divulgação científica.

Enxergamos aí uma oportunidade: incentivar e formar a nova geração de pesquisadores para interagir com a sociedade em diferentes contextos, tirando proveito da credibilidade de que gozam os cientistas — em *survey* sobre a percepção pública da ciência no Brasil, cientistas de universidades ou institutos públicos de pesquisa apareceram entre as fontes de informação em que a sociedade deposita maior confiança (CENTRO DE GESTÃO E ESTUDOS ESTRATÉGICOS – CGEE, 2019).

PARA PROVOCAR REFLEXÃO

Um de nossos objetivos primordiais com o curso on-line — claro! — era incentivar pesquisadoras e pesquisadores a se engajar na divulgação científica. Também consideramos importante, sobretudo para aqueles que

---

[12] É importante destacar que, embora essa iniciativa tenha sido explicitamente desenhada para pesquisadoras e pesquisadores brasileiros, há uma ampla gama de divulgadores e divulgadoras da ciência com formações diferentes que possuem um papel-chave no diálogo com a sociedade sobre temas de ciência que também demandam capacitação.

não tinham experiência na comunicação de temas de ciência a públicos externos à academia, propor algumas reflexões sobre os motivos pelos quais fazemos divulgação científica, sobre a história da divulgação científica no Brasil e a relevância da divulgação científica no contexto atual.

Referências bibliográficas sobre cada um desses tópicos não faltam. Como campo acadêmico em franco desenvolvimento, a divulgação científica conta com uma literatura crescente e de qualidade — alguns desses textos entraram como sugestões de leitura e sabemos que são uma contribuição valiosa para o conteúdo do curso. Contudo, queríamos apresentar nossos alunos a alguns atores de destaque no cenário da divulgação científica no Brasil e, para isso, decidimos produzir uma série de vídeos curtos e provocativos.

O físico Ildeu de Castro Moreira, professor da Universidade Federal do Rio de Janeiro (UFRJ) e ex-presidente da Sociedade Brasileira para o Progresso da Ciência, falou sobre a história da divulgação científica no Brasil, que se mistura à própria história da ciência, e comentou dados sobre a percepção dos brasileiros sobre ciência e tecnologia.

A socióloga Nísia Trindade Lima, presidente da Fiocruz desde 2017, explicou por que a instituição entende a divulgação científica como exercício de sua responsabilidade social. Como produtora de conhecimento, a fundação, por meio de ações de comunicação, deseja contribuir para que a ciência esteja no centro do debate cidadão e da tomada de decisões.

O então diretor de divulgação científica da Universidade Federal de Minas Gerais (UFMG), o físico e sociólogo Yurij Castelfranchi, comentou os desafios de se divulgar ciência em um contexto em que há tanta gente produzindo conteúdo. Para ele, é fundamental entender como o público recebe e se apropria das informações divulgadas.

Já o neurocientista Stevens Rehen, da UFRJ e do Instituto D'Or de Pesquisa e Ensino, compartilhou como seu contato com revistas de divulgação científica na juventude o incentivou a seguir carreira como cientista. Segundo ele, atuar em divulgação científica lhe traz muitos benefícios enquanto pesquisador.

Por fim, a coordenadora do programa UFMG Jovem, Débora D'Avila Reis, contou sua experiência com o projeto de extensão Universidade das Crianças, que trabalha com pequenos curiosos para desenvolver materiais de divulgação científica que respondam, de forma satisfatória, às suas perguntas.

Foi um privilégio contar com a contribuição desses especialistas no conteúdo de nosso curso.

GUIAS PRÁTICOS PARA DIVULGADORES

Depois de esquentar o debate e a reflexão por meio dos vídeos, o curso oferece 11 guias práticos para quem deseja realizar atividades de divulgação científica. Cada um deles é apresentado na forma de slides ilustrados, com textos leves e de tom descontraído.

O primeiro guia, "Como escrever um texto de divulgação científica", oferece dicas e estratégias para redigir textos gostosos de ler e fáceis de entender, capazes de comunicar temas complexos de ciência, de maneira efetiva, para diferentes públicos. Os alunos são convidados a planejar e escrever um texto de sua autoria, sobre um tema de sua escolha.

Em "Como fazer um vídeo de divulgação científica", a proposta é incentivar os pesquisadores a usar os instrumentos disponíveis — das câmeras semiprofissionais aos smartphones — e a criatividade para produzir conteúdo audiovisual. Também são abordadas as etapas de roteiro, edição e veiculação de vídeos.

A aula sobre "Como usar mídias sociais para fazer divulgação científica" reúne dicas sobre as particularidades das diferentes redes sociais, como Facebook, Instagram e Twitter, e sobre como promover o engajamento do público nessas plataformas. O material reflete, também, sobre os desafios de se trabalhar nessas mídias que estão em constante transformação.

A preparação de slides, técnicas de contação de histórias e os concursos de apresentações criativas estão entre os tópicos abordados em "Como fazer uma apresentação de divulgação científica". Apesar de a apresentação de trabalhos em congressos e palestras fazer parte da rotina de todo cientista, preparar apresentações voltadas a um público de não especialistas pode ser desafiador — e maravilhoso.

Para pesquisadores que desejam abandonar de vez a torre de marfim e interagir cara a cara com o público, incluímos a aula "Como fazer um evento de rua para divulgar ciência". Nela, listamos algumas das coisas importantes a se pensar na hora de planejar um evento, incluindo a locação, a escolha do melhor formato e a divulgação.

Além das diferentes situações em que se pode divulgar ciência, o curso aborda as especificidades da comunicação com alguns públicos específicos: "Como falar com jornalistas"; "Como fazer divulgação científica para crianças" e "Como fazer divulgação científica para adolescentes". Uma outra aula, "Como interagir com o assessor de imprensa", esclarece a estrutura que a Fiocruz e outras instituições têm para auxiliar os pesquisadores em suas ações de comunicação e como fortalecer esse vínculo.

Em "Como falar com o público de temas polêmicos de ciência", defendemos que os temas controversos não devem ser evitados, e sim incluídos no debate. Apesar de desafiadores, tópicos, como experimentação animal, engenharia genética e uso de robôs, podem gerar discussões ricas e interações valiosas com o público.

Para encerrar, a aula "Como avaliar seu projeto de divulgação científica" aborda algumas metodologias possíveis de avaliação e seu valor para o planejamento das atividades de divulgação.

Os guias são recheados com exemplos e dicas práticas que procuram refletir a realidade de pesquisadores que fazem ciência e divulgação científica no Brasil contemporâneo. Para aqueles que desejam se aprofundar em um ou outro assunto, as sugestões de leitura e materiais complementares incluem textos acadêmicos, relatos de divulgadores científicos, vídeos e outros guias práticos disponíveis on-line com exemplos internacionais.

Sabemos que, apesar de cobrir vários tópicos, o curso não é exaustivo e não pretende dar conta de toda a diversidade e complexidade de possibilidades em jogo na divulgação científica: a ideia é servir como ponto de partida.

INTERAÇÃO COM OS ALUNOS

Quando o curso on-line é oferecido como disciplina de pós-graduação na Fiocruz, ao longo de dois meses por ano, os alunos têm acesso a um fórum exclusivo, acompanhado pelas criadoras do curso.

No fórum, os participantes se apresentam e interagem entre si, postando relatos pessoais sobre atividades que realizaram ou materiais interessantes com os quais já se depararam, incluindo textos, vídeos, perfis nas redes sociais etc. Todos os alunos são convidados, também, a postar no fórum um texto de divulgação científica de sua autoria, que será analisado e comentado pelos colegas e pelos facilitadores do curso.

Além dos temas propostos pelo curso, os alunos trazem para o fórum outros tópicos de seu interesse, por exemplo, como promover a equidade de gênero em produtos de divulgação científica, como lidar com as tensões entre ciência e religião e quais as melhores estratégias para oferecer atividades acessíveis a pessoas com deficiências. Ao lado das trocas sobre questões práticas, surgem debates teóricos sobre temas, como tradução e acomodação de linguagem, modelos de comunicação pública da ciência e outros.

A troca entre os alunos é sempre enriquecida pela diversidade dos participantes — cada turma inclui até cem pessoas que atuam em áreas diferentes e em vários estados do Brasil.

"Aprendi muitíssimo e realmente tornei-me um divulgador científico bem mais capacitado e mais consciente da responsabilidade da DC para a sociedade brasileira!", comentou um aluno da turma de 2020. Outra aluna, da mesma turma, postou no fórum a mensagem: *"Hoje eu tenho uma outra percepção de como posso contribuir com a divulgação científica!"*

Como o curso foi desenvolvido em 2018, e o cenário da divulgação científica é sempre dinâmico, com o surgimento constante de novas ferramentas e tópicos a serem discutidos, o fórum é, ainda, nosso espaço para atualizar o conteúdo da disciplina. A partir de 2020, por exemplo, usamos o espaço para debater e trocar experiências sobre os desafios trazidos pela pandemia de Covid-19 à divulgação científica.

Para obtenção do crédito da disciplina, os alunos precisam entregar, ao final do curso, um projeto detalhado de atividade ou produto de divulgação científica. Embora não seja obrigatória a execução do projeto antes do término da disciplina, os alunos são incentivados a pensar em atividades factíveis, que conversem com seus temas de pesquisa e que possam ser concretizadas no futuro.

A disciplina também tem sido uma oportunidade para mestrandos e doutorandos que estão desenvolvendo suas dissertações e teses em divulgação científica cumprirem o crédito didático exigido por alguns programas colocarem em prática a docência na área.

PERFIL DO PÚBLICO DO CURSO ABERTO

Quem se inscreve no MOOC Introdução à Divulgação Científica é convidado a preencher um breve formulário antes de começar o curso. A seguir, apresentamos alguns dados parciais obtidos por meio desses formulários. Os dados, extraídos em 2 de junho de 2022, referem-se a 12.592 participantes — que corresponde a cerca de 50% do total de inscritos.

Quanto à atuação profissional, a maior parte dos inscritos identifica-se como estudante de pós-graduação (30%) ou pesquisador(a) (28%). Há também educadores (25%), divulgadores de ciência (14%) e jornalistas (3%).

Perguntados sobre experiências prévias com atividades de divulgação científica, 41% dos participantes afirmaram já ter participado da organização de atividades de divulgação, enquanto 33% relataram terem participado apenas como espectadores ou consumidores. O restante afirmou não ter nenhuma experiência (17%) ou trabalhar com isso diariamente (9%).

Os inscritos, em sua maioria, avaliaram seu nível de conhecimento sobre divulgação científica como básico (63%). Cerca de 14% afirmaram não ter conhecimento nenhum sobre o tema, 22% relataram conhecimento de nível intermediário, e apenas 2% acreditavam ter domínio avançado da área.

O formulário também questiona os participantes sobre as funções da divulgação científica na sociedade — cada um pode selecionar até três das alternativas oferecidas. Em ordem decrescente de representatividade, apareceram:

- promover uma aproximação entre ciência e sociedade (80%);
- informar a população sobre temas de ciência (52%);
- promover o debate sobre os diversos aspectos (políticos, econômicos, sociais etc.) que influenciam a ciência (44%);
- combater as pseudociências, mostrando as respostas corretas para as grandes questões em debate (39%);
- fazer com que o público não especializado tenha uma visão crítica da ciência. (36%);
- suscitar novas vocações científicas (18%);
- complementar a educação científica de baixa qualidade (10%);
- mostrar os processos, os personagens e as controvérsias envolvidos na atividade científica (9%).

Por fim, perguntamos que ferramentas ou estratégias de divulgação científica os participantes usam ou gostariam de usar (novamente, cada respondente selecionou até três opções). Publicações nas redes sociais, como Facebook, Twitter, Instagram etc., foram as mais mencionadas (65%), seguidas por eventos, como feiras de ciências, cafés/chopes científicos etc. (51%), textos e materiais impressos (46%), vídeos (45%), palestras (33%), podcasts (24%) e exposições (18%).

AVALIAÇÃO DO CURSO MOOC PELOS SEUS PARTICIPANTES

Ao final do curso, disponibilizamos uma nova enquete, que repete algumas perguntas da enquete anterior. Os dados a seguir representam 6.630 participantes, ou 25% do total. Note-se, no entanto, que, como as amostras são diferentes em tamanho e composição, é difícil compará-las diretamente.

Após o curso, a percepção dos participantes sobre seu nível de conhecimento em relação à divulgação científica mudou. Cerca de 64% dos respondentes identificaram nível intermediário, 17%, básico, e 18%, avançado.

Sobre as funções da divulgação científica, as opções selecionadas foram:

- promover uma aproximação entre ciência e sociedade (79%);
- informar a população sobre temas de ciência (56%);
- promover o debate sobre os diversos aspectos (políticos, econômicos, sociais etc.) que influenciam a ciência (43%);
- fazer com que o público não especializado tenha uma visão crítica da ciência (37%);
- combater as pseudociências, mostrando as respostas corretas para as grandes questões em debate (35%);
- suscitar novas vocações científicas (18%);
- complementar a educação científica de baixa qualidade (10%);
- mostrar os processos, os personagens e as controvérsias envolvidos na atividade científica (12%).

Os meios ou ferramentas de divulgação científica selecionados pelos participantes foram redes sociais (66%), eventos (51%), textos e impressos (47%), vídeos (45%), palestras (32%), *podcasts* (23%) e exposições (18%).

A maioria dos respondentes avaliou o curso como muito bom (67%) ou bom (29%). Em menores proporções, os participantes avaliaram o curso como de qualidade média (3%) ou muito ruim (1%).

DESAFIOS

Embora essa não tenha sido nossa primeira experiência oferecendo treinamento em divulgação científica para pesquisadores, foi nossa primeira aventura sistematizada no mundo dos cursos on-line. Por isso, e após a experiência de vivenciar a pandemia de Covid-19 e a migração de quase todas nossas atividades diárias para o mundo virtual, conseguimos identificar alguns desafios e pontos para aperfeiçoar a disciplina.

O primeiro, e talvez maior desafio, é como manter o curso atual e relevante no contexto sempre dinâmico da divulgação científica. Desde a publicação do material, já identificamos vários temas que gostaríamos de incluir no curso: produção de *podcasts*, novas redes sociais, questões de gênero, acessibilidade, divulgação científica e inclusão social. Não temos medo de afirmar que a lista vai crescer sempre!

Gostaríamos, ainda, de pensar em formas para viabilizar uma maior interação com o público do MOOC. Quando estamos lidando com milhares de alunos, a conversa mais individualizada, como fazemos na disciplina de pós-graduação, fica inviável. Uma possibilidade seria a realização periódica de eventos on-line ao vivo, abertos para perguntas e contribuições dos alunos. No entanto, estamos cientes de que isso requer recursos financeiros e humanos, especialmente considerando o tamanho da demanda — representada pelos 25 mil usuários do curso até o momento.

Por fim, temos o desejo, e a necessidade, de aperfeiçoar nossas estratégias para feedback e avaliação do curso por parte de seus alunos.

Consideramos que esse curso foi um primeiro passo importante na elaboração de materiais de capacitação em divulgação científica voltados a cientistas, em língua portuguesa e com conteúdo adaptado à realidade brasileira. A receptividade, por parte da comunidade científica, sugere que há demanda para esse tipo de material. Esperamos que nosso curso abra as portas para outras iniciativas semelhantes, dentro e fora da Fiocruz.

REFERÊNCIAS

CENTRO DE GESTÃO E ESTUDOS ESTRATÉGICOS. *Percepção Pública da C&T no Brasil – 2019*: resumo executivo. Brasília, DF: CGEE, 2019. Disponível em: www.cgee.org.br/documents/10195/734063/CGEE_resumoexecutivo_Percepcao_pub_CT.pdf. Acesso em: 25 mar. 2020.

MASSARANI, L.; PETERS, H. P. Scientists in the public sphere: Interactions of scientists and journalists in Brazil. *Anais da Academia Brasileira de Ciências*, [s. l.], v. 88, n. 2, p. 1.165-1.175, 2016.

13

O MUSEU DA VIDA FIOCRUZ E SAÚDE PÚBLICA: DUAS EXPERIÊNCIAS DE DIVULGAÇÃO CIENTÍFICA EM EXPOSIÇÕES ON-LINE

Letícia Marinho
Jessica Norberto Rocha

INTRODUÇÃO

Os museus de ciências são ambientes profícuos para o desenvolvimento de ações voltadas à divulgação científica e ao ensino de biociências e saúde. Também são importantes locais para promover o diálogo entre a ciência e a sociedade. Bandelli (2014) argumenta que os centros de ciências têm sido apontados como organizações-chave e plataformas para a cidadania científica. Assim, dentre suas várias atribuições, a responsabilidade social é uma relevante função dessas instituições.

Nesse contexto, temas de saúde pública são parte das exposições e ações educativas dessas instituições (CHRISTENSEN *et al.*, 2016). Canadelli (2011) e McLeary e Toon (2012) explicam que exposições sobre o corpo humano e sua fisiologia ganharam popularidade, no final do século XIX, e visavam educar os visitantes sobre as funções das partes do corpo, saúde e higiene. Do final do século XIX ao início do XX, as exposições sobre o corpo humano eram focadas nas doenças, nas deformidades, exibindo a diversidade dos corpos como excentricidades, anormalidades e curiosidades (CANADELLI, 2011), com a expectativa de que o espanto do público se traduzisse em mudanças comportamentais (MCLEARY, TOON, 2012).

A educação em saúde avançou, ao longo das décadas, e houve o reconhecimento das complexidades da informação, promoção e educação centrada em questões sociais e no empoderamento pessoal. Para Green e Tones (2010), a promoção da saúde exige um esforço amplo e multifacetado dentro das configurações da vida das pessoas, e o escopo de tais esforços deve variar do indivíduo ao nível comunitário e estrutural — abordagem que ganhou espaço também no contexto dos museus. As novas perspectivas de abordagem dessas e de outras temáticas nos museus de ciências partiram de um longo, e contínuo, período de discussões e questionamentos acerca da atuação dessas instituições.

Valente, Cazelli e Alves (2005) pontuam que, a partir da década de 1990, o campo no Brasil passou a integrar um movimento já observado internacionalmente para priorizar a contextualização e a interatividade. Concomitantemente a esse processo, o desenvolvimento e expansão da *World Wide Web* (WWW) trouxe às instituições museais novas possibilidades de informação e comunicação com seus públicos (SCHWEIBENZ, 2019). Da aplicação de tecnologias da informação no âmbito organizacional e em atividades museais presenciais até o desenvolvimento de diferentes formatos de exposições e museus inteiramente on-line, os museus encontram, nas tecnologias em rede, a possibilidade e o desafio de expandir e adaptar seu alcance (POVROZNIK, 2020; SCHWEIBENZ, 2019).

O termo "exposição on-line", que aqui empregamos para apresentar os recursos museais trabalhados, pode abarcar diversos formatos de atividades e conteúdos, bem como é possível encontrar ações museais similares nomeadas de "exposição virtual", "exposição digital", dentre outros (URBANEJA, 2019). Apesar de ainda não haver consenso no uso dessas terminologias, Urbaneja (2019) aponta que exposições on-line são recursos dotados de construção de narrativa, intencionalidade de discurso que se utilizam de hipermídia para organizar o conteúdo. Isso significa que as diferentes mídias utilizadas nas exposições on-line interagem entre si por meio de uma organização não linear, característica da web (FOO, 2008). Seja em formato de reprodução ou exibição do espaço museal de maneira tridimensional, ou organizada em um website com disposição bidimensional, a hipermídia é característica comum nessas atividades (URBANEJA, 2019), e consideramos essa compreensão importante para a interpretação das exposições.

Diante das variadas possibilidades, destacamos neste texto duas exposições do Museu da Vida Fiocruz, da Fundação Oswaldo Cruz (Fiocruz), em plataformas on-line, sobre temas contemporâneos de saúde pública. A partir da descrição das estratégias utilizadas para abordar as temáticas, visamos ilustrar e discutir como os museus podem ser importantes ferramentas de comunicação, informação, educação e inclusão em biociências e saúde, trazendo uma abordagem não apenas técnica, médica e conteudista, mas, sobretudo, social.

EXPOSIÇÕES ON-LINE DO MUSEU DA VIDA FIOCRUZ

O Museu da Vida Fiocruz, localizado no bairro de Manguinhos, no Rio de Janeiro, foi inaugurado em 1999 e tem como um dos objetivos a comunicação com diversos públicos dedicada principalmente a temáticas referentes à saúde pública. O museu oferece exposições presenciais e iniciativas on-line e está catalogado no *Guia de Museus e Centros de Ciências Acessíveis da América Latina e do Caribe* (NORBERTO ROCHA et al., 2017). Além disso, a instituição promove a formação acadêmica e profissional de pesquisadores e atuantes em divulgação científica e investigações acadêmicas na área (MUSEU DA VIDA FIOCRUZ, [2023?]).

Apresentamos duas exposições on-line — "Aedes: que mosquito é esse?" e "Zika: vidas que afetam" — que abordam questões de saúde pública relacionadas ao mosquito *Aedes aegypti*, popularmente chamado de "mosquito da dengue", e aos vírus transmitidos por ele, como dengue, zika e chikungunya. Com distribuição em todos os estados brasileiros e proliferação agravada nas áreas mais quentes e úmidas, o mosquito e as doenças citadas são pontos de atenção de alta importância na saúde brasileira (VIEIRA, 2008). A temática é relevante socialmente e para a saúde pública, por isso as exposições on-line selecionadas são oferecidas em formato, plataforma e abordagem distintas. Rocha, Schall e Lemos (2010) analisaram as experiências de jovens, após visitação no Museu da Vida Fiocruz, e destacam as abordagens preventiva e de promoção da saúde (SCHALL; STRUCHINER, 1999) e a abordagem ecossistêmica da saúde (GÓMEZ; MINAYO, 2006) para compreender as estratégias empregadas pelo museu para estabelecer pontes entre seus visitantes e as temáticas da saúde pública. Neste capítulo, interpretaremos as exposições diante desses conceitos, buscando destacar as potencialidades e os desafios de cada estratégia para uma comunicação em saúde significativa.

AEDES: QUE MOSQUITO É ESSE?

A exposição on-line "Aedes: que mosquito é esse?" foi desenvolvida por meio da plataforma Era Virtual e lançada em 2018. A versão on-line consiste em imagens tridimensionais em 360º da exposição física itinerante de mesmo título, quando foi organizada, na Casa da Ciência da Universidade Federal do Rio de Janeiro, em 2017. Adaptada para o contexto on-line, os visitantes podem acessar os conteúdos das instalações interativas de forma remota e gratuita. Além de ser promovida pelo Museu da Vida Fiocruz, contou com o apoio da Rede Dengue, Zika e Chikungunya da Fiocruz e com o patrocínio da companhia privada Sanofi (MUSEU DA VIDA FIOCRUZ, 2017).

De acordo com o biólogo Waldir Ribeiro, um dos educadores museais responsáveis pela exposição on-line, "Na visita virtual, é possível não só ter uma visão geral, como também interagir com todos os conteúdos" (MUSEU DA VIDA FIOCRUZ, 2021, s/p). Ela segue a mesma estrutura da exposição física itinerante, apenas com a diferença da divisão de módulos. Os seis módulos originais foram desmembrados em 11 para melhor adaptação na versão on-line: Mosquito Aedes; Vírus e Mosquito; Dengue; Zika; Quiz; Chikungunya; Entrevistas; Pesquisa; Cine Aedes; Laboratório e Nossa casa.

Sua estrutura é constante, ao longo de toda visita, e tem elementos fixos na tela principal. No canto superior esquerdo, o título da exposição e no inferior, quatro ícones organizados verticalmente. O primeiro é o símbolo do Facebook, que redireciona para um compartilhamento do link da exposição na rede social. O segundo, um botão para a visualização em tela cheia. O terceiro, o botão para ligar e desligar o som. O quarto, um ícone que contém o texto informativo na temática de cada módulo. No canto superior direito, há um botão "Saiba mais", que, quando clicado, abre o menu com links que redirecionam para cada um dos módulos. No canto inferior direito, fica uma janela com o vídeo da interpretação em Libras do texto que é narrado durante a exposição — fica a critério do visitante clicar iniciar ou não a reprodução do vídeo. A exposição não é acessível a leitores de tela.

A imagem, quando iniciada a visita, move-se sozinha, simulando a perspectiva de uma pessoa vidente navegando pelas seções ou salas de exposições. Há também a opção de navegar ao clicar no botão esquerdo e passar o mouse de uma direção a outra, controlando o direcionamento da imagem. O visitante pode optar por deixar o vídeo passar automaticamente entre as seções ou utilizar as setas de navegação que ficam indicadas no chão virtual, clicando-as com o mouse. Em cada módulo, inicia-se uma narração do conteúdo textual ofertado, junto a uma música instrumental de fundo. Consideramos que esse formato traz o aspecto da imersão na experiência, com alusão a um espaço expositivo tridimensional, e permite que o visitante explore o caminho entre os módulos e as instalações sem necessariamente ter que seguir uma ordem predefinida ou acessar todas as atividades.

O módulo 1, "Mosquito Aedes", tem como elemento principal a escultura interativa do mosquito *Aedes aegypti* (Figura 1a). Ele é dedicado a apresentar a estrutura do mosquito e o mecanismo de sua picada nos seres humanos. Ao passar o ponteiro do mouse por cima das estruturas anatômicas da escultura, elas são destacadas em vermelho, e são mostrados seus nomes. Ao clicar em uma estrutura anatômica, por exemplo, no abdômen (Figura 1b), um *card* informativo se abre na tela com uma fotografia aproximada ou em microscopia da estrutura real e um texto. As informações trazidas são relacionadas ao conceito e à função biológicos das estruturas. Por exemplo, ao clicar no olho, o texto se inicia com a frase "São compostos, cada um deles com cerca de 800 omatídeos, que dão a aparência de colmeia." Junto à abertura do *card*, inicia-se um efeito sonoro automaticamente. Todas as fotografias nessa instalação são em preto e branco. Acima da escultura (Figura 1a) há uma tela clicável, com uma apresentação de slides da sequência de todos os *cards* informativos da instalação. Ao seu lado esquerdo, há um painel intitulado "Mosquitos e vírus", com conteúdo textual introduzindo os assuntos retratados na exposição. Nesse módulo, fica explícita uma abordagem conteudista, destacando termos técnicos e conceitos específicos sobre o mosquito para apresentar sua biologia. O foco é, sobretudo, apresentar informações sobre sua anatomia e fisiologia em junção às informações visuais tanto de cada estrutura separadamente, quanto da disposição delas no corpo do mosquito.

Figura 1 – capturas de tela do módulo um, Mosquito Aedes. a – instalações; b – *card* informativo da escultura interativa de *Aedes aegypti*

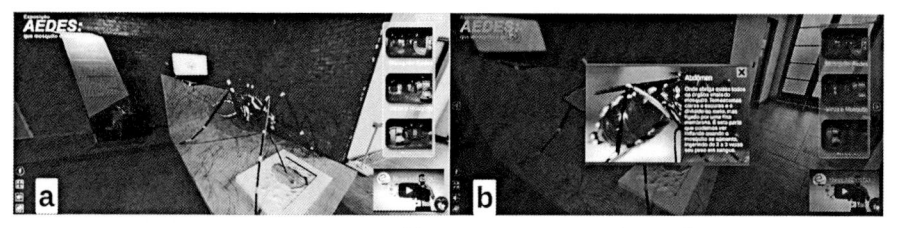

Fonte: *Aedes: que mosquito é esse?* (https://www.eravirtual.org/aedes/)

O módulo 2, "Vírus e Mosquito", tem como elemento principal dois painéis, com textos e imagens, e uma tela interativa (Figura 2a). O da esquerda aborda especialmente a classificação biológica dos vírus da dengue, zika e chikungunya, enquanto o da direita é focado no comportamento alimentar e na transmissão dos vírus pelo mosquito *A. aegypti*. Ambos contêm imagens relacionadas à temática trabalhada. A tela interativa da exposição abre em um menu com cinco ícones que direcionam para atividades ou *cards* informativos (Figura 2b). Cada um desses cinco ícones remete a dois ou mais módulos na exposição on-line, já que os módulos originais foram desmembrados para melhor adaptação. A partir do ícone "módulo 1", há um *quiz* sobre a transmissão das doenças dengue, zika e chikungunya, depois há botões que direcionam para informações sobre cada um dos vírus e seus vetores. O módulo 2 segue a linha do primeiro e fala sobre os vírus e seus vetores a partir de uma perspectiva biológica, com foco na classificação e na fisiologia. É trazido também um *quiz*, que consiste num jogo de perguntas e respostas. Não há tempo limite para respondê-lo, e o acerto ou erro na resposta é indicado pelas cores verde e vermelho, respectivamente. O jogo está em formato de teste de conhecimento, comumente aplicado na educação em temáticas da saúde (CARVALHO *et al.*, 2016), e a junção dele às informações subsequentes traz mais dinamismo para a exposição, com atividades e configurações estéticas diferentes da porção principal dela. Contudo, é mantida a abordagem conteudista, focando o aprendizado dos temas trabalhados.

Figura 2 – capturas de tela do módulo dois, "Vírus e Mosquito". a – instalações; b – porção interativa do módulo

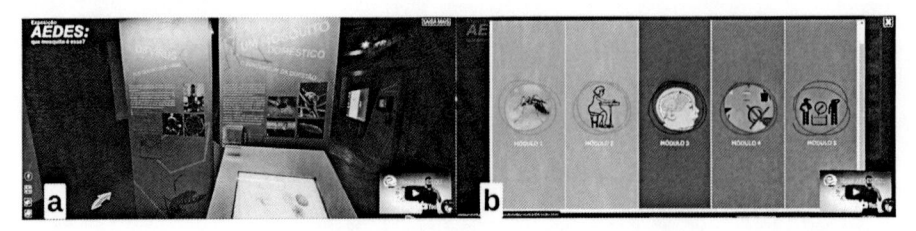

Fonte: *Aedes: que mosquito é esse?* (https://www.eravirtual.org/aedes/)

O módulo 3, "Dengue", tem estrutura similar ao módulo dois e consiste em dois painéis, com textos, imagens, e uma tela interativa. Ele aborda, principalmente, o histórico da dengue no Brasil, seus principais sintomas e sinais de alerta. A tela interativa direciona à mesma do módulo dois (Figura 2b). O ícone "módulo 2" leva a diversas informações mais detalhadas sobre a dengue. Há botões que redirecionam o visitante a saber mais sobre os sintomas, como ter certeza se está com dengue, como cuidar de quem tem dengue e sobre o histórico milenar da doença. Nesse módulo, a doença é abordada a partir de uma perspectiva histórica e social, traçando paralelos entre seu estabelecimento e o impacto ao longo do tempo, com tópicos referentes ao presente, focando os cuidados associados às pessoas acometidas pela doença. Compreendemos que nesse momento o enfoque é a aprendizagem de maneira contextualizada, com atenção especial aos sinais de manifestação da dengue no corpo humano, possivelmente buscando afetar a tomada de decisão dos visitantes ao identificar possíveis sintomas e buscar cuidados de saúde.

O módulo 4, "Zika", segue a mesma estrutura do dois e do três. O histórico da doença Zika no Brasil é apresentado, e são trazidas estatísticas relacionadas à incidência da doença, bem como possíveis sintomas e questões de saúde associadas, como a microcefalia em bebês de mulheres que contraíram Zika durante a gravidez ou a síndrome Guillain-Barré, uma condição neurológica decorrente do vírus. A tela interativa direciona à mesma mencionada anteriormente (Figura 2b). O ícone "módulo 3" direciona a diversas informações sobre a Zika, incluindo sintomas, diagnóstico, tratamento e questões de saúde decorrentes do vírus. Assim como a apresentação da dengue no módulo anterior, a zika é abordada por meio de uma perspectiva histórica e social, abordando desde o primeiro registro da doença em primatas, até as epidemias de zika ao redor do mundo. Ainda que a maioria das pessoas infectadas pela doença não apresente sintomas, são mencionados possíveis sinais de alerta e o processo de diagnóstico, informações que podem levar à busca de tratamento mais agilizada.

O módulo 5, "Quiz", consiste em um painel com uma tela clicável, que abre em um *quiz* com diversas questões sobre dengue, zika e chikungunya e sobre o mosquito *Aedes aegypti*. O funcionamento desse módulo é similar ao primeiro *quiz* trazido na exposição. Acima da tela, há o chamado para a atividade: "Você gosta de um desafio e quer testar seus conhecimentos sobre o Aedes?". Novamente, o jogo adiciona dinamismo e tem como objetivos tanto "testar" o conhecimento dos visitantes como ensinar as respostas corretas com o fornecimento de informações relacionadas — baseado em um modelo tradicional de ensino-aprendizagem.

O módulo 6, "Chikungunya", segue a mesma estrutura em painéis com uma tela interativa dos módulos dois, três e quatro. A tela interativa direciona à mesma mencionada anteriormente (Figura 2b). O ícone "módulo 4" leva a informações sobre a chikungunya, seus sintomas, seu diagnóstico, seu tratamento, sua epidemiologia e prevenção. Com abordagem conteudista, a doença é trabalhada, a partir de perspectivas médicas, e são priorizadas informações relacionadas à manifestação dela nas pessoas.

O módulo 7, "Entrevistas", é apresentado em um painel com uma tela clicável, que abre em uma tela que direciona o visitante a vídeos de entrevistas, animações ou fotografias da exposição presencial. Todos os vídeos das entrevistas desse módulo possuem legenda e narração, mas não contam com interpretação em Libras ou audiodescrição. Os vídeos das animações infantis também carecem de estratégias de acessibilidade, como legendas, interpretação em Libras ou audiodescrição. Nas entrevistas são abordadas temáticas, como sintomas, diagnóstico, tratamento e aspectos gerais de saúde pública sobre as doenças trabalhadas na exposição. Profissionais da Fiocruz, como Nísia Trindade, presidente da instituição, e médicos infectologistas falam tanto sobre esses tópicos como sobre o papel da Fiocruz nesse cenário. As animações têm conteúdo lúdico e falam sobre temáticas como medidas de prevenção contra a proliferação do *A. aegypti*, identificação de sintomas e cuidados para mulheres grávidas contra a Zika por meio de ilustrações e músicas. As fotografias da exposição em sua versão presencial mostram momentos de visitação, com pessoas de diversas idades observando e interagindo com mediadores e instalações. Nesse módulo, observamos uma abordagem mais humanizada, com falas e perspectivas de profissionais da área, que os aproximam do público, e valorização do lúdico para trabalhar as temáticas da saúde. Compreendemos também que as fotografias fazem a ponte da experiência de visitantes na versão presencial da exposição com os visitantes da versão on-line.

O módulo 8, "Pesquisa", assim como outros da exposição, tem sua estrutura em dois painéis, com textos e imagens, e possui duas telas interativas. O primeiro painel é dedicado a tópicos das pesquisas científicas relacionadas ao *A. aegypti* e às doenças das quais ele é vetor, como a produção de vacinas contra a dengue, e estratégias de controle do mosquito, como a liberação de indivíduos inférteis e produção de pesticidas. O segundo painel fala sobre ações de base para prevenção contra a proliferação do mosquito, tendo como foco ações conjuntas de agentes de saúde e população. A primeira tela interativa direciona a uma apresentação de slides sobre o Núcleo Operacional Sentinela de Mosquitos Vetores (Nosmove), da Fiocruz, que promove o monitoramento de possíveis focos de vetores da dengue, zika e chikungunya no campus da Fiocruz e entorno; a segunda leva à tela interativa apresentada na Figura 2b. O ícone "Módulo 5" direciona o visitante a informações sobre as diversas frentes de controle de transmissão das doenças mencionadas, incluindo competências do sistema de saúde e da população, bem como pesquisas e inovações científicas que auxiliam no combate à proliferação do mosquito. Um dos conteúdos é uma tela interativa com uma ilustração de diversas atividades cotidianas, e espaços e itens comuns a diversas casas, com cada porção da ilustração representando uma ação que a população pode tomar para contribuir para o controle do mosquito. Identificamos que o módulo 8 tem como principal objetivo apresentar diferentes frentes do desenvolvimento científico, focado as inovações relacionadas às doenças discutidas, e abordar o combate à proliferação do mosquito como uma responsabilidade conjunta entre população e agentes de saúde, valorizando a cooperação. Um aspecto interessante é a apresentação da Fiocruz e a fala de seus profissionais, personificando parte desse combate a essas doenças e possivelmente ampliando a aproximação desses atores aos visitantes.

O módulo 9, "CineAedes", consiste em uma tela interativa em um painel decorado. A tela direciona a dois vídeos produzidos pela Fiocruz. Os vídeos não possuem audiodescrição, legendas ou interpretação em Libras. O primeiro, intitulado "O ciclo de vida do *Aedes aegypti*", é uma combinação entre partes em animação e partes em imagens reais do mosquito e mostra seu ciclo de vida, passando pela reprodução entre machos e fêmeas, a coleta de sangue humano, a postura de ovos em fontes de água limpa e parada como vasos de plantas ou pneus descobertos, finalizando com as fases de desenvolvimento até a formação de um novo indivíduo adulto. O segundo, intitulado "*Aedes* - Uma ameaça nos trópicos", fala sobre dois mosquitos do gênero *Aedes*, *A. aegypti* e *A. albopictus*, e foca a história da dispersão dessas espécies, ao redor do mundo, e a inserção das doenças das quais eles são vetores em novos locais. A relação deles com ambientes de alta ocupação humana é comentada, e são trabalhados também aspectos morfológicos importantes para a diferenciação das duas espécies, com significativo detalhamento de sua anatomia. Ainda que os aspectos biológicos dos mosquitos sejam muito abordados, em ambos os vídeos, há menção da relação histórica entre eles e os seres humanos, integrando informações técnicas a informações contextualizadas e multidisciplinares, buscando reforçar a importância de se considerar a junção de diferentes conhecimentos ao falar sobre essas espécies e as doenças das quais são vetores.

O módulo 10, "Laboratório", tem como elemento principal quatro microscópios posicionados lado a lado em cima de uma mesa. Todos eles são clicáveis e, quando focados pelo cursor do mouse, são destacados em amarelo com os nomes das fases de desenvolvimento do mosquito ali dispostas: ovos; larvas; pupa e mosquito. Ao clicar em um dos microscópios, abre-se uma tela com uma fotografia da fase escolhida e informações em formato de texto e narração, seguidas de diferentes imagens da espécie na respectiva fase tratada. Nesse módulo, a exposição retorna a uma abordagem mais técnica sobre o *A. aegypti*, apresentando em detalhes suas características biológicas, trazendo informações sobre a morfologia e fisiologia de cada fase de seu desenvolvimento. A representação da visualização das fases, por meio de um microscópio, retoma a conexão com a pesquisa científica, simulando um espaço de laboratório.

Por fim, o módulo 11, "Nossa casa", consiste em uma instalação interativa que simula um ambiente da área externa de uma casa, destacando objetos e situações que possivelmente podem servir de foco para as larvas do mosquito. Há, por exemplo, um tanque externo descoberto, vasos de plantas, caixas de madeira com garrafas de vidro e calhas para água da chuva. Os objetos clicáveis são destacados em amarelo quando focados pelo cursor do mouse, e, ao serem clicados, abre-se um *card* informativo específico à situação. Ao clicar no balde, por exemplo, é informado sobre o tratamento químico de fontes de água limpa, como piscinas e tanques. Nesse módulo, é traçada uma relação direta com o cotidiano do visitante, com destaque a elementos que podem ser pontos chave no combate à proliferação do mosquito. Além de proporcionar a aprendizagem sobre ações para evitar que existam locais propícios para ovos do mosquito, compreendemos que também faz parte do objetivo desse módulo fazê-lo de maneira contextualizada e reconhecível.

A exposição "Aedes: que mosquito é esse?", no geral, possui foco no conteúdo, dedicando vários módulos a trabalhar aspectos biológicos do mosquito *A. aegypti*, a identificação de sintomas das doenças das quais é vetor e a responsabilidade social no combate à proliferação dele. Observamos esses aspectos principalmente nos módulos 1, 2, 3, 6 e 7: "Mosquito Aedes", "Vírus e Mosquito", "Dengue", "Zika", "Chikungunya" e "Entrevistas", respectivamente. Destacamos que há uma diversidade de estratégias empregadas para uma mesma abordagem, pois nos módulos são utilizados recursos textuais, fotográficos, audiovisuais voltados para o público adulto e infantil e jogos — aspecto central para que os visitantes possam usufruir do conteúdo de diferentes maneiras, destacando suas potencialidades individuais ao receberem diferentes estímulos (FOO, 2008).

Como ponto positivo, destacamos a fala de diversos agentes envolvidos no desenvolvimento científico relacionado ao combate e tratamento das doenças transmitidas pelo mosquito, aproximando-as do público e humanizando o processo científico. A exibição da exposição em imagens 360º da exposição física é um modelo popular para exposições on-line (URBANEJA, 2019) e funciona como interessante estímulo visual, pois integra a arquitetura ao conteúdo, permite a divisão espacial das etapas da visitação e a utilização de diferentes instalações e cores, bem como pode incentivar a atenção e identificação com a atividade (NUBANI; ÖZTÜRK, 2021). A estrutura da exposição, entretanto, pode ser tanto um ponto positivo quanto negativo. Identificamos a falta de recursos de acessibilidade da plataforma como um grande desafio para a ampliação do público potencial da atividade. Recorrer quase exclusivamente aos estímulos visuais, formato frequente em museus e exposições de ciência, pode limitar ou inviabilizar a visita de diversas pessoas. Outro ponto que levantamos é a extensão da atividade, com módulos e conteúdos densos, em diversas partes, com terminologias específicas sem explicação adequada, questões que podem servir como fatores de afastamento do público.

ZIKA: VIDAS QUE AFETAM

A exposição "Zika: vidas que afetam" teve início em 2021 e é apresentada somente on-line em plataforma digital própria de domínio da Fiocruz. Promovida pelo Museu da Vida Fiocruz em parceria com a Rede Zika Ciências Sociais da Fiocruz, com patrocínio de instituições internacionais, como *British Council, Newton Fund* e *ZikAlliance*, foi inicialmente programada para inaugurar em formato físico em 2020. Com a pandemia de Covid-19, foi lançada em versão on-line e passou por revisão e adequação de conteúdos visando melhor adaptação ao contexto virtual (SILVA; ALBUQUERQUE; MAYRINK, 2021). A exposição aborda questões que perpassam a vida das crianças que desenvolveram a Síndrome Congênita do Vírus Zika (SCVZ) e suas famílias.

A exposição fornece uma variedade de recursos assistivos e contou com equipe especializada para seu desenvolvimento. Suas curadoras citam que a garantia da inclusão foi um ponto chave no desenvolvimento da exposição on-line e que a disponibilidade de recursos de acessibilidade estava prevista no projeto (SILVA; ALBUQUERQUE; MAYRINK, 2021). A exposição consiste na junção de diferentes mídias, principalmente a textual e a fotográfica, e conta também com elementos interativos. Apresenta recursos de tecnologia assistiva e tradução dos conteúdos em Libras, inglês e espanhol e possui dois formatos de apresentação distintos — sem e com audiodescrição. O primeiro formato, sem audiodescrição, é para o qual o visitante é direcionado por meio do endereço de website principal da exposição. A exposição consiste, sobretudo, de fotografias e textos e possui alguns vídeos e um *quiz* no final de cada módulo. Há alguns elementos fixos nesse modo de apresentação. A visitação no formato sem audiodescrição é feita pela rolagem do mouse para baixo, que impulsiona o caminho entre os blocos. Todos os vídeos na exposição são fornecidos em versão com audiodescrição, e os que possuem narração também possuem versão com legenda e interpretação em Libras.

A exposição é apresentada em cinco porções, sendo uma introdutória e quatro módulos: "O Inesperado da Zika no Mundo e no Brasil"; "Incertezas e Emergências"; "Mobilização e Respostas" e "O Que Ainda Precisamos Fazer?".

A porção de introdução da exposição, apresentada principalmente por meio de textos e fotografias, com adição de um vídeo, é dedicada a relatar os processos de desenvolvimento, curadoria, motivação e a apresentar os atores envolvidos no projeto: gestores, cuidadores, famílias e pesquisadores que interagem diariamente com o vírus zika e seus desdobramentos. Dessa forma, identificamos que aproximar o visitante do desenvolvimento da exposição em si faz parte da intenção de focar as questões sociais atreladas à doença, familiarizando-os com os participantes do processo e trabalhando a sensibilização desde a introdução. É enfatizado o apoio conjunto entre as famílias afetadas pela zika, os agentes de saúde e cientistas, e suas relações emocionais, para além do aspecto prático de prevenção e tratamento. Fica clara a valorização dessas relações na escolha das fotografias do vídeo no final desse módulo, que mostra crianças com SCVZ, seus familiares e agentes de saúde em situações cotidianas, sorrindo e trocando afetos (Figura 3), e em trechos do texto introdutório:

> A mostra apresenta como se construíram respostas à ameaça representada pela epidemia do vírus Zika e suas implicações. Destaca-se o papel crucial da Ciência brasileira, das famílias e do Sistema Único de Saúde na construção de conhecimento, atenção à saúde e vigilância. [...] Se hoje sabemos mais sobre sua face inesperada, a Síndrome Congênita [...] É porque nossas vidas se encontraram e se afetaram mutuamente. É preciso que continuemos a afetar, ser afetados e, principalmente, constituir afetos [...] (Exposição *Zika: vidas que afetam*, página inicial).

Figura 3 – Captura de fotografia inserida no vídeo na introdução da exposição on-line

Fonte: *Zika: vidas que afetam* (https://expozika.fiocruz.br/)

O módulo 1, "O Inesperado da Zika no Mundo e no Brasil", é dedicado à chegada do vírus no Brasil, em 2015, aos casos epidêmicos ao redor do mundo e aos desdobramentos de sua epidemia no país. Há um vídeo com narração e imagens que aborda esses temas, bem como as complicações decorrentes de buscar tratamentos para as outras epidemias concomitantes de dengue e chikungunya. Ao final, há um *quiz* sobre as formas de transmissão do vírus zika (Figura 4). O acerto ou erro é apresentado por meio de um ícone com um V, em cor verde, e ícone com um X, em cor vermelha, respectivamente. Consideramos que o presente módulo tem abordagem voltada ao conteúdo técnico da área da saúde, com objetivo de apresentar a doença a partir de suas características epidemiológicas. O *quiz* trazido está em formato de jogo tradicional, focado em testar o conhecimento do visitante e o aprendizado depois da visitação ao módulo.

Figura 4 – Captura de tela do *quiz* do módulo um

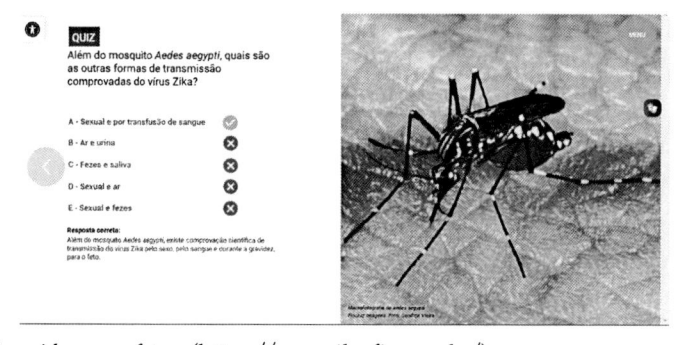

Fonte: *Zika: vidas que afetam* (https://expozika.fiocruz.br/)

O módulo 2, "Incertezas e Emergências", relata o período desafiador durante a epidemia de zika no Brasil, especialmente para mulheres, pela preocupação em diante do risco de contrair a doença em meio a uma gravidez, e para as que contraíram o vírus durante a gravidez. A estrutura do módulo é similar ao primeiro, com fotografias, texto, um vídeo com narração e um *quiz* ao final. O vídeo traz detalhes sobre a progressão da epidemia no país, o cotidiano das famílias acometidas e os profissionais de saúde envolvidos no processo. É enfatizada a conexão entre as crianças com SCZV, seus familiares, cientistas e agentes de saúde, que compartilharam as descobertas, dia após dia, desde que o primeiro caso de zika foi notificado no Brasil na região Nordeste. Enquanto pesquisadores se mobilizavam, as mães e os familiares afetados pela zika buscavam os cuidados ideais para seus bebês e combatiam o preconceito que era direcionado aos seus filhos com deficiência. A Fiocruz é destacada não somente como polo de pesquisa, mas também como fonte de informações confiáveis sobre uma epidemia recente no país e que começava a se tornar temática de *fake news*. Nesse módulo, consideramos que o objetivo principal é abordar as questões emocionais e sociais causadas pela epidemia de zika no Brasil e seus desdobramentos, mostrando que a produção científica e os esforços institucionais ocorreram concomitantemente aos inúmeros esforços familiares para garantir tratamentos e cumprimento dos direitos de seus filhos. Desse modo, é possível compreender que os desdobramentos de uma epidemia vão além de aspectos médicos e científicos, são especialmente sociais e emocionais. O *quis*, ao final do módulo, é similar ao do primeiro e tem abordagem de teste de conhecimentos do visitante.

O módulo 3, "Mobilização e Respostas", aborda duas frentes de esforços na produção de inovações na área da ciência e melhorias no cuidado aos bebês que desenvolveram microcefalia e suas famílias: os institucionais, como a Fiocruz, o Sistema Único de Saúde (SUS) e universidades nacionais e internacionais; e os sociais, principalmente a partir do movimento formado por mães de crianças com SCZV. Assim como os primeiros módulos, possui vídeo com narração e um *quiz*. O vídeo destaca diversos atores no processo de mobilização e evidencia problemáticas na comunicação em saúde no início da epidemia de zika no país, especialmente por ser uma doença com formas de transmissão diversas, inclusive por contato sexual sem proteção e transfusão de sangue. Sendo assim, mostra que a iniciativa de pesquisadores e instituições foi além das inovações em si, com foco também na produção de conhecimento e na divulgação desse para a população. A participação dos movimentos sociais de mães de crianças acometidas pelo zika vírus em reuniões e decisões científicas e políticas é enfatizada, assim como a importância da existência do SUS para a promoção de saúde e informação, ainda que em meio à falta de verba e equipamentos adequados. Identificamos que esse módulo, assim como o segundo, reforça a integração de diferentes frentes da sociedade na promoção de saúde e aborda a doença de maneira social e humanizada, deslocando o foco da identificação de sintomas, de aprendizagem de vetores, entre outros. Ao final, o *quiz* aborda ações realizadas pelo SUS durante a epidemia de zika, buscando reforçar as inúmeras frentes de trabalho do órgão. O quarto e último módulo, "O Que Ainda Precisamos Fazer", é dedicado a questões necessárias a manutenção e ampliação das frentes de cuidado, pesquisa e combate ao vírus zika, mencionando a importância do envolvimento de agentes multidisciplinares e diversos e o combate às desigualdades sociais. Como mencionado em trecho do módulo:

> A Zika retrata desigualdades. Seu enfrentamento depende da garantia dos direitos sociais, do fortalecimento do SUS, da ciência, da educação inclusiva, do combate à pobreza, do saneamento básico e do transporte público acessível. (Exposição *Zika: vidas que afetam*, módulo "O Que Ainda Precisamos Fazer").

O vídeo desse módulo destaca aspectos dos cuidados básicos de saúde a essas crianças e suas famílias e a urgência de ampliação nas políticas públicas direcionadas a elas, reforçando que o fim da fase de emergência em saúde não significa que os cuidados de prevenção contra a zika terminam nem que as crianças com SCVZ e suas famílias não precisam mais de acesso integral a tratamentos, reabilitação e educação. O *quiz*, ao final do módulo, destaca que os cuidados relacionados à zika não se limitam a crianças com SCVZ, mas devem ser ampliados a todas as crianças que tiveram contato com o vírus na gestação. Identificamos, como possível objetivo desse módulo, a ênfase do papel determinante que questões sociais, como renda e educação, têm na incidência e no tratamento da zika no Brasil, reforçando que mobilizações sociais são necessárias para a garantia de direitos relacionados à saúde.

A exposição "Zika: vidas que afetam" trabalha a doença, a partir de seus aspectos sociais. Em todos os módulos, há destaque dos diversos atores envolvidos no combate e tratamento da zika e seus desdobramentos, reforçando a participação intrínseca das famílias afetadas, da comunidade científica e dos agentes de saúde. Compreendemos que um dos objetivos da perspectiva humanizada é a sensibilização do visitante, em relação à junção de consequências sociais, físicas e psicológicas da epidemia de zika no Brasil. Isso acontece, em especial, com o módulo introdutório, que aproxima o visitante ao desenvolvimento da exposição para além da temática em si, e os módulos 2 e 3, que tratam dos desafios emocionais enfrentados por mães e familiares de crianças afetadas pela zika e da participação popular junto à comunidade científica nesse processo. Um ponto potencialmente negativo é a existência de versões separadas da exposição com e sem audiodescrição, especialmente por não haver instruções sobre essa particularidade na abertura da exposição.

DISCUSSÃO E DESAFIOS

As exposições "Aedes: que mosquito é esse?" e "Zika: vidas que afetam", apesar de compartilharem diversas semelhanças como o museu de origem — Museu da Vida da Fiocruz — e temática central — o mosquito *Aedes aegypti* e as doenças transmitidas por ele —, diferem no formato de apresentação e na abordagem empregada. A primeira, ainda que aborde questões sociais e históricas em alguns módulos, traz majoritariamente conteúdos técnicos e instruções focadas na ação individual, na qual identificamos paralelos à abordagem preventiva da saúde (SCHALL; STRUCHINER, 1999), que prioriza a comunicação sobre doenças voltada para o combate, prevenção, sintomas e tratamento. Em diferentes momentos e empregando mídias diversas, a exposição possibilita que o visitante aprenda e reflita sobre as ações que estão a seu alcance para o controle da proliferação do *A. aegypti*. Contudo, pontuamos que há pouca ênfase nos aspectos socioambientais e econômicos que influenciam a incidência do mosquito e, por consequência, das doenças das quais é vetor.

Na segunda, observamos, na estruturação de seu acervo, a abordagem ecossistêmica da saúde (GÓMEZ; MINAYO, 2006), integrando aspectos sociais, políticos e ambientais na discussão sobre a promoção da saúde. Goméz e Minayo (2006) elencam a transdisciplinaridade, a participação social e a equidade de gênero (estendendo-se à equidade social) como os pilares dessa abordagem, elementos que podem ser identificados no decorrer da exposição, principalmente na valorização do trabalho conjunto entre o movimento de mães e familiares de crianças atingidas pela zika, a comunidade científica e os agentes de saúde.

Ambas as exposições exploram possibilidades diversas quanto ao modelo de apresentação escolhido. Em "Aedes: que mosquito é esse?", a reprodução do espaço físico da exposição itinerante permite que o visitante associe o conteúdo às imagens do espaço e à visualização em 360º de instalações interativas, como a escultura do mosquito e a representação de uma área externa de uma casa. Ainda que reproduza uma estrutura física, novos elementos foram adicionados, possibilitando uma experiência única ao ambiente on-line por meio das conexões entre os módulos. A possibilidade de acesso a qualquer hora e local, via aparelhos, como dispositivos móveis ou computadores com internet, permite que públicos distintos sejam alcançados e que a experiência museal seja estendida, especialmente após o advento da pandemia de Covid-19 (BIEDERMANN, 2021). Já "Zika: vidas que afetam" não está atrelada a um espaço físico, sendo estruturada como um acervo totalmente on-line. Experiências museais, então, não precisam necessariamente estar associadas a um local físico, existindo e possibilitando experiências por si só (SCHWEIBENZ, 2019). Consideramos que as visitas a ambas as exposições, em seus diferentes modelos, permitem a interação com o acervo, de modo que a comunicação não esteja limitada ao conteúdo, mas se estenda com as ações de cada visitante sobre ele (CASALE; CALVANO; IPPOLITI, 2017).

Entendemos, por fim, que essas exposições on-line foram desenvolvidas em momentos distintos da instituição e, assim, representam o aprendizado institucional e organizacional com relação ao ensino de biociências e saúde e divulgação científica, somado ao entendimento e à evolução das políticas de inclusão e acesso. As exposições ainda apresentam desafios com relação à sua construção, oferta de conteúdo e distintas formas de acesso — em especial, para públicos que utilizam tecnologias assistivas e recursos de acessibilidade. Apesar disso, consideramos que, de diferentes formas, elas são poderosas ações de divulgação científica e ensino de biociências e saúde, focadas em promover o diálogo entre a ciência e a sociedade, oferecendo oportunidades de engajamento social e atuando como plataformas para a cidadania científica.

REFERÊNCIAS

BANDELLI, A. *Contextualizing Visitor Participation*: European Science Centers as a Platform for Scientific Citizenship. [*S. l.*]: Vrije Universiteit, 2014.

BIEDERMANN, B. Virtual museums as an extended museum experience: Challenges and impacts for museology, digital humanities, museums and visitors – in times of (Coronavirus) crisis. *DHQ*: Digital Humanities Quarterly, [*s. l.*], v. 15, n. 3, p. 1-14, 2021.

CANADELLI, E. "Scientific Peep Show" The Human Body in Contemporary Science Museums. *Nuncius*, [*s. l.*], v. 26, p. 159-184, 2011.

CARVALHO, F. G. DE *et al*. Misturando entretenimento e comunicação para a saúde: a criação de dois testes de personalidade para o Sistema Nacional de Informações Tóxico-Farmacológicas. *In*: SOCIEDADE BRASILEIRA DE COMPUTAÇÃO (ed.). *Proceedings of SBGames 2016*. São Paulo: SBC, 2016. p. 305-312.

CASALE, A.; CALVANO, M.; IPPOLITI, E. The Image as a Communication Tool for Virtual Museums. Narration and the Enjoyment of Cultural Heritage. *In*: LUIGINI *et al.* (ed.). *International and Interdisciplinary Conference IMMAGINI? Image and Imagination between Representation, Communication, Education and Psychology*. Brixen: MDPI, 2017. p. 1-10.

CHRISTENSEN, J. H. *et al*. Museums and science centres for health: from scientific literacy to health promotion. *Museum Management and Curatorship*, [*s. l.*], v. 31, n. 1, p. 17-47, 2016.

MUSEU DA VIDA FIOCRUZ. Com recursos lúdicos e interativos, exposição sobre o mosquito Aedes ganha versão virtual. *Museu da Vida Fiocruz*, Rio de Janeiro, Brasil, 2021. Disponível em: http://www.museudavida.fiocruz.br/index.php/noticias/1091-com-recursos-ludicos-e-interativos-exposicao-sobre-o-mosquito-aedes-ganha-versao-virtual. Acesso em: 14 ago. 2021.

FOO, S. On-line Virtual Exhibitions: Concepts and Design Considerations. *DESIDOC Journal of Library & Information Technology*, [*s. l.*], v. 28, n. 4, p. 22-34, 2008.

GÓMEZ, C. M.; MINAYO, M. C. DE S. Enfoque ecossistêmico em saúde: uma estratégia transdisciplinar. *InterfacEHS*, [*s. l.*], v. 1, n. 1, p. 1-19, 2006.

GREEN, J.; TONES, K. *Health Promotion*: Planning and Strategies. 2. ed. London: SAGE Publications, 2010.

MCLEARY, E.; TOON, E. "Here Man Learns About Himself" Visual Education and the Rise and Fall of the American Museum of Health. *American Journal of Public Health*, [*s. l.*], v. 102, n. 7, p. e27-e36, 2012.

MUSEU DA VIDA FIOCRUZ. O que é o Museu da Vida Fiocruz, *Museu da Vida Fiocruz*, [2023?]. Disponível em: http://www.museudavida.fiocruz.br/. Acesso em: 30 jan. 2022.

MUSEU DA VIDA FIOCRUZ. "Aedes: que mosquito é esse?" é tema de exposição na Casa da Ciência. *Fundação Oswaldo Cruz*, Rio de Janeiro, Brasil, 2017. Disponível em: https://portal.fiocruz.br/noticia/aedes-que-mosquito-e-esse-e-tema-de-exposicao-na-casa-da-ciencia. Acesso em: 6 fev. 2022.

NORBERTO ROCHA, J. et al. *Guia de Museus e Centros de Ciências Acessíveis da América Latina e do* Caribe. 1. ed. Rio de Janeiro: Fiocruz: COC, 2017.

NUBANI, L.; ÖZTÜRK, A. Measuring the Impact of Museum Architecture, Spaces and Exhibits on Virtual Visitors Using Facial Expression Analysis Software. *Buildings*, [s. l.], v. 11, n. 418, p. 1-19, 2021.

POVROZNIK, N. Digital history of virtual museums: The transition from analog to internet environment. *In*: REINSONE, S. et al. (ed.). *Digital Humanities in the Nordic Countries 5th Conference - DHN*. Riga: CEUR-WS, 2020. p. 125-136.

ROCHA, V.; SCHALL, V. T.; LEMOS, E. dos S. A contribuição de um museu de ciências na formação de concepções sobre saúde de jovens visitantes. *Interface – Comunicação, Saúde, Educação*, [s. l.], v. 14, n. 32, p. 183-196, 2010.

SCHALL, V. T.; STRUCHINER, M. Educação em saúde: novas perspectivas. *Cadernos de Saúde Pública*, [s. l.], v. 15, n. 2, p. 2, 1999.

SCHWEIBENZ, W. The virtual museum: an overview of its origins, concepts, and terminology. *The Museum Review*, [s. l.], v. 4, n. 1, p. 1-29, 2019.

SILVA, L.; ALBUQUERQUE, M.; MAYRINK, M. F. Exposição "Zika Vidas que Afetam": um relato de experiência. *Saúde Debate*, [s. l.], v. 45, n. 130, p. 861-870, 2021.

URBANEJA, M. H. On-line exhibitions and on-line publications: interrogating the typologies of on-line resources in art museums. *International Journal for Digital Art History*, [s. l.], v. 4, n. 3, p. 29-38, 2019.

VALENTE, M. E.; CAZELLI, S.; ALVES, F. Museus, ciência e educação: novos desafios. *História, Ciências, Saúde-Manguinhos*, [s. l.], v. 12, n. Suppl., p. 183-203, 2005.

VIEIRA, G. Dengue: prevenção deve priorizar a eliminação de focos do Aedes aegypti. *Instituto Oswaldo Cruz*, Rio de Janeiro, Brasil, 2008. Disponível em: http://www.fiocruz.br/ioc/cgi/cgilua.exe/sys/start.htm?infoid=336&sid=32#. Acesso em: 30 jan. 2022.

14

ROBÓTICA EM MUSEU DE CIÊNCIAS: ESTUDO DE CASO DO MUSEU CIÊNCIA E VIDA

Mônica Santos Dahmouche
Simone Pinheiro Pinto

A tecnologia está presente, no cenário da sociedade contemporânea, e encontra-se em todos os campos do conhecimento, tornando-se cada vez mais imprescindível no cotidiano. A ciência avança, e, em paralelo, a tecnologia não para de surpreender. Os computadores ganham novas funções, os celulares de gerações atuais se tornam mais completos com outras funcionalidades, transformando-se em plataformas de sofisticação superior, os sistemas de jogos digitais se tornam mais amigáveis e controladores de processos industriais; são barateados e ganham utilização fora das fábricas. Em meio a tanta tecnologia disponível, não é difícil o cidadão comum se ver perdido diante de tantas possibilidades.

Na educação não é diferente a tecnologia está presente há décadas e se revela como um poderoso parceiro em diversos processos. Elaborar um método educacional que favoreça o desenvolvimento de cidadãos capazes de acompanhar a evolução da sociedade é desafiador e pode ser facilitado com o uso de novos recursos metodológicos por parte de educadores e instituições. O processo educativo contemporâneo deve ser apropriado para promover o desenvolvimento de competências e habilidades capazes de transformar informações em conhecimentos.

De acordo com Zilli (2004), no âmbito da robótica educacional, a tecnologia se torna mais poderosa quando utilizada com abordagens construtivistas de ensino que enfatizam mais a solução de problemas, o desenvolvimento de conceitos e o raciocínio crítico do que a simples aquisição do conhecimento factual. A autora aponta ainda que a robótica educacional proporciona o desenvolvimento de habilidades, como raciocínio lógico, aptidões manuais e estéticas, relações interpessoais e intrapessoais, investigação e compreensão, representação e comunicação, resolução de problemas por meio de erros e acertos, utilização da criatividade em diferentes situações, capacidade crítica, dentre outras.

Andriola (2021) assegura que a proposta de ensino mais adequada ao emprego da robótica educacional como suporte à educação é por meio de projetos, pois possibilita a criação de identidade dos alunos com os conhecimentos científicos. A robótica educacional permite contornar a aprendizagem de fórmulas e modelos de cálculos sem identificação de seu funcionamento na prática e criar situações-problema, gerando demanda de conhecimentos que devem ser desenvolvidos, a partir de uma ótica interdisciplinar e que não necessariamente pertencem a uma área específica, como é organizado no currículo escolar (PAPERT, 1994).

Shamos (1995) ressalta que, para se alcançar uma compreensão adequada da ciência, é fundamental que se implementem programas de educação formal e não formal que sejam capazes de contribuir com a formação de cidadãos críticos, que considerem a ciência parte da cultura e que sejam capazes de questionar informações veiculadas, por meios de comunicação, interagindo, portanto, com o mundo ao seu redor. A abordagem lúdica e dinâmica de temas de ciência que a robótica proporciona pode levar aqueles que visitam os espaços museais a compreender aspectos associados ao seu cotidiano, apropriando-se de saberes até então aparentemente desconexos de sua realidade, ampliando assim sua cultura científica. Entretanto, ainda é pouco usual considerar a ciência uma forma de cultura com vistas à promoção de inclusão social. De acordo com Langevien-Joliot (2014, p. 193), "[...] inscrever a cultura científica na cultura geral é um meio de emancipação e desenvolvimento de todos. É uma necessidade reduzir o fosso de incompreensão que existe entre a ciência e a sociedade". Assim sendo, a característica interdisciplinar dos museus de ciência os torna ferramentas potentes para a promoção da inclusão social e científica.

Assim como as escolas, os museus são tidos como espaços para a construção do conhecimento, que se comunicam com diferentes públicos e utilizam diferentes linguagens. De acordo com Cazelli, Falcão e Valente (2018, p. 4), "[...] tanto a pesquisa como as práticas educacionais e comunicacionais relacionadas às exposições e/ou atividades em museus têm se intensificado, tornando-se cada vez mais uma área de produção de conhecimento". As tecnologias estão presentes nos museus de ciências há tempos, dentre elas podemos destacar a robótica (PALLONE, 2010).

O Museu Ciência e Vida, desde 2013, oferece oficinas de robótica, em diversos formatos, ao público jovem e infantil, com o objetivo de popularizar e divulgar a ciência especialmente na Baixada Fluminense (BRITO *et al.*, 2015). Não raro, vemos, nos diversos meios de comunicação, notícias sobre a carência nacional de formação e de disponibilização de profissionais para atuar em áreas do conhecimento ligadas às engenharias, à ciência e à tecnologia. A Confederação Nacional da Indústria (CNI) noticiou, por diversas vezes, a carência de trabalhadores qualificados para ocupar diferentes posições no mercado de trabalho, em especial aquelas que requerem especialização. Considerando as habilidades que a robótica favorece, o desenvolvimento das oficinas no museu permite iniciar os jovens e as crianças nessa ferramenta e pode ser uma alternativa para, em certa medida, futuramente suprir essa lacuna, despertando e fortalecendo o gosto pelas técnicas e engenharias nesse público que integrará, sobretudo, o mercado de trabalho. Embora a robótica educacional faça parte do currículo escolar de diversas escolas privadas, como as do Sistema S, e de algumas escolas públicas[13], essa ainda é uma realidade para poucos estudantes. Dessa forma, oferecer essa atividade na programação do Museu Ciência e Vida é uma maneira de contribuir para a democratização dessa ferramenta.

A ROBÓTICA NO MUSEU CIÊNCIA E VIDA

A metodologia adotada inicialmente para as oficinas de robótica foi a desenvolvida pela Lego Zoom, já validada por diferentes espaços educacionais. Ela permite desenvolver atividades com crianças de 3 a 9 anos de idade, abarcando a educação infantil, que foi a princípio o público-alvo do projeto. As oficinas foram viabilizadas por meio do projeto Iniciação à Robótica, financiado pela Fundação Carlos Chagas Filho de Amparo à Pesquisa do Estado do Rio de Janeiro (Faperj).

Na perspectiva de associar a robótica com a indústria e os processos de produção, foram desenvolvidas duas oficinas: uma relacionada ao meio ambiente e aos avanços tecnológicos, voltada para o público infantil e o ensino fundamental I, e outra associada às questões de ciência e tecnologia inseridas no contexto social, estruturada para atender ao público adolescente, do ensino médio. O principal foco das oficinas foi promover o trabalho coletivo entre os participantes e favorecer a percepção dos aspectos interdisciplinares, por meio da interação, da montagem e da programação de kits e dos robôs. A capacidade de atendimento de cada oficina é de aproximadamente 30 participantes, e a duração média é de 90 minutos.

---

[13] Destaque para o trabalho que há anos é desenvolvido na Faetec Maracanã-RJ, com alunos do ensino médio, sob coordenação do prof. Cesar Bastos. Em outras unidades da Faetec, também há grupos de robótica bem estabelecidos.

As oficinas aconteciam duas vezes por semana, uma pela manhã e outra à tarde, para facilitar o agendamento de grupos em diferentes turnos. A apresentação e a interlocução foram realizadas por mediadores do museu, que atuavam como facilitadores para o desenvolvimento das atividades, em que buscavam favorecer a discussão entre os participantes sobre o avanço da tecnologia, no seu dia a dia, além de refletir sobre problemas científico-tecnológicos de interesse social e se posicionarem criticamente. Para além do atendimento agendado com as escolas, o museu passou a oferecer também atividades de robótica aos sábados, abarcando, assim, o público familiar.

Ao longo de 2013, ano de implementação do projeto, participaram das atividades de robótica 421 visitantes como público espontâneo e 737 estudantes e professores como público escolar. Esses estudantes eram oriundos de dez escolas, sendo cinco privadas, duas estaduais e duas municipais. No ano seguinte, 362 visitantes foram ao museu e participaram das oficinas de robótica, além de 1.076 estudantes como público escolar oriundo de 32 escolas, sendo 13 privadas, sete estaduais e 11 municipais. Já em 2015, foram oferecidas oficinas para 209 pessoas, a título de público espontâneo, e 741 estudantes originários de 23 escolas, sendo 11 escolas privadas, cinco estaduais e seis municipais. Observamos, em todos os anos, a predominância de escolas privadas nas oficinas robóticas, embora seja mais comum identificarmos atividades de robótica educacional nesse segmento. Entretanto, creditamos essa frequência à questão do transporte, que é a principal barreira de visitação aos museus. As escolas públicas têm dificuldade em conseguir transporte. A despeito dos ônibus das prefeituras para esse fim, a demanda reprimida é grande. Aliada a isso, a falta de recursos das famílias mantém os menos favorecidos apartados das visitas escolares. As escolas privadas, por outro lado, contam com a cotização dos pais para arcarem com os custos do transporte.

Para a realização da oficina, foram utilizados kits de robótica Lego Mindstorms NXT, lançados em 2006 e voltados para a educação tecnológica. Eles são compostos dos seguintes elementos: 1) microcontrolador NXT: responsável por armazenar a programação e enviar os comandos aos motores e aos quatro sensores que podem ser conectados em suas portas (a conexão com o PC pode ser realizada por meio de um cabo USB, incluso no kit, ou pela interface *bluetooth*); 2) motores: cada kit contém dois motores, peças responsáveis por executar os movimentos, por exemplo, andar para frente, para trás, fazer curva para direita e para a esquerda ou parar, obedecendo aos comandos previamente programados no microcontrolador;

3) sensores: peças que recebem os estímulos externos do ambiente e, de acordo com a programação, fazem com que os motores realizem as funções previamente estabelecidas (os sensores estão divididos em sensor de contato (duas peças por kit), sensor de luz e cor (uma peça por kit) e sensor de ultrassom — uma peça por kit); 4) peças de montagem: peças de diferentes formatos, capazes de se encaixar entre si, dando forma à construção do modelo robótico planejado pelo estudante e 5) ambiente de programação: uma interface com representações pictóricas que podem ser sequenciadas para realizar um comando. Esse modo de programação, no estilo "clica e arrasta", facilita o manuseio de estudantes que nunca tiveram contato com outras linguagens de programação. A Figura 1 apresenta os elementos físicos que compõem os kits.

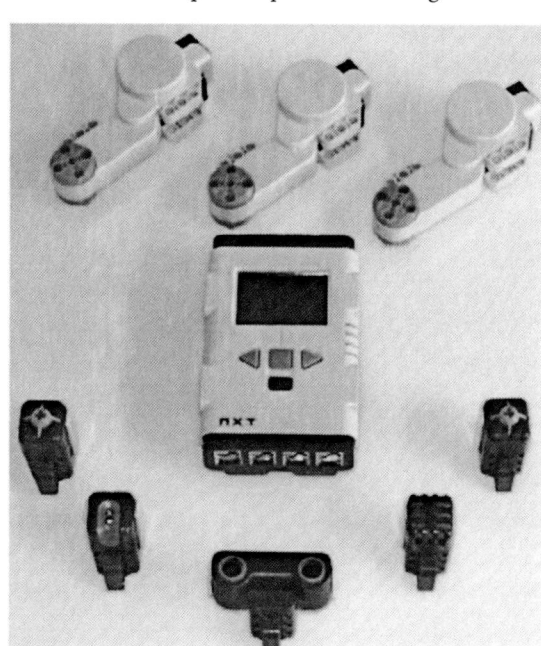

Figura 1 – Conjunto de elementos que compõem os kits Lego Mindstorm

Fonte: Brito *et al.* (2015)

A oficina se inicia com uma discussão acerca da utilização da tecnologia no cotidiano. Para os grupos de alunos da educação infantil e do ensino fundamental I, a metodologia se diferencia na linguagem, pois os mediadores conduzem a oficina de modo a levar aos participantes uma interação com os modelos apresentados pelo Lego na coleção Construir e Aprender. Esses modelos propõem vencer desafios e resolver problemas de simples compreensão, como ajudar um fazendeiro que machucou o braço e não poderá trabalhar em sua fazenda a realizar suas tarefas diárias, como transportar os ovos que as galinhas puseram no dia e ordenhar as vacas. Os mediadores constroem com o público os carrinhos-robôs que auxiliarão o fazendeiro nessas tarefas. A atividade é desenvolvida de forma lúdica, procurando promover a colaboração e o trabalho coletivo entre os participantes. Nessa oportunidade, destacamos para as crianças a tecnologia presente nas fazendas e a importância do agronegócio para a economia do país, com uma linguagem adequada à faixa etária.

Os grupos de adolescentes são instigados a refletir sobre a origem da robótica e sua relação com temas históricos importantes, como a Revolução Industrial. Dessa forma, os mediadores apresentam aos participantes o processo de desenvolvimento da tecnologia disponível no momento, fruto de um intricado processo de construção do conhecimento permeado por fatos sociais significativos, ou seja, a ciência é parte integrante da sociedade e está em constante evolução. Após esse momento de reflexão, os participantes são separados em grupos e, por meio do trabalho colaborativo, são convidados a montar um modelo robótico que envolve as diferentes áreas do conhecimento, como a Física e a Matemática, aliados ao raciocínio lógico.

No processo de montagem do robô, que reúne o microcontrolador e os motores, os mediadores destacam a importância das condições de equilíbrio, conceitos fundamentais da Física, a fim de que ele possa se deslocar perfeitamente em função dos comandos acionados. Devido à grande massa presente no microcontrolador, o modelo tende a ficar instável caso os participantes não compreendam bem os conceitos e os apliquem na construção de estrutura de sustentação. Na etapa seguinte, são associados os sensores e os motores, de acordo com as funções que o modelo robótico deverá exercer: andar, parar, girar etc. O sensor de ultrassom envia uma onda mecânica que, ao ser interrompida por um obstáculo, retorna ao sensor, fazendo com que o mecanismo realize a função programada, ou seja, o robô retorna em função do obstáculo. Esse princípio de funcionamento baseia-se nos sonares utilizados pelos morcegos em seu deslocamento, em que uma onda sonora é enviada, e a medida da distância entre o objeto e o animal é realizada pelo tempo de resposta entre a detecção do obstáculo e o retorno da onda como eco (SILVA, 2013). Os sensores de luz e cor presentes no kit são do tipo RGB. Eles podem distinguir a intensidade luminosa em uma escala entre branco e preto, identificar até seis cores diferentes e ser utilizados como lâmpada. Ao utilizar esse tipo de sensor, o estudante pode observar como ocorre o processo de reflexão da luz e o conceito de frequência das cores na faixa do espectro visível.

Para além das atividades com o público escolar e espontâneo, foi desenvolvida uma oficina nessa temática para professores. A oficina "Robótica Sustentável" foi concebida para atender especificamente a docentes da educação básica. A opção por trabalhar a conjunção meio ambiente e robótica se justifica em virtude de demandas apresentadas por professores durante outras atividades, acredita-se que seja por conta de o tema meio ambiente fazer parte do conjunto de assuntos abordado em diferentes séries do ensino fundamental. Além disso, na época em que a oficina foi executada, estava em cartaz, no museu, a exposição "Sustentabilidade, o que é isso?".

O interesse do público pelas atividades associadas à robótica aparece não apenas na participação dele nas oficinas no museu, como também por convites para eventos diversos. Assim, as ações associadas à robótica transbordaram os muros do museu e estiveram presentes na feira de ciências da Secretaria Municipal de Educação de Duque de Caxias (Figuras 2 e 3) e no festival AnimaTerê, que promoveu a integração de 450 pessoas nas oficinas de robótica.

Figuras 2 e 3 – Oficinas de robótica oferecidas na Feira de Ciências da Secretaria Municipal de Educação de Duque de Caxias

Fonte: acervo do Museu Ciência e Vida

A robótica não ficou restrita às oficinas. A peça de teatro *Rossum e Asimov*, desenvolvida como uma atividade de Ciência e Arte, foi elaborada especialmente para o público da educação infantil de primeiro segmento do ensino fundamental (ALMEIDA *et al.*, 2018). Nesse espetáculo, os atores abordam, de maneira lúdica, a tecnologia presente no nosso cotidiano e a imagem do cientista, o inventor habituado a testar suas hipóteses de várias formas e a tirar suas conclusões baseado nas evidências encontradas. Uma cena da peça de teatro está representada na Figura 4.

Figura 4 – Encenação da peça *Rossum e Assimov* no auditório do Museu Ciência e Vida

Fonte: acervo do Museu Ciência e Vida

Na esteira da robótica, o Museu Ciência e Vida se tornou sede do Torneio Juvenil de Robótica (TJR), na Baixada Fluminense, desde 2013. Esse evento envolveu jovens oriundos de diferentes escolas do Rio de Janeiro e de Duque de Caxias e contou também com a participação de equipes de São Paulo (Figuras 5 e 6). Durante a pandemia, embora não tenham sido organizados os torneios no museu, participamos de algumas competições virtuais, contribuindo com a arbitragem.

Figuras 5 e 6 – Edição de Duque de Caxias do Torneio Juvenil de Robótica, realizado no Museu Ciência e Vida

Fonte: acervo do Museu Ciência e Vida

Em virtude da dinâmica do museu, as atividades de robótica passaram a compor o Clube de Robótica, iniciado a partir de uma parceria com a Secretaria Municipal de Educação do Rio de Janeiro, no âmbito do projeto Jovens Cientistas. Suas atividades iniciaram-se, em 2019, com alunos de 13 e 14 anos, estudantes da escola municipal Zélia Braune, localizada no bairro Jardim América.

O clube tem a finalidade de apresentar os princípios básicos de robótica a alunos do segundo segmento do ensino fundamental, buscando contribuir para a cultura científica desses estudantes bem como para a promoção da inclusão social e digital. As atividades possibilitam o emprego de conceitos de várias disciplinas, como ciências, informática e matemática, além de estimular o raciocínio lógico e a resolução de problemas.

Desde 2013, o Museu Ciência e Vida traz a robótica como uma proposta extracurricular para os mais variados públicos, proporcionando um ambiente favorável que correlaciona conteúdos escolares com as transformações sociais, adaptando-se às novas demandas educativas e buscando promover uma mudança de paradigma baseada no trabalho coletivo e na experimentação. Com essa perspectiva, o museu amplia suas ações ao desenvolver atividades com outros equipamentos: o micro:bit.

A proposta de desenvolver atividades com o micro:bit surgiu a partir da necessidade de se elaborar um dispositivo que fosse mais acessível financeiramente, fácil de programar e funcional, sendo compreensível a estudantes e projetistas amadores. O micro:bit favorece a programação em blocos com funções básicas que promovem uma introdução a diversos conhecimentos de informática, elétrica, eletrônica e robótica, trabalhando com pensamentos computacionais aplicados a ciências. O desenvolvimento das oficinas com esse dispositivo foi interrompido pela pandemia de Covid-19. Como o micro:bit pode ser acessado on-line[14], a interlocução do museu com seu público, durante a emergência sanitária, foi facilitada. Nesse período, foram desenvolvidas atividades de apresentação do micro:bit e algumas programações básicas, que estão disponíveis no canal do museu no YouTube.

CONSIDERAÇÕES FINAIS

A proposta de implementação da robótica no museu foi estruturada, de modo que o público que frequenta o espaço fosse capaz de relacionar a tecnologia robótica ao cotidiano e de refletir sobre a produção e o impacto

---

[14] Por meio do endereço: https://makecode.microbit.org/.

de novas tecnologias na sociedade. Acreditamos que essas ações estimulam jovens e crianças a se interessar pela temática e que, de alguma forma, contribuem para a melhoria da qualidade do ensino de ciências. As participações em feiras e eventos, assim como no TJR, têm reforçado a importância da divulgação e a popularização da ciência, pois utilizam uma linguagem acessível a todos e possuem como principais eixos norteadores a ciência e a tecnologia do cotidiano.

Atualmente, uma nova etapa das ações de robótica está em desenvolvimento. Deu-se início à ampliação dessas atividades para o público surdo, em função da proposta de tornar o espaço acessível a todos. Para tanto, o Museu Ciência e Vida, em parceria com o Projeto Surdos – UFRJ, está desenvolvendo o Clube de robótica para surdos, que terá suas primeiras atividades do projeto-piloto a partir de junho de 2022. Todas as ações estão sendo elaboradas e planejadas com o auxílio de um professor que é surdo e com a colaboração de dois intérpretes de Libras.

REFERÊNCIAS

ALMEIDA, C. da S.; FREIRE, M.; BENTO, L.; JARDIM, G.; RAMALHO, M.; DAHMOUCHE, M. Ciência e teatro: um estudo sobre as artes cênicas como estratégia de educação e divulgação da ciência em museus. *Ciência & Educação*, Bauru, v. 24, n. 2, p. 375-393, abr. 2018.

ANDRIOLA, W. B. Impactos da robótica no ensino básico: estudo comparativo entre escolas públicas e privadas. *Ciência & Educação*, Bauru, v. 27, p. 1-14, 2021. Disponível em: https://doi.org/10.1590/1516-731320210050. Acesso em: 5 jun. 2022.

BRITO, N. B.; PINTO, S. P.; DAHMOUCHE, M.; SILVA, V. H. F.; DUTRA, M. C. D. Robótica para o Ensino de Física na Educação não formal. *In*: SIMPÓSIO NACIONAL DE ENSINO DE FÍSICA, 21., 2015, Uberlândia. *Anais* [...]. Uberlândia: Universidade Federal de Uberlândia, 2015.

CAZELLI, S.; FALCÃO, D.; VALENTE, M. E. Visita estimulada e empoderamento: por um museu menos excludente. *Caderno Virtual de Turismo*, Rio de Janeiro, v. 18, n. 1, p. 1-17, 2018. DOI: https://doi.org/10.18472/cvt.18n1.2018.1481. Disponível em: https://www.redalyc.org/articulo.oa?id=115454562018. Acesso em: 5 jun. 2022.

LANGEVIEN-JOLIOT, Helene. Refonder les rapports de la science et de la société, un objectif majeur. *In*: WIEVIORKA, Michel. (org.). *La science en question(s). Les Entretiens d'Auxerre*. Auxerre: Éditions Sciences Humaines, 2014. p. 185-197.

PALLONE, S. Tecnologia a serviço da divulgação científica. *ComCiência,* Campinas, n. 124, p. 1-5, dez. 2010. Disponível em: http://comciencia.scielo.br/scielo.php?script=sci_arttext&pid=S1519-76542010001000004&lng=en&nrm=iso. Acesso em: 5 jun. 2022.

PAPERT, S. *A máquina das crianças*: repensando a escola na era da informática. Porto Alegre: Artes Médicas, 1994.

SHAMOS, M. H. *The myth of scientific literacy.* United States: Rutgers University Press, 1995.

SILVA, A. Bezerra. *Programação de LEGO MINDSTORMS NXT 2.0 utilizando MATLAB.* 2013. Monografia (Bacharelado em Ciência e Tecnologia) – Universidade Federal Rural do Semiárido, Rio Grande do Norte, 2013.

ZILLI, S. do R. *A robótica educacional no ensino fundamental*: perspectivas e prática. 2004. Dissertação (Mestrado em Engenharia de Produção) – Universidade Federal de Santa Catarina, Florianópolis, 2004.

SOBRE OS AUTORES

André Henrique Silva Souza
Doutorando em Ensino de Biociências e Saúde pelo IOC-Fiocruz. Licenciado em Física pela Universidade Federal Fluminense (UFF). Pesquisa na área de tecnologias e formação de professores.
Orcid: 0000-0001-6354-2630

Catarina Chagas
Mestra pelo programa de Ensino de Biociências e Saúde do Instituto Oswaldo Cruz (IOC/ Fiocruz). Jornalista, com experiência na elaboração de revistas, sites, aplicativos, livros e exposições de divulgação científica. Colabora com atividades práticas e de pesquisa do Instituto Nacional de Comunicação Pública da Ciência e Tecnologia e atualmente é parte da equipe de comunicação em pesquisa da Queen's University, no Canadá.
Orcid: 0000-0002-8698-9563

Cássio Gomes Rosse
Doutorando do Programa de Pós-graduação em Ensino de Biociências e Saúde (EBS – Fiocruz). Professor substituto da Universidade Federal Fluminense (UFF). Mediador presencial do consórcio CEDERJ/RJ.
Orcid: 0000-0002-0718-3116

Clélia Christina Mello-Silva
Pós-doutorado em Educação pela Universidade Federal Rural do Rio de Janeiro – UFRRJ (2018). Doutora em Ciências pela UFRRJ (2005); mestre em Biologia Parasitária pela Fundação Oswaldo Cruz (1996). Graduada em Ciências Biológicas. Chefe do Laboratório de Avaliação e Promoção da Saúde Ambiental do Instituto Oswaldo Cruz (IOC)/Fiocruz. Líder do grupo de pesquisa do CNPq – Saúde e Educação Ambiental com ênfase nas relações parasitárias. Coordenadora, docente e orientadora do mestrado e doutorado em Ensino de Biociências e Saúde do Instituto Oswaldo Cruz (IOC/Fiocruz). Docente e orientadora do Mestrado profissional em Vigilância e Controle de vetores, ambos da IOC/Fiocruz. Docente do curso de pós graduação em Saúde pública e Ambiente/ENSP/Fiocruz. Coordenadora adjunta e

docente do Curso de pós-graduação lato sensu em Malacologia de vetores/IOC/Fiocruz. Coordenadora da Plataforma Virtual CHA (Conhecimentos, Habilidades e Atitudes) para Educadores no campus virtual da Fiocruz.
Orcid: 0000-0002-5575-2272

Cleide Ferreira da Silva Albuquerque
Doutora em Biociências e Biotecnologia com ênfase em Ciências Ambientais pela Universidade Estadual do Norte Fluminense (UENF). Docente da Fundação de Apoio à Escola Técnica (FAETEC). Coordenadora da disciplina de Dinâmica da Terra do consórcio CEDERJ/RJ.
Orcid: 0000-0002-2075-9255

Daniel Fábio Salvador
Pós-doutorado em Ensino de Biociências e Saúde do IOC-Fiocruz. Doutor em Ciência Animal pela Universidade Federal de Minas Gerais. Professor associado doutor da Fundação Centro de Ciências e Educação Superior à Distância do Estado do Rio de Janeiro (Fundação Cecierj). Pesquisador do programa de Pós-Graduação em Ensino de Biociências e Saúde do IOC – Fiocruz, com experiência em pesquisa nas áreas de ensino de biociências e tecnologias educacionais na formação de professores.
Orcid: 0000-0003-4528-1195

Fernanda Campello Nogueira Ramos
Doutoranda em Ensino em Biociências e Saúde (Fiocruz), mestra em Ciências (Fiocruz), integrante do Laboratório de Avaliação e Promoção da Saúde Ambiental (LAPSA Fiocruz), gestora ambiental (IFRJ), criadora do Mergulho na nuvem oficinas digitais e integrante da equipe da Plataforma CHA para educadores (IOC-Fiocruz).
Orcid: 0000-0001-7877-5381

Glauca Torres Aragon
Doutora em Geociências (Geoquímica) pela Universidade Federal Fluminense (UFF). Professora aposentada do Laboratório de Ciências Ambientais da Universidade Estadual do Norte Fluminense Darcy Ribeiro. Coordenadora da disciplina de Dinâmica da Terra do consórcio CEDERJ/RJ.
Orcid: 0000-0002-2247-8342

Grazielle Rodrigues Pereira

Doutora em Ciências Biológicas pela Universidade Federal do Rio de Janeiro. Mestre em Ensino em Biociências e Saúde pelo Instituto Oswaldo Cruz. Professora titular do Instituto Federal do Rio de Janeiro (IFRJ). Diretora de Ensino do Campus Mesquita do IFRJ. Bolsista produtividade do CNPq nível 2. Desenvolve pesquisa em Divulgação Científica; Educação em Centros e Museus de Ciências; Neurociência Cognitiva; Transtorno do Espectro Autista.

Orcid: 0000-0001-5685-0205

Greysa Saraí Barrios León

Mestranda do programa de Pós-Graduação em Ciências e Biotecnologia, da Universidade Federal Fluminense. Graduada em Biología pela Universidad de Los Andes Venezuela (2018). Tem experiência na área de Biotecnologia.

Orcid: 0000-0002-1875-5124

Gustavo Henrique Varela Saturnino Alves

Doutor em Ensino em Biociências e Saúde (IOC/Fiocruz). Coordenador de Educação e Popularização da Ciência, no Museu de Astronomia e Ciências Afins, Rio de Janeiro.

Orcid: 0000-0002-9100-1986

Helena Carla Castro

Doutora em Química Biológica (UFRJ). Farmacêutica. Professora titular e chefe do Laboratório de Antibióticos, Bioquímica, Ensino e Modelagem Molecular, do Instituto de Biologia da Universidade Federal Fluminense. Docente da pós-graduação em Ensino em Biociências e Saúde (IOC/Fiocruz).

Orcid: 0000-0001-5283-1541

Jessica Norberto Rocha

Doutora em Educação pela USP, mestre em Divulgação Científica e Cultural pela Unicamp, graduada em Letras pela UFMG. Pesquisadora e Divulgadora Científica da Fundação Cecierj. Professora do Programa de Pós-graduação em de Ensino de Biociências e Saúde e do Mestrado em

Divulgação da Ciência, Tecnologia e Saúde da Fundação Oswaldo Cruz. Professora do curso de especialização em Ensino de Ciências: ênfase em Biologia e Química do IFRJ/Maracanã. Bolsista Produtividade do CNPq e Jovem Cientista do Nosso Estado da Faperj. Coordenadora do grupo de pesquisas Museus e Centros de Ciências Acessíveis (MCCAC).
Orcid: 0000-0002-9754-3874

Laura Alves Guimarães
Graduanda em Ciências Sociais pela Universidade Federal Fluminense.
Orcid: 0000-0003-1844-8906

Letícia Marinho
Mestranda em Divulgação da Ciência, Tecnologia e Saúde na Fundação Oswaldo Cruz (2021-previsão de término em 2022). Bacharela em Ciências Biológicas pela Universidade Federal do Estado do Rio de Janeiro (2019). Membro do grupo de pesquisas Museus e Centros de Ciências Acessíveis (MCCAC).
Orcid: 0000-0002-0078-3506

Luciana do Amaral Teixeira
Doutoranda em Ensino em Biociências e Saúde no Instituto Oswaldo Cruz. Especialista em Aprendizagem Ativa e Tecnologias Educacionais, Gamificação em Contextos Educacionais e Metodologias Ativas e Multimeios Didáticos. Professora de Língua Inglesa, na Secretaria Municipal de Educação do Rio de Janeiro, e de Informática, na Fundação de Apoio à Escola Técnica do Rio de Janeiro.
Orcid: 0000-0002-0437-4291

Luisa Massarani
Coordenadora do Instituto Nacional de Comunicação Pública da Ciência e Tecnologia e pesquisadora da Casa de Oswaldo Cruz, Fiocruz. Docente na EBS/IOC, no Mestrado em Divulgação da Ciência, Tecnologia e Saúde/COC e PEGED/Bioquímica Médica/UFRJ. Bolsista Produtividade do CNPq 1B e Cientista do Nosso Estado da Faperj.
Orcid: 0000-0002-5710-7242

Luiz Gustavo Ribeiro Rolando

Doutor e mestre em Ciências pela Fundação Oswaldo Cruz — área de concentração Ensino Formal em Biociências e Saúde. Especialista em Planejamento, Implementação e Gestão da EaD pela Universidade Federal Fluminense. Licenciado em Educação Física pela Universidade Federal de Minas Gerais. Atualmente, trabalha como consultor pedagógico em escola de educação básica e é desenhista instrucional na Fundação Cecierj.

Orcid: 0000-0001-9673-8293

Mariana Conceição Souza

Doutora em Biologia Celular e Molecular pela Fundação Oswaldo Cruz, mestre em Ciências Morfológicas pela Universidade Federal do Rio de Janeiro, graduada em Biomedicina pela Universidade Federal do Estado do Rio de Janeiro. Professora dos Programas de Pós-Graduação em Ensino de Biociências e Saúde e Pesquisa Translacional em Fármacos e Medicamentos, ambos da Fundação Oswaldo Cruz.

Orcid: 0000-0002-6933-9227

Maria de Fátima Alves de Oliveira

Doutora em Ensino em Biociências e Saúde pelo Instituto Oswaldo Cruz. Professora de Ciências da Secretaria Municipal de Educação do Rio de Janeiro (aposentada). Docente do Programa de Pós-graduação em Ensino em Biociências e Saúde, com experiência na área de Educação, Ensino de Ciências, Meio Ambiente e Biologia.

Orcid: 0000-0002-1906-5643

Marcelo Camacho

Doutor e mestre em Políticas Públicas e Formação Humana pela Uerj. Graduado em Ciências Sociais pela Uerj. Graduado em Recursos Humanos. Analista de Gestão em Saúde, na Fundação Oswaldo Cruz, e docente permanente no Programa de Pós-graduação em Ensino em Biociências e Saúde, com pesquisas sobre democracia e participação e tecnologias de ensino. Avaliador Adhoc de cursos de graduação do Inep/MEC. Subcoordenador da Plataforma Virtual CHA (Conhecimentos, Habilidades e Atitudes) para Educadores no campus virtual da Fiocruz.

Orcid: 0000-0003-0398-946X

Maurício Roberto Motta Pinto da Luz

Doutor em Biologia Celular e Molecular pelo Instituto Oswaldo Cruz, onde é também pesquisador desde 2009. Docente permanente do Programa de Pós-Graduação em Ensino de Biociências. Seus interesses em pesquisa estão voltados ao desenvolvimento de avaliação de estratégias colaborativas e investigativas para o ensino de Biologia.

Orcid: 0000-0001-9374-3791

Maria de Fátima Alves de Oliveira

Doutora em Ensino de Biociências e Saúde pelo Instituto Oswaldo Cruz (2008). Mestra em Educação pela Universidade do Estado do Rio de Janeiro (1996). Graduada em Ciências Biológicas pela UFRJ (1977), bióloga (modalidade Genética) pela UFRJ (1978). Docente permanente no Programa em Ensino em Biociências e Saúde (lato e stricto sensu – IOC/Fiocruz). Colaboradora no Laboratório de Avaliação e Promoção da Saúde Ambiental. Tem experiência na área de Educação, Ensino de Ciências, Meio Ambiente e Biologia, atuando com os seguintes temas: Educação/Avaliação, Prevenção/Saúde e Ensino de Nutrição, Meio Ambiente e Saúde, Recursos didáticos, Formação de Professores e Metodologias Ativas. Linhas de pesquisa: Ensino-aprendizagem em Biociências e Saúde (mestrado acadêmico e doutorado) e Elaboração e Avaliação de Recursos Educativos para o Ensino (mestrado acadêmico e profissional).

Orcid: 0000-0002-1906-5643

Mônica Santos Dahmouche

Pós-Doutorado no BNM-SYRTE-Paris. Doutora e mestre em Física pela USP-São Carlos, bacharel em Física pela UFF. Docente da Fundação Cecierj, lotada no Museu Ciência e Vida e no Programa de Pós-Graduação em Divulgação da Ciência, Tecnologia e Saúde e do Curso de Especialização em Divulgação e Popularização da Ciência. Pesquisadora do Observatório de Museus e Centros de Ciência – OMCC&T.

Orcid: 0000-0003-0802-7534

Neusa Helena da Silva Pires Martins

Doutoranda em Ensino de Biociências e Saúde no IOC-Fiocruz com foco na área do uso de tecnologias educacionais na formação de professores. Docente em Ciências Biológicas na Secretaria de Estado de Educação do Rio de Janeiro.

Orcid: 0000-0002-7131-8716

Simone Pinheiro Pinto

Doutora em Educação em Ciências e Saúde, pelo NUTES-UFRJ, mestre em Ciências pelo IOC-Fiocruz, licenciada em Física pela UFRJ. Técnica acadêmica da Fundação Cecierj, lotada no Museu Ciência e Vida. Docente do curso de Especialização em Divulgação e Popularização da Ciência e da Seeduc/RJ.

Orcid: 0000-0001-7870-9579

Thiago de Souza Cruz

Mestre em Biotecnologia pela Universidade de Mogi das Cruzes (2008). Especialista em Citologia Oncótica e Endócrina (2004) e graduado em Ciências Biológicas-Modalidade Médica (Biomedicina) (2001), ambos pela Universidade de Mogi das Cruzes. Tecnologista no Instituto Nacional do Câncer (Inca), na área de assistência em citologia oncótica. Vice-coordenador do curso de formação técnica em Citopatologia do Inca. Presidente da comissão de ética pública do Ministério da Saúde-RJ, com ênfase na divulgação e educação no tocante a cultura ética.

Orcid: 0000-0002-7366-0451